JN324517

ダスカロスと真理の探究者、
その教えと実践

クジラと泳ぐ

SWIMMING WITH THE WHALE

Daniel Joseph
ダニエル・ジョセフ 著
鈴木 真佐子 訳

太陽出版

クジラと泳ぐ

SWIMMING WITH THE WHALE

by Daniel Joseph

Copyright © Daniel Joseph 2012
All Rights Reserved Worldwide
Japanese translation published by arrangement with
Daniel Joseph through The English Agency (Japan) Ltd.

はじめに

ダスカロスの長女、パナヨッタから

親愛なる真理の探究者の皆様へ

あなたは最初、父、ダスカロスの教えを理解するのが難しく感じられるかもしれません。しかし、徐々にあなたはこれらの真理がすべて自分の中にあると気付くでしょう。これらは神からの贈り物であり、すべての人はこの遺産を受け継ぐ資格を生まれながらにもっています。

これらの教えに含まれる真理は、あなたの中で長いあいだ活動を休止していました。今はそれを一歩ずつ思い出すときです。あなたがすでに知っていることを神の祝福とともに思い出すのです。

私から少しアドバイスをしましょう。それは父がずいぶん昔に私に授けてくれたものです。

「完全に集中することを学びなさい。すべてを観察しなさい。何からも注意をそらすことがないように。毎晩、内省を行いなさい。視覚化を使い、思考を通して自分の人格を見なさい。見て、分析して、自分の人格の間違いを正しなさい。それによって、より深く瞑想できるようになり、いずれ現在の〈人格の自己〉は真の〈自己〉に同化していく。そうやって愛である〈自己〉を表現できるようになる。つまり、現在の〈人格の自己〉を通してこの純粋の愛を表現できるようになる。これは何と素晴らしいことであろうか。それからは、高次のレベルに進むのが容易になる」

ダニエルは1989年からダスカロスに学び、訓練を受けています。このようにシンプルで直接的な方法でダスカロスの教えの偉大な真理を理解し、体験できるレッスンを提供してくれたことに感謝しています。

私はこころの底から、あなたがこの人生の真の目的を達成できるように望んでいます。

2010年1月24日　キプロス共和国ニコシア市ストロヴォロスにて　　　パナヨッタ・アテシュリ

序章

ダスカロスは名声を求めず、無名で無私の奉仕を選んだために、地上での彼の時間は海面のさざ波以上に世間の注意を引くことはなかった。

しかし、彼の選んだ生き方は、人びとにとどまることのない影響力を及ぼしつづけるのではないだろうか。彼がこの世を去ったあと、私たち全員に偉大な贈り物をもたらした並外れた人間が、私たちと同じ時代に生きていたと気付く日がいつか訪れるであろう。

彼と時間を共有できた体験を読者に十分に伝えることは難しい。ダスカロスには限界ではなく、絶えず拡大していく愛と知恵とパワーの地平線を見つけることができた。多くの人はそのどれか一つにしか気付くことができないが、ダスカロスにはその全部を見出すことができるのだ。

彼は神、*人間、そして現実の本質を最も微細な部分に至るまで描写できる素晴らしい先生であった。彼は本来の「グランド・ファザー」の特質を人格化した存在であり、熟練した語り部であり、その能力を駆使して自分の教えの原理原則を浮き彫りにして私たちを魅惑した。

やさしく人を見守る彼は、愛情深い母親のようであり、自信を持ってアドバイスをしてくれる彼は、強い有能な父でもあった。彼は洞察力に富んだ心理学者、慈愛に満ちた形而上学者、すぐれた告解師、そして、霊的には同僚であり、目に見えない霊的な世界の熟練ガイドであった。彼は探究者にとって最も信頼できる協力者であり、真の慈愛に満ちた兄弟であった。

時に彼は、あまりにも私を笑わせるので、あごが痛くなることもあった。彼が相手の間違いを正すときは厳しい師としてではなく、傍らに立つ愛情深い兄弟として諭すのだ。彼は本当に真理の探究者の一番の友であった。

これらの話が、あなたがダスカロスの神秘的世界に入っていく小さな扉を開いてくれるものとなり、あなたが彼の教えから学び、それがスピリチュアルな人生を促して、より幸せになれるよう、私は切に願うものである。

あなたがどこにいても、どこへ行っても、神の愛と知恵とパワーにより、あなたのハート、マインド*、人生にインスピレーションが与えられんことを。

真理の探究者　ダニエル・ジョセフ

クジラと泳ぐ——目次

はじめに
序章
1章　7歳のマスター、そして真理の探究者の2000年の伝統　15
†プラクティス――概観　28
†プラクティス――真理の探究者の七つの約束　29
2章　真理の探究の体系　31
教え　31
†プラクティス――概観　38
†プラクティス――パターン呼吸　41
3章　ダスカロスの一日　44
4章　目的を定める　68
教え　69
†プラクティス――概観　74
†プラクティス――日々の内省エクササイズ　76
5章　意識の七つのレベル　78
教え　79
意識の第1レベル――感受性　81

意識の第2レベル――感性 81
意識の第3レベル――本能 82
意識の第4レベル――潜在意識 83
意識の第5レベル――意識 85
意識の第6レベル――「自己・意識」 87
意識の第7レベル――「自己・超意識」 88
†プラクティス――概観 89
†プラクティス――歩く瞑想と回想の練習 90

6章 すべてはマインドである 92
教え 93
†プラクティス――マインドを集中させる 106
†プラクティス――薔薇への集中 107

7章 三つの一時的存在の世界 109
教え 110
†プラクティス――概観 119
†プラクティス――準備瞑想 121

8章 魂の三つの乗り物 124
教え 125

†プラクティス――概観　136
†プラクティス――三つの太陽の瞑想　137

9章　七つの天国　141

教え　141
†プラクティス――概観　148
†プラクティス――第1の天国に平和をつくる　150

10章　人間天使、人間悪魔、そしてエレメンタル　153

教え　154
†プラクティス――概観　168
†プラクティス――天使的なエレメンタルをつくる　169

11章　レンガを一つずつ積み上げる　171

教え　172
†プラクティス――概観　192
†プラクティス――瞑想　193

12章　魚はのどが渇いたと言う、そして私は笑う　198

教え　199
「創造エーテル」について　207
「運動エーテル」について　209

「刷り込みエーテル」について　211
「感覚エーテル」について　212
†プラクティス――概観　214
†プラクティス――エーテル・バイタリティーとワークする　217

13章　命の脈　221
教え　222
†プラクティス――概観　228
†プラクティス――「命の脈」の瞑想　229

14章　天使の声　232
教え　233
†プラクティス――概観　243
†プラクティス――自分の守護天使と対話を始める　244

15章　大天使のキス　247
教え　248
†プラクティス――概観　255
†プラクティス――大天使の瞑想入門　257

16章　時間と空間を超えて　259

教え　260
†プラクティス――概観　272
†プラクティス――エクササイズ　275

17章　高次の世界の命　279
教え　280
†プラクティス――概観　295
†プラクティス――高次の身体のワーク　296

18章　変化するものは本物ではない　298
教え　299
†プラクティス――概観　310
†プラクティス――守護の盾をつくる　311

19章　実現性、蓋然性、そして計画　314
教え　315
†プラクティス――概観　330
†プラクティス――麦の種の瞑想　331

20章　あなたの兄弟は生き返る　334
教え　335
†プラクティス――概観　348

21章

†プラクティス――エッセネ派の瞑想　349

相対的真理のはしごを上る　355

教え　356

真理の光を見る　365

真理の光の中に　366

内なる真理の光　367

私は真理の光　367

†プラクティス――概観　374

†プラクティス――比較による内省　376

22章

神話についての真理　379

教え　380

†プラクティス――概観　396

†プラクティス――欲望のヒュードラを退治する　396

23章

死んでいる者、眠っている者　400

教え　401

†プラクティス――概観　414

†プラクティス――黙想「私は誰か？」、「私は何か？」　416

24章

聖なる愛、人間の愛　418

教え 419
†プラクティス――概観 433
†プラクティス――聖なる愛を反射する瞑想 434

25章 イニシエーションと守護 436

おわりに
用語解説
訳者あとがき

1章 7歳のマスター、そして真理の探究者の2000年の伝統

真理は多面体のダイヤモンドのようだ。偉大なる光がこの宝石を満たすとき、さまざまな色の光があらゆる側面から輝きはじめる。あらゆる信仰*、年齢、そして人種の神秘家、メッセンジャー、聖者、師たちによってこの共通の永遠の真理の、その異なった側面について語られてきた――ダスカロス

いかなる言語をもってしても、スティリアノス・アテシュリス博士（通称、ダスカロス）が本当は誰であり、何であるのか、十分に説明することはできないだろう。そして偉大な川の流れのように彼を通して流れ出てきた「真理の探究者」の教えを完全に説明することもできないだろう。しかし、70年もの間、パワフルな仕事をこなしてきた神秘家、そしてヒーラーであるダスカロスの肖像を素描することはできるかもしれない。その人生は、公には1919年に始まったヒーリングと教えの人生であり、その場所は、エジプトの少し上に位置する地中海の極東にあるユーラシアの島、キプロスであった。

当時、キプロスは主としてギリシャ系キリスト教徒とトルコ系イスラム教徒がともに暮らしていた。

歴史的にキプロスは大規模な戦いが繰り広げられた土地でもあり、時代を通じて次々と征服者の帝国に占領されたのだった。新石器時代から現代まで何層もの文明が途切れることなくこの島に存在してきた。キプロスの首都ニコシアは、世界で最も古くから人が住んでいた町の一つである。最古の遺構の一部は、堀とベネチア式の石壁に囲まれた巨大な要塞の素晴らしい例である。今は干上がった堀であるが、外敵からの防御策として昔は山から水路を伝って流れる水で満たされていた。

侵略はキプロスの歴史に通底するうねりのように見える。長い間ギリシャの統治下にあったキプロスだが、その他にヒッタイト人、エジプト人、ペルシャ人、ローマ人、トルコ人、ヴェニス人、英国人など数多くの民族に次々と占領されてきた。３００年の間、キプロスの富とその住民はアラブ軍の攻撃にさらされ、島は襲撃・略奪されて人びとは恐怖を味わってきたのだった。

アレクサンダー大王がこの島を征服し、リチャード獅子王も回教徒のサラジン王から聖地を解放するために向かった第三次十字軍の遠征途中、同様にこの島を征服してキプロスの王となった。１年後、リチャード王は島をテンプル騎士団に売却した。騎士団は聖地巡礼に向かう人びとを護送し、巡礼の道中、彼らの金品を守るため、史上初めて、今でいう旅行者小切手のシステムを確立したのである。

「真理の探究者」がテンプル騎士団に、とりわけ興味をそそられる理由は、あの時代のあの地域で、彼らは古代の「シンボル・オブ・ライフ」を保持していたことにある。「シンボル・オブ・ライフ」は、オリゲネス・アダマンティウス（１８５年〜２５４年）によって紹介されていた。オリゲネスはスピリチュアルな巨匠、膨大な著作物の著者であり、師、主教、そして初期のキリスト教の偉大な教父の一人であった。キリスト教教会の初期5世紀間を通してその教えの確固たる一部分でもあった輪廻転生の教理をオリゲネスは強く支持していた。オリゲネスは「それぞれの魂*は、過去生の勝利によって強化されるか、もしくは欠点によって弱まってこの世に生まれてくる。この世のどこに位置づけられるかは、その人の過去の美徳、あるいは欠点によって決定づけられている」と教えた。人びとが一般的に「神」と呼ぶ存在に「絶対無限の存在*」という、より意味のある表現を提示したのもオリゲネスであった。

オリゲネスの「シンボル・オブ・ライフ」の解釈とユダヤの「カバラ」はともに、エジプトのミステリー・スクールで使用されていた古代エジプトの「シンボル・オブ・ライフ」に由来している。オリゲネスは聖ヨハネの黙示録の構成要素を用いてエジプトの「シンボル・オブ・ライフ」を完全にキリスト教のものへと改めた。一方、それより早い時期にエジプトでは、王子であり、かつミステリー・スクールの高司祭であったモーゼは、その教えに関連した極めて強力な知識を入手する手段を持っていた。モーゼもこのエジプトの古代の「シンボル・オブ・ライフ」を取り込んでそれを改め、今では「カバラ」として知られている純然たるユダヤ教の教義として紹介した。旧約聖書に伝わるモーゼが、ユダヤの民をエジプトから脱出させる際に起こした偉大なる奇跡の数々は、皆この秘密の知識を使って達成されたのである。

キリスト教徒の迫害の時代、オリゲネスはローマ人に捕われて投獄され、拷問によってほとんどの骨を折られた。牢獄から解放された後、人生の最後の4年間に、オリゲネスは「シンボル・オブ・ライフ」をエッセネ派に手渡した。エッセネ派はギリシャ語を話すイスラエル人たちであった。彼らの母語はギリシャ語だったが、地元のアラム語も話した。この地方の初期のエッセネ派は、ローマ人から彼らのスピリチュアルな図書を隠していたことでよく知られている。彼らの図書とは1946年に若い羊飼いの少年によって発見された『死海文書』である。エッセネ派は、「シンボル・オブ・ライフ」を騎士団に渡し、キプロスにおいて彼らは命がけでこの高度の秘密の科学を守った。ダスカロスは「シンボル・オブ・ライフ」の失われつつあった教えをすべて再生し、その用い方を関心ある生徒たちに教えてこの偉業に秘められた知識への鍵を与えたのである。

20世紀初頭から1960年に独立するまでイギリスがキプロスを統治した。そして二つの党派の政治抗争が1974年にトルコの侵略を招くまでに至った14年間、キリスト教徒のギリシャ系キプロス人と回教徒のトルコ系キプロス人は、キプロス共和国の一つの旗の下に暮らしていた。その後、侵略するトルコ軍に追われた何万人ものギリシャ人が島の南半分に避難したが、多くの人が殺害され、家屋を失った。占領中にダスカロスも銃で撃たれて負傷し、彼の家族もトルコ軍の爆撃で大変な目にあっている。

最終的に国連が介入して島を縦断する中立地帯が設定された。そして、武装した国連平和維持軍が駐屯することになった。中立地帯はダスカロスが暮らしていたニコシアの中心を横切るものだった。現在でも旧ニコシアを歩くと、土嚢や鉄製ドラム缶のバリケード、有刺鉄線が張られた道や監視所、中立地帯の近くにある大統領宮殿に残る弾痕を見ることができる。国連は中立地帯のグリーン・ラインを設定したが、それは島の北側を回教徒のトルコ人、南側をキリスト教徒のギリシャ人にと分断するものだった。しかし、キプロスの海岸から１００マイル余り離れたレバノンの首都ベイルートで起きたように紛争が激化し、町が壊滅するまでには至らなかった。それでも「愛の島」であるキプロスは、歴史的に紛争の揺籃地帯であったことは確かである。

そしてマスター、ダスカロスが仕事を続けるために再び輪廻転生したのはこの不安定な社会情勢の真っただ中だった。１９１９年、７歳だったダスカロスには、高次元の世界に「自己・意識*」を持って旅をする能力がすでに備わっていた。この年齢で彼は、過去生で学んだ言語のすべてを話すことができ、意識的に向こうの世界から彼を導く「偉大な知性を持つ存在たち」とコミュニケーションが取れたのだった。彼の両親はこのことをすでに知っており、彼の能力を信じていたが、他人にそのようなことを明かさないようにと彼に注意をしていた。時に、彼の父親は息子が誰であり、何であるか理解しようとしたが、いつも徒労に終わるのであった。この転生のはじめからダスカロスは自分が誰であり、地上での目的が何であるかをわきまえていた。しかし、はじめの頃は、自分が「ブラザー・ガイド」と呼ぶ高次の知性を持つ者たちと、他の誰もがコミュニケーションを取れると思っていた。７歳で知らなかったのは、彼のまわりにいる人びとが彼と同じではないということだった。でも、彼が本当にどれほど特異な存在であるのか、間もなく知ることになる。

ある日、小学校で算数の先生がダスカロスに算数の難問を解くようにと指示した。ところが運悪くダスカロスに用意ができておらず、宿題をやってこなかったことを先生に明かした。先生は、どうであれ前に出て黒板で問題を解いてみるようにと促した。

ダスカロスはその算数の問題をどうやって解くのか見当もつかずに黒板に向かった。先生が問題を大きな声で読みあげると、ダスカロスはそれを黒板に書いていった。そして後に、ダスカロスが説明したところによると、「私は何世紀も前に交流のあったブラザー・ガイドたちの一人であり、友人でもあったドミニコ会の修道僧がそばにいる気配を感じた。彼は、『手を貸してごらん。そして一緒に問題を解こう』と言った」とのこと。

ダスカロスはチョークを持ち、それを黒板に当てると、彼のガイドはその手を取って問題を解いた。驚いた先生は、「なぜ勉強しなかったなどと言ったのかね」と尋ねた。

ダスカロスは無邪気にも、「先生、問題を解いたのは僕ではありません」と答えた。

先生はあっけにとられて、「では、誰が解いたと言うのかね?」と尋ねた。

「神父ドミニコです。僕のそばに立っているドミニコ会の神父さんです。彼が僕の手を取って問題を解いてくれたんです」とダスカロスは素直に言った。神父ドミニコは、前生で彼の良き指導者であり、高い次元から今でも助けてくれていたのだ。

先生は「私には誰も見えないぞ。からかっているつもりかね」と腹立たしげに言った。

先生はダスカロスの手を取って校長室に連れて行き、ダスカロスの信じられないような話を伝え、教室へと戻っていった。幸いなことに校長は、密かにスピリチュアリズムを実践していたのだった。当時、スピリチュアリズムはキプロスの教会関係者によって禁止されていて、そのために教会から破門される可能性があった。黒板に書かれたダスカロスの字は7歳の子どもの字には見えなかったので、校長はダスカロスの説明をもっと真剣に受けとめたのだった。

翌週の水曜日の午後は授業がなかったので、校長はダスカロスの父親に息子を学校に連れて来るように連絡した。その日、ダスカロスが校長室に行くと、そこには算数の教師とラテン語の教師が待ちかまえていた。彼らはこの小さな聖者とその透明なヘルパーについてもっと知りたかったのだ。彼らは自分たちで、ダスカロスとドミニコ神父の信憑性を確かめるつもりだった。はじめに、彼のクラスより高いレベルの算数の問題で試した。その次に代数、平方根、そして対数。そのたびにドミニコ神父はダスカロスの手を取り、難しい問題を正確に解いていった。

次に、彼らはダスカロスにローマの詩人、オウィディウス（紀元前43年～紀元17年）の作品をいくつか訳してほしいと言った。オウィディウスの語りと言語の技能は他に比べる者がいないと言われていた。ラテン語の先生は、ラテン語で読んだものをギリシャ語で書きとめるようにと言った。

「はい、分かりましたが、どの言語で書いたらいいでしょうか。一般の口語のギリシャ語でしょうか、それとも公用の〈純粋〉なギリシャ語ですか」とダスカロスは答えたのだった。

教師たちは信じられないといった呈で、互いに顔を見合わせた。そして「ならば両方、書いてみなさい」と言った。

するとダスカロスは、ドミニコ神父の導きによって、ラテン語の文章を2ページほど翻訳した。学識ある男たちは驚き、今度はラテン語の教師がこれから朗読するラテン語の聖書を訳してみるようにと挑戦してきた。ダスカロスは指示に従っただけではなく、教師が間違えたラテン語の発音を正した。そしてダスカロスは、ドミニコ神父と完全にアチューンメント*しながら、ラテン語の福音書の文章を自分で朗読しはじめ、その発音は完璧だったのである。

太り気味の大きなラテン語教師はそれを聞いて大変興奮し、ダスカロスを抱きしめて大仰なキスをした。普通の7歳の少年と同様、こうした感情表現を好まなかったダスカロスは、キスされた顔をすぐに手でぬぐったのだった。

ここで、ダスカロスがドミニコ神父という高次元の存在を「チャネリング」していたかというと、それは大違いである。ダスカロスはチャネリングをやらなかった。彼は、知らない存在や実証されていない存在に対して霊媒師のように自分を開くことに賛成をしていなかった。それは非常に危険なことであり、人を誤らせるからだ。その代わりにダスカロスは旧友であり、ガイドであった存在と、波動を合わせるアチューンメントや相手と一体化するアト・ワンメント*を用いて調整したのだ。すっかり整うと、ドミニコ神父が彼の手を握っていようが会話していようが、神父の知識は瞬時にダスカロスのものとなるのだ。二人の存在の間に起きるアト・ワンメントは、2本のロウソクの炎を一緒にするのと似ている。2本の別々のロウソクの炎が一緒になると、炎はより明るくなり、二つの炎は一つに見える。炎をまた離すと、再び二つの炎に戻る。

ダスカロスは私たちが潜在能力として持ち合わせているアチューンメントの能力を発展させると、それはアト・ワンメントに導いてくれると教えた。アト・ワンメントを通せば、誰についてでも何についてでも直接に知識を取り込むことが可能となる。その上、アチューンメントやアト・ワンメントによる知識の獲得は、通常の学習法に比べたら断然早いし、より完璧である。何年も地上で得るのにかかる学びは、アト・ワンメントによって瞬時に達成されるのだ。

またある時、小学校の校長室で再び校長と他の教師たちがダスカロスをテストしている最中に事故が起きた。ある生徒が走って、砂利の上で転んでしまい、膝を切ってひどく出血したのだ。他の教師たちが泣いている生徒をダスカロスのいる校長室に連れて来た。ドミニコ神父はダスカロスに、水をもらって怪我をしている子どもの膝の血と砂利を洗い流すように指示した。ダスカロスは砂利を洗い流して傷をきれいにしたが、それでも出血が止まらなかった。

校長はすでに近所の医者を呼んでいたが、その医者はダスカロスの母親の従姉妹でダスカロスの能力についてよく知っていた。彼女は校長室に着いてダスカロスが傷口をきれいにしているのを見ると、校長にそのままダスカロスに手当を続けさせるようにと言った。

この時点で、ドミニコ神父はダスカロスに、「さあ、彼を治してあげよう」と話し、ひざまずいて少年の膝を両手ではさむようにとダスカロスに指示した。「膝がよくなった様子を視覚化しなさい。そして、それを優しく撫でて、すっかり治ったイメージをこころに描いて両手を離すのです」とドミニコ神父は指示した。ダスカロスは指示された通りにして両手を離すと、少年の膝にはもはや一滴の血も傷もなかった。何と完全に治ってしまったのだ！

医者は完治した傷を見て、そこに居合わせた人たちにダスカロスとの親戚関係を説明し、「私たちはこういうことに慣れていますので」と淡々と言った。

この神秘的な少年ヒーラーの登場で何か大きなチャンスが訪れたと感じた校長は、ダスカロスの親に連絡し、金曜日の夜にダスカロスを校長の家に連れて来るようにと伝えた。次の金曜日、ダスカロスが校長の家に着くと、大きな部屋に25人ほどのスピリチュアルな探究者たちがいて、この素晴らしい少年と透明なガイドについて学ぼうと心待ちにしていた。

彼らはダスカロスを彼のニックネームである「ラキス」という名前で呼び、ドミニコ神父や他のガイドたちに特定の哲学的な質問をしてよいかを尋ね、ダスカロスはそれを承諾した。

彼らはいろいろと質問しはじめ、解答をメモしていった。それから、彼らは異なった言語で質問をし、ダスカロスは完璧な発音で、質問された言語で答えていった。彼らが仰天したのも言うまでもない。どうやってこの7歳の少年が、このような深遠な哲学的問題に答え、どうやってこの年で外国語をいくつも話せるようになったのか実に不思議でならなかったのだ。

このような集会が3週間続くと、ようやくドミニコ神父ともう一人のガイドのヨハナン神父がダスカロスに、こういった形でミーティングを続けることはできないと告げた。ダスカロスはメンターであるヨハナン神父と、２０００年近くの間、意識的なつながりを保ってきたのだった。ヨハナンは、もし校長と彼の生徒たちが学びを続けていきたいのなら、まず「七つの約束」を守らなくてはならないと助言した。

ヨハナンは、ダスカロスの手を借りて「七つの約束」を書いた。それは今でもダスカロスの生徒たちによって引き継がれている。一つの句読点さえ変えることが許されない「七つの約束」は、一人の人間に対して、組織に対して、あるいは神に対しての誓いではない。「七つの約束」は自分の「自己」に対する約束であり、常にいかなる状況においても、思考、言葉、行動を通してそれを忠実に実行するための約束である。ダスカロスはこのように宣言した。「〈七つの約束〉は〈聖なる計画〉*への永久の誓いを具体化するものだ。毎日、瞑想をすることにより、その約束から導きを得て、修行者は時間とともに、〈創造の聖なる法則〉*と波動を合わせていくことができる」

次の金曜日、ダスカロスは会を継続するために必要な条件を伝え、「七つの約束」を新しいクラスのために用意し、この偉大なワークを始める前に一人ずつその約束をするように求めた。校長は「七つの約束」を大きな声で読みあげ、他の探究者たちは立ち上がり、手を胸に当ててこの小さなマスターのイニシエーションを受けた。ダスカロスは小さな両足を浮かせながら椅子に座り、教養ある聴衆に教えた。こうして、飛行機や車、電話や電気さえなかった1919年のキプロス島で、7歳のマスターによるヒーリングと教えが開始されたのだった。

それから70年余り、ダスカロスは100の独立したサークルを世界中に立ち上げ、何千人もの人たちがこれらのサークルに参加して深遠な霊的目覚めや誰も否定できない癒しを体験した。「不治の病」と呼ばれるがんなどの病気がダスカロスの元で「奇跡的」に治った。聖霊*から力を与えられたダスカロスの特別なヒーリング技術で、「永久に治らない」とされていた障害者が歩けるようになった。ダスカロスは肉体の病*だけでなく、こころに深い傷を負った人たちも愛情深いケアによって救ったのだった。こころの暗闇、負のエネルギー、そして錯乱の中に生きていた人たちも、ダスカロスに導かれながら闇から光へと戻ることができた。もちろんダスカロスは、自分が誰かを癒したと認めたことは一度もなく、そもそも人が他者を癒すことはいっさいないと言った。癒しは聖霊が行うのだ。癒しに際して一人の人間ができることは、聖霊が癒しのエネルギーを送ることができるように、しっかりしたパイプとなるよう自分自身を鍛錬することなのだ。

　癒しの高等技術や真理を求める探究者をトレーニングするための素質と能力においてダスカロスには素晴らしいものがあった。彼は無数の探究者の意識をより高次のレベルへと向上させた。彼はいくつかの学習サークルを設立して、アウター・サークルへの参加から始まって、インナー・サークル、イン・モア・サークル、イン・モスト・サークルへと、生徒たちのレベルが上がるたびに、一段と深い教えを明かしていった。用意のできた真剣な探究者たちのためにもっと上級レベルの教えも用意していた。それはサイコ・ノエティックな形の形成、エクソソマトーシス*（体外離脱）、遠隔ヒーリングやその他の多くの事柄を含んでいる。ダスカロスは天の王国の扉を開ける「黄金の鍵」を私たちの手に委ね、その使い方を教えてくれたのだ。

今日まで続いている「真理の探究サークル」と「真理の探究の体系*」を7歳のダスカロスが1919年に確立したと明言してもいい。現在、それぞれの「真理の探究サークル」には真理の探究者の上級のシスターやブラザーが指導している。それぞれのサークルは他のサークルから独立している。それは、一つのサークルのリーダーやメンバーたちがお互いに他のサークルのやっていることに干渉しないということだ。

しかし、「真理の探究者」の教えが現在表現していることは、すでに2000年前に確立されたものである。地球に人類が初めて降り立ったときに時をさかのぼれば、真理の探究は、地上の原始人が、「自分はどこにいるのだろう。自分は誰なのだろう。自分はどこから来て、どんな目的を持っているのだろう」と自問した瞬間から始まったと言える。それゆえ、真理の探究は、「真理の探究サークル」に特別に限られたものではない。真理の探究はすべての人間の目的であり、基本的な義務なのだ。

真理の探究者の教えは実証されていない理論を盲目的に受け入れるために提供されるものではない。これらの教えは真理であり、現実や魂、それぞれの性質を明確に反映している。レッスンにある教えは、私たちそれぞれによって誠実に探究され、体験されるものである。本当の真理は自分の外にあるものではない。本当の真実はすでに私たちの中にあり、私たちの聖なる性質*の中にある。知恵があり、愛情深いブラザーやシスター・ガイドたちは、真理を探究して発見することに関心を持つ人びとが、この真理を自分の中に探究して発見するのを手伝うためにここにいる。彼らはあなたの仕事を代わりにやることはしないが、相対的な真理の階段を上がり、絶対的真理に向かっていくのを助け、導くことができる。

教え、師、ガイドは道を示すことはできるが、「自己への目覚め*」という目標を達成するためには、私たち一人ひとりがこのように道を歩む努力をしないとならない。「自己への目覚め」とは、私たちが現在において、過去において、未来において、本当は誰であり、何であるかに気付くことを意味する。

✝プラクティス（実践）――概観

より高次のレベルに私たちの意識を上げることに成功するためには、私たちは自分に対して素直でなくてはならない。その上で、真理の探究者たちは「インナー・セルフ*」（内なる自己）と「七つの約束」を交わす。この約束は、人格の意識を浄化し、その意識を「インナー・セルフ」に同化させる。この側面ではさほど大きな努力は必要ではない。これらの約束を守ることは容易ではないが、困難を極めるものでも辛いものでもない。私たちに必要なのは断固とした意志決定である。そうすれば、安らかな冷静な状態でプラクティスを始めることができる。「七つの約束」は新しい生き方の準備のために「真理の探究者」のアウター・サークルの入会者に約束するように求められる。その生き方とは、より幸せで安定したものであり、より満足感を与え、より良い未来を提供するものである。これらの約束の深い意味をゆっくりと理解していくにしたがって、今はとても理解できない多くのことも理解しはじめることになるだろう。

†プラクティス――真理の探究者の七つの約束

私は自分自身に約束します。

1　いつどこにいても、私は心底からその一部である「絶対なる存在」に奉仕します。

2　いつどこにいても、私には「聖なる計画」に奉仕する用意ができています。

3　いつどこにいても、またどのような状況にあっても、私は「聖なる贈り物」である想念と言葉を有効に使います。

4　最も賢明なる「聖なる法則」が与えてくれるあらゆる試練と苦難に対して、私は不平不満を言うことなく辛抱強く耐えます。

5　私に対する人びとの行動がどのようなものであっても、私はこころと魂の奥底から誠意をもって兄弟姉妹である隣人を愛し、彼らに奉仕します。

6　私のあらゆる想念、願望、言葉、行動が「聖なる意志」と完全に一致することを目的として、毎日、「絶対なる存在」について黙想し、熟考します。

7　私のあらゆる想念、願望、言葉、行動が「聖なる法則」と完全に調和したものであるかどうか、毎晩確かめます。

2章

真理の探究の体系

私たちの秘伝的キリスト教は、神・人であるキリスト、ジョシュア・イマニュエル[*]の教えと新約聖書にしっかりと根付きながら、すべての偉大な宗教の伝統に知られている永遠の真理も尊重する。指導のもとで行われる学習、エクササイズや瞑想を通して、私たちは自分の存在全体の、バランスの取れた進化と統合を探求する。私たちのアプローチは体系的であり、安全であり、そしておのずから明らかとなるものである――ダスカロス

教え

真理の探究者の教えの源は、正式には2000年の歳月をさかのぼる。ダスカロスはこれらの教えを「真理の探究の体系」として統合した。教えの中には、2000年の間、断片的に紹介されてきたものもあるが、現在は完全な一つの体系として提供されている。これらの教えの多くは、今日まで公に開示さ

れることはなかった。

聖書にはこう書かれている。「イエスがヘロデ王の代に、ユダヤのベツレヘムでお生れになったとき、見よ、東からきた博士たちがエルサレムに着いて言った、『ユダヤ人の王としてお生れになったかたは、どこにおられますか。わたしたちは東の方でその星を見たので、そのかたを拝みにきました』。」（マタイによる福音書2―1・2・口語訳）。

アカシック・レコード、そしてカトリックの教義によると、キリストの母、聖母マリアも神聖受胎により生を受けた。そしてマリアが3歳のとき、マリアの母ハナは娘に真っ白な服を着せ、エッセネ派の寺院に連れて行った。それはエッセネ派の儀式により、マリアを「天の白い鳩」として神に捧げるためだった。これらのエッセネ派の人びとはパレスチナに暮らし、ギリシャ語を話すイスラエル人たちであった。エッセネとは「純粋な」という意味を持つ言葉で、アラム語の「アサ」、ヒーラーという意味の言葉が語源となっている。彼らはヒーラーだったのだ。エッセネ人は彼らの兄弟であるユダヤの民とは異なり、怒りや復讐を求める神を信じずに、キリストが後に描写した慈悲深い父*としての神を信じていた。

マリアは寺院の敷地で「天の白い鳩」として、祈りとともに病人や老人に献身する日々を過ごすことが決っていた。マリアは処女として生涯を過ごすように定められ、13歳のとき、妻を亡くした大工のヨセフと「白い結婚」が家族によって執り行われた。エッセネ派の慣習により、男性は伝統的な結婚をしていてもそれとは別に、女性を守り、面倒をみる純粋な奉仕としての「白い結婚」も同時に行うことができた。

マリアが15歳になり、祈りを捧げていると大天使*ガブリエルが訪れ、神の子、メシアを生む器としてマリアが選ばれたことを伝えた。メシアは旧約聖書の預言者たちによって誕生が予言されていた。ヨセフがそれを知ったとき、彼は非常に心配になり、当惑もしたが天使*が彼の夢の中に現れ、これは真に神聖受胎であり、マリアが人びとを罪から救う息子を生むことになること、そして、その子はアラム語で「イマニュエル」と呼ばれ、その名はギリシャ語で「イエス」となると伝えた。イマニュエルという名は、「神が私たちとともにいる」という意味を持つ。

さて、私たちの物語よりはるか昔、キリストの誕生が初めて予言された５００年前にさかのぼることにしよう。その預言者とは他でもないブッダである。紀元前５００年にブッダの弟子で、最も愛された従者、アーナンダが、「ブッダは神様でしょうか」と尋ねた。ブッダは答えた。「いや違う。しかし、神自身は５００年後にこの地上に生まれてくる」

５世紀後のインドに、この予言を知っていた神秘家の王、マハラジャ・ラム・トゥアイヴァハンがいた。王は占星術と透視能力、そしてエクソソマトーシスを通して、キリストの誕生まで繰り広げられていくさまざまな出来事に波動を合わせて知ることができた。彼は聖母マリアの人生を見守り、パレスチナで生まれるキリストの誕生の時間と場所を推定した。

マハラジャ・ラムは神が到来することを確信していたため、母と兄弟を共同統治者として定めて王国を彼らに譲り、友人でありアドバイザーであったチェキタナを連れてパレスチナに向かった。彼らは旅の途中でアルメニアを通過したが、当時のアルメニアは二つの王国に分かれ、互いに敵対していた双子の兄弟、ガスパルとディクランにそれぞれ支配されていた。マハラジャ・ラムは兄弟を仲直りさせ、双子の一人であるガスパルは、自分がマハラジャ・ラムの巡礼に加わり、化身した神の元に行けるよう、ディクランに両国を統治することを許した。

南に向かった彼らは、ベドウィンの王であり、占星術師であるバルサザール（もしくはバルタザール。「エジプトの神オシリスの家臣」を意味する）と出会った。ベドウィンの王、バルサザールは自分も同行することを望み、二人のお供を連れて一団に加わった。やがて一団はパレスチナに到着した。この熟練の神秘家の巡礼者たちはパレスチナのヘロデ王の想念を読み取ることができたので、予言されたメシア、人類の救世主の誕生を阻止しようとしている王の邪悪な意図に気付いていた。それでもバルサザールはヘロデを訪問することによって、王の意固地なこころを変えることができるかもしれないと主張したので一団は王を訪問してみたが、それはやはり無駄足に終わった。

そこから彼らはベツレヘムへ旅を続け、そこで聖なる家族を見つけ出した。マハラジャ・ラムは、チェキタナと二人でヨセフとマリアに挨拶をした。それから彼はアルメニアの王ガスパルと彼のお供の者たちを紹介した。ベドウィンの王は一歩前に出て自己紹介をしてからお共たちを紹介した。そのあと、マラハラジャ・ラムは幼いキリストに近づき、着ていた紫のローブを脱ぎ、飼い葉桶のまわりに敷いた。彼は白い下着1枚だけになっていた。

マハラジャ・ラムは飼い葉桶の中にいる幼いキリストの前にひざまずくと、自分の短剣をその鞘（さや）から取り出し、自分の膝の上で二つに折った。彼はその破片を飼い葉桶の足元に置き、こう言った。「主よ、すべての力と権威は主の御足のもとにあります」*

そして、幼いキリストを見ながら彼は、「ハム・エルキオール」（Ham El Khior）と言った。それは彼らの言葉で「私たちは神を見ている」という意味だった。

その時から、彼はハム・エルキオールと呼ばれるようになり、彼の名は聖書ではメルキオールと書かれることになる。

ダスカロスはこの剣のレプリカを持っていて、それは「真理の探究サークル」の会員が異なったレベルに入るときのイニシエーションに使われた。アウター・サークルのイニシエーションの場合、候補者はダスカロスと2人のインナー・サークルメンバーの前にひざまずき、人類と他者に奉仕する約束を交わすのであった。そしてダスカロスは、その尖りのない剣を持って候補者に触れ、その者を「真理の探究の体系」のアウター・サークルに迎え入れるのだった。

マハラジャ・ラムが彼の剣を折ったとき、アルメニアの王「ガスパル」、または聖書に書かれているように読むと「カスパル」は、神・子の前にひざまずいて、額を飼い葉桶に付けて涙を流しながら言った。「主よ、愛の神よ。どうぞ私たちに慈悲をお与えください。人類に慈悲をお与えください。戦いをなくし、血が流されることのないよう。主よ、私たちを平和にお導きください」

バルサザールは幼いキリストの前で、同じように頭を下げ、一人の真の神を崇めるのだった。三人の王は、聖書に描かれているように黄金やお香の贈り物を捧げると、聖なる家族にもうすぐその黄金が必要になることを伝えた。イスラエルの王ヘロデはメシアがベツレヘムに生まれるという予言を知り、それを阻止しようとしていた。ヘロデ王は、地上における彼の王権への脅威を懸念して、ベツレヘムの市内とその周囲に暮らす2歳以下の男の子を皆殺しにするように命じた。三人の王は、聖なる家族にこのことを警告し、すぐにベツレヘムを去るように助言した。バルサザールはマリアとヨセフに、逃げる際に変装ができるようにとベドウィンの服を二着渡した。

遊牧民のベドウィン族として変装した彼らはベツレヘムからそっと抜け出し、エルサレムのキャラバンに加わり、イスラエルを脱すると死海の東側を旅してエジプトに入り、ナイル川の東側にあるヘリオポリスのエッセネ派のコミュニティにたどり着いた。彼らは11年後にヘロデ王が死に、無事にイスラエルに帰る日までそこで暮らすことになる。聖なる家族との出会いの後、メルキオールは今日まで続いている真理の探究者の系譜を創始したのである。

この教えはとても深遠で広いため、他者とグループを作って勉強し、それを実践することは助けになる。これらのグループが「真理の探究サークル」である。サークルではイニシエーションを受けたサークル・リーダーがリーダーとなる。アウター・サークルでも、とても大きな進歩を遂げることができ、エクソソマトーシスの能力を得ることさえ可能である。メルキオールは、世俗的な外套を脱ぎ、幼いキリストのいた飼い葉桶に掛けて、内側に着ていた白いローブだけになった。真理の探究者はその時の白い服を象徴する長い白いローブを着る。真理の探究サークルのメンバーは白いローブを着ることによって自分の意図の純粋さ、献身およびその時の敬意を象徴するのだ。

それぞれの公式な「真理の探究サークル」は、教え全体を保持する。「いくつかのレッスンだけでも、何百年も学習する内容が含まれているのだ」とダスカロスはよく言っていた。「真理の探究の体系」の教えは完璧である。この体系を勉強する生徒として、私たちはこれ以上の理論を必要としない。ダスカロスが熱心に伝え続けてきた教えの中にその知識はもうすでにある。あと必要なのは生徒たちが直接、真理を探究するために実直に努力をするだけである。自分が誰であり、何であるかを探求し、エゴイズム*によって織りなされる苦悩や幻想から解き放たれることなのだ。

ダスカロス自身、これらのサークルを監督しつつ、自分もそれぞれのサークルのメンバーの一人として考えていた。「後継者は必要ない。私があの世へ行ってもこれらのサークルを監督しつづける」とダスカロスは約束した。公式のサークルを運営している先輩のブラザー・ガイドやシスター・ガイドは、それぞれのサークルでダスカロス（先生）を代表している。同様に、ダスカロスは彼が接触している高次の知的存在たちの教えを代表している。

これらの高次の知的存在たちは、人間として進化した肉体を持たないガイドだけではなく、聖なる知的存在たちも含まれる。これらの知的存在たちは、人間に知られている階級のある大天使たち、あるいは知られていない大天使たちとして自分たちを表現している。ダスカロスは私たちにこれらの大天使たちを紹介して、どうやって意識を持って彼らとコミュニケーションを取ることができるかを教えてくれた。大天使たちは、私たちが彼らにアプローチするのを長いこと待っていたので、彼らはとても喜んでくれる。彼らは私たちを歓迎してくれ、彼らは相手が誠実な探究者であれば、どの者にも彼らの高次の知恵を明かす用意ができている。彼らの聖なる知性は、私たち人間の知性より遥かに膨大で、偉大な科学者と小さな子どもとを比べるようなものである。

ダスカロスが大変進化していたのは確かなことであり、彼が巧みに私たちのこころや頭に種を植えてくれた教えも同じく先端のものである。しかし、「真理の探究の体系」で最も重要なことは、それがダスカロスやサークル・リーダーの人格に依存しないということだ。「真理の探究の体系」は特定の人物を崇拝するものではない。人格に土台を置くグループは、カリスマ的な性格のリーダー自身にとって、そして彼に続く者たちにとっても非常に危険なものである。私たちの体系で重要なのはその教えであり、それは「真理の探究の体系」のブラザーとシスター・ガイドたちによって、20世紀もの間、注意深く守られ、未来へと受け継がれてきたものだ。「真理の探究サークル」を導くブラザーとシスター・ガイドたちは、賞賛、尊敬、金銭などをその癒しの仕事の代償として受け取ることはしない。彼らは、それぞれのサークルメンバー、そしてすべてのメンバーに対して与えられる尊敬以上のものを期待してはいないし、受け取らないのだ。

☥プラクティス――概観

私たちが学んでいる「真理の探究の体系」は狂信や宗教的偏見に関わることはない。私たちは真理を探究しているだけだ。私たちは数千年もの間、真理を探究し、それを知るという信念を持ってきた。なぜ、真理を探究するのか。真理を見つけたとき、それは人を自由にしてくれるからだ。何から自由にしてくれるのか。真理は私たちの苦悩や痛み、そして幻想から自由にしてくれる。それは他のスピリチュアルな体系が好ましくないということだろうか。もちろん、他に好ましい体系も多くあり、好ましくない体系も数多くある。それゆえ、私たちは理性を働かせ、その体系がどのような効果があるか、気を付けて観察し、望ましい具体的な結果をもたらすものを選ばなくてはならない。

「真理の探究者」である私たちは、自分たちが真理を発見した唯一の者であると意気込んで主張するつもりはない。真理はすべての真剣な宗教や霊的な体系において見出すことができる。真理へ続く道は数多くあるのだ。私たちの道も好ましいものであり、この教えの枠組みを通して他の伝統や歴史的な体系を探検することを勧めたい。私たちは比較をすることで真理というものにより近づけることを知っている。一方、私たちは害になる可能性のあるもの、たとえば東洋のある種の危険な呼吸法とか、出所の不明なもの・根源・エネルギーに自分を開くようなチャネリングなどは到底勧めない。

神がすべての存在に最初に与えたのが自由意志である。私たちはすべての人の自由意志、金銭的・感情的、そして精神的な自立を尊重する。すべての人は自分に合った時間に、自分の方法で真理に至る。最終的な目的はすべての人にとって同じかもしれないが、そこに至るまでの道中で体験することはそれぞれが異なる。真理の探究者は他者に自分の信念を押しつけない。探究者は自分たちの教えに他者を誘い、改宗させるようなことをしない。真理の探究はその教えを普及することではなく、来る人たちを受け入れる準備をして教えの意味をより深く理解できるように助けることである。

真理の探究の体系には2本の足がある。1本目は「エソテリック・ティーチング」で、それはとても必要なもので行くべき道を示してくれる。2本目の足は「エソテリック・プラクティス」であり、それを誠実に実践すると、この道の歩みを促進してくれる。そして、この教えと実践に取り組む人が必要とする最初の最も大切な資格は、自分に対する誠実さと他者への本当の（真の）愛である。私たちの教えによって提示されている道は、私たちの先輩である「真理の探究者」たちが歩んで行った道である。そして、彼らはその道にしっかりと光が当てられていることに喜びを感じている。彼らは自分たちのために光を当てているのではなく、あなたを助けるために光を当てているのだ。彼らは誓いを立て、それは、「地上に痛みがある限り、彼らは最後の解脱をなしえない」と。彼らが解脱するのは最後になる。これらの先に進んだ者たちは本当の慈悲の兄弟、姉妹である。

あなた方の何人かは、他者への愛からこの道を選ぶであろう。自分を犠牲にするという信念からこの選択をしてはならない。それは間違いである。キリストは、「私が求めているのは犠牲ではなく、慈悲である」と言っていた。もしもあなたの中に少しでもエゴイズムが残っているなら、あなたは他者のために自分を犠牲にしていると思い込むだろうが、それは間違いだ。私たちは物質界に転生して、四つの元素である地、水、火、エーテルの十字架*を通してゆっくりと進化していく。これが真の命と救済への道である。これこそが、真の復活であり、「自己・認識*」の状態で、完全な目覚めに生きることを意味している。これは、ほとんどの人がたどる生き方、つまり光の中ではなく、自分の幻想の影の中で暮らすような生き方とは比べものにならない。この光は私たちそれぞれの中から上昇してくる。しかし、エゴイズムに満ちた自己を手放さない限り、あなたは人格の自己が「自己への目覚め」の中で「魂・自己」として生まれ変わることを期待してはならない。

†プラクティス――パターン呼吸

潜在意識*のレベルで望ましくない呼吸のパターンを覚えてしまった人が多すぎる。その結果が不健康と低いエネルギー・レベルである。私たちはこの世に降り立ったとき、瞬時に最初の呼吸を吸い込む。通常の呼吸は、私たちの肉体が必要とするエネルギーの特定の量を供給するが、これはほとんど潜在意識が行っている。私たちが意識を持って正しい呼吸をしはじめると、私たちは自分たちが取り入れるエネルギーの量をずいぶんと増やすことができる。今日、私たちが使える呼吸のエクササイズには好ましいものがたくさんある。他方、私たちの神経系を痛める呼吸法もあるし、エネルギー・センター、またはチャクラに刺激を与えすぎることもある。場合によっては発作的に気が狂ったりすることさえある。呼吸は肉体の健康だけでなく、心理的な健康にも作用するので、どれを使うかに十分注意を払う必要がある。

私たちが勧める何千年も使われてきた呼吸法があるが、それは深く快いリズムのパターンを持ったものである。同時に、私たちの呼吸は心臓の鼓動に合うように調整される。それは、聖霊から来る「命の脈」によって決められている。暮らしの中ですべてがそうであるように、安定したリズムは調和を創造し、バランスをつくり、逆に不安定なリズムは秩序を乱し、アンバランスをもたらす。

最初に、あなたの身体をリラックスさせ、頭の中を走りまわる想念をすべて捨てること。そして、ハートに洪水のように入ってくる感情を落ちつかせる。さあ、心臓の鼓動3回分の息を吸い込もう。そして、休止せずに鼓動3回分吐き出そう。最初は、息を吸うときや吐くときに、回数を数える必要があるかもしれない。しばらくすると、呼吸をするたびに自分の心臓の鼓動が聞こえて数える必要がなくなってくる。

・心臓の鼓動3回分、鼻から吸う。
・最初の1回目の心臓の鼓動で、息を吸い込み、肺の下の部分とお腹を満たす。
・2回目の鼓動で、息を吸い込み、肺の真ん中の部分を満たす。
・3回目の鼓動で、息を吸い込み、肺の上の部分と胸を満たす。

そしてすぐに、鼓動3回分、息を口から吐き出す。

・最初の1回目の鼓動で、肺の下の部分から息を吐き出す。
・2回目の鼓動で、肺の真ん中の部分から息を吐き出す。
・3回目の鼓動で、肺の上の部分の息を吐き出す。

これを毎日5分繰り返せば、自然でスムーズなものになる。

この呼吸法は鼓動3回のカウントで始め、4回からさらに6回で試すことが可能だ。ヒーリングの仕事やサイコセラピーを行う人は、6回のカウントで出来るようになるといい。さらに進んでいくうちに、7回や8回のカウントで行うようになるかもしれない。しかし、無理な呼吸とか呼吸の間を止めたりすると、肺が出血する危険がある。5回のカウントも好ましくない結果をもたらす可能性があるので、私たちは行わない。試してみて、自分にとってどれがいちばん自然で快いのかを見つけ、それがうまく出来るように練習しよう。この重要なパターン呼吸（パターンド・ブリージング）を覚えると、それはこれから紹介するすべての瞑想練習の基礎となる。

3章 ダスカロスの一日

唯一必要なことは練習である。教えを自分の日常の一部にして、毎日、正しい瞑想、集中、観察、内省と真剣に取り組むことだ。あなたは働かなくてはならない。自分自身の力を使わなくてはならない。ダスカロスの著書やブラザー・インストラクターなど、他のすべては道を示して助けてくれるだろうが、真理を見つけ、人生の真理を知るためには、あなたた自身がコツコツと努力しなければならない——ダスカロス

アメリカを出発してダスカロスのいる地中海の極東、キプロス島まで行くのは結構な長旅だ。24時間の空の旅を終えて、キプロスの海岸沿いの都市ラルナカに到着すると、私たちはすぐダスカロスの暮らす島の中心地、首都ニコシアに向かった。町に近づくと、トルコ人が占領した島の半分にある山岳地帯が見えるが、その山肌に彫られたトルコの国旗がいやでも目に入ってくる。ギネスブックによると、それは世界一大きな旗として登録されているという。その旗は、北キプロスが侵略され、ギリシャ系人口

の40パーセントが南キプロスに追いやられた事実を彷彿させるこころの痛む光景だ。20万人のギリシャ人が家や仕事を追われ、時には家族までも失って島の南側に命からがら避難したのだった。トルコ人はもう一つの山肌にギリシャ語で、「以前は走って逃げたが、次は泳いで逃げることになるだろう」と彫られてある。これは、キプロス島からギリシャ人を完全に追放したいというトルコ側の願望を表した、つきまとい離れない警告のようなものだ。

当時、私たち英語を話す生徒たちは、アルベロフトホテルという古風なキプロス式ホテルに滞在することが多かった。先に紹介したように、国連は首都のニコシア市をトルコ側とギリシャ側の二つに分断し、中間に中立のゾーンを設けた。武装したトルコ軍が分断されたトルコ側を警備することで境界を固く守り、国連軍が中立帯の200フィート（訳注＝約60メートル）を警備し、武装したギリシャ軍が自分の境界側を警備していた。アルベロフトホテルはこの厄介な分断地域から数ブロックしか離れていなかった。ホテルの中は、木材の手作りの内装であった。木製の板壁、天井、バルコニー、窓など、これらはすべて同じ種類の木が使われていた。当時のキプロスの建築物には窓の網戸がなかった。夜も暑いため、夜風が入るように窓を開けっ放しにする必要があり、そのためイギリス人の生徒たちが「モジーズ」と呼ぶ、とても好戦的な蚊の集団が侵入してくるのだった。

私たちはゆっくりと寝て（37・8度の猛暑で、蚊の特殊部隊がバンパイヤのように私たちの血を吸いつくす中でのこと）、翌朝はモーニングサービスで出される固いチーズとそれよりも固い白パンの朝食をとったあと、ダスカロスの家に直行したのである。実は、ダスカロスの家はニコシアの郊外、ストロヴォロスにあった。それは道の角に建つ、こじんまりした家で、もともと石造りだったものが今は青緑のパステル調の漆喰に覆われていた。屋根は陶磁器のタイルで、同じような造りの家に囲まれていた。アクアマリン色に塗られた鉄のフェンスが家の数ヤード前に立ち、そのゲートを開けると、小さなテラゾータイルのポーチがあり、そこにたくさんの植物が植えられた横長のプランターが並んでいた。

キプロスの容赦なく照りつける太陽光線を遮断するために、同じアクアマリン色に塗られた木製の鎧戸が窓を覆っていた。玄関の二重扉は、ペンキが塗られた金属の枠に全身大の大きさの加工ガラスがはめ込まれ、外側に鉄製の装飾が施されていた。この扉と話すことができたら、ここを通っていった人たちの奇跡の物語だけで何冊もの本が書けるだろう。

扉を開けると、そこには簡素な椅子、長椅子、コーヒーテーブルが置かれた小さなリビングがあった。コーヒーテーブルの上には小さな空っぽの金魚鉢があり、それはダスカロスの孫息子のものだった紫色のスマーフ（訳注＝漫画のキャラクターの名前）のステッカーで覆われていた。すべての壁にはダスカロスが描いた、普通はあまり見ないような色彩鮮やかで大胆な風景画が掛かっていた。この当時、壁は薄い褐色の、織物風の壁紙が施され、木製の飾り枠には白いペンキが塗ってあった。部屋にはサボテンの植木鉢や、時にはお礼として生徒たちが持ってきた切り花や鉢植えも飾られていた。

ダスカロスの娘、パナヨッタは、朝によくキプロスコーヒーを出してくれた。キプロスの人びとは一般的に厚いおもてなしに長けているが、パナヨッタは特にそうだった。キプロスコーヒーは、実際はトルココーヒーなのだが、トルコ人との歴史的な問題の影響で、ギリシャ人はトルココーヒーと呼ぼうとしない。キプロスコーヒーの作り方だが、木目細かく挽いたコーヒー豆を小さじ1杯、水をコップ1杯、そして砂糖は小さじ3杯くらい入れているのではないかと思うのだが、それらを煮立てて、小さなコーヒーカップで出す。少し冷めてくると、出し殻の粉はカップの下に沈み、それが歯に付かないようにコーヒーの上澄みを飲むのだった（とはいえ、出し殻は必ず付いてしまうのだった）。

ダスカロスの普段の一日は、80年代に私が観察したところによると、朝6時頃に始まる。彼が起床して朝食を済ますと、7時半頃に助言とヒーリングを求める地域のキプロス人たちの訪問が始まる。そして、9時半頃にダスカロスの助けを求める」西洋人たちが流れ込んでくるのだった。彼らは家屋に入ってきて、ダスカロスの質素なリビングルームに席を取り、個人面談のために順番を待つのだった。自分の順番が来るとリビングルームの隣にある小さな部屋でダスカロスと一緒に座って話すのだった。

その部屋に入ると、簡素な布張りの家具があり、造り付けの食器棚には大理石で彫られた白い鷲の置物、写真、ロウソク立て、いくつかの十字架、キリストの絵、その他小物など、雑多な物が置かれていた。その多くは贈り物のようだった。ギリシャの教会で使われているような大きな香炉が、壁に打たれた釘からつり下げられていた。その壁紙は薄いグレーで、細かな白い花柄模様が描かれていた。とても大きなシンボル・オブ・ライフの絵が壁に掛けられていて、大きな古時計が、ダスカロスとの貴重な時間が過ぎていくのをそのシャープな音で知らせるのだった。彼の家は、ストロヴォロスのとてもにぎやかなペリクレオス通りから数ヤードしか離れていなかった。マフラーをはずした大型バイクの騒音が頻繁に鳴り響き、ダスカロスの声をかき消したが、本人はそれをいっさい気にしていないようだった。

ダスカロスとただ座っているだけでもそれは多くのレベルでものすごい体験だった。すぐに明らかになったのは、私たち一人ひとりに対する彼の心遣いと集中力だった。彼はじっくりと深く話しを聞き、質問の応答も同様に深いもので、それは相手に安らぎと洞察をもたらすのだった。ダスカロスは、好奇心から来るそれほど重要でないような質問にも丁寧に誠実に答えてくれた。必ずしも相手の質問を待つわけではなく、聞かれる前に答えることもあった。相手の思考を明確に読み取ることができたので、言葉にならない思考や質問に答えるようなことも多々あった。

ダスカロスの静かな人間としての有り様は、光り輝く聖なる本質を見事な簡潔さで鏡に映したようだ。彼の完璧な注意力、深い瞳、目的をもった物腰、深遠な言葉、そして大きな手でやさしく触る仕草も、「自己（セルフ）」に完全に己（おのれ）を確立した者の力を表していた。あるレベルでは、彼の姿は普通の年老いたキプロス人のようであった。しかし、彼が教え、癒しを起こしたときには、遥かに偉大な存在の力が明かされるのだった。ダスカロスと一緒にいるときに見えるのは、自分がすでに持っている思考のフィルターを通した一部と、彼が見ることを許した一部の像であった。時に彼は年老いたキプロス人としてのヴェールを剥ぐこともあった。その時、前に立ちはだかるのはパワーと輝きに満ちた描写不可能な存在であった。

ある日、私はよく知られている（しかし議論の的となっている）写真をリーディングしてもらうためにダスカロスのところへ持っていった。画像は「トリノの聖骸布」であった。「トリノの聖骸布」は十字架にかけられたキリストの遺体を包んだとされる布で、磔にされたキリストの顔が映し出されていると言われているものだ。1985年にオーストラリア人の女性が、トリノの聖骸布に写った顔の写真のコピーをインドの有名なスワミ、サイババのところに祝福してもらうために持って行ったという。サイババはそのコピーを手に持ち、そのコピーから何も写っていない光沢のある印画紙を出現させた。サイババは物質化で知られ、私もそれを目撃したことがある。そしてサイババが開いた手を光沢の印画紙の上にかざすと、キリストの顔のカラーイメージが現れた。その像は聖骸布に映っていた顔に似てはいたが、より鮮明で、よりリアルな質感があった。サイババは、キリストは実際このような容貌だったと言った。私はその画像のコピーを持っていたので、聖書時代のパレスチナでキリストとともに転生した「スピリット・魂」であるダスカロスにその信憑性を聞くというたぐいまれな機会が訪れたのだった。ダスカロスはキリストの本当の顔を知っていたので、私たちが自分の最も愛する人を思い出せるのと同じくらいに、それを簡単に思い出すことができたのだ。

私はこの物議をかもした写真をダスカロスに渡し、聖骸布について知っているか聞いてみた。ダスカロスは、「もちろん知っている。それは尼僧によって作られたんだ」と言った。聖骸布が初めて現れたという記録は1350年になっている。私がダスカロスに写真を渡した頃、三つの異なる研究所がそれぞれ別々に聖骸布の放射性炭素年代測定を行っていた。後に彼らは聖骸布が1260年から1390年に作られたものであると発表し、トリノの聖骸布がキリスト時代に存在した可能性がなかったことを証明した。

私はサイババが物質化したのはキリストの本当の顔であるかどうか聞いてみた。彼は少しの間その像を眺めていたが、その画像ではキリストの髪は通常見かけるものより明るい色で、濃い茶色の目と髭を生やしていたのだった。ダスカロスは、顔は少し似ていると言った。そして彼は自分の体験からキリストの顔を描写しはじめた。彼が語るとき、キリストへの愛情は鮮明に伝わってきた。ダスカロスは、キリストの目はソフトな緑であり、この画像のように茶色ではなかったと説明した。キリストは人生を楽しみ、昔から描かれてきたような厳粛な感じではなく、いつもやさしい微笑みを浮かべていたと彼は語った。ダスカロスは私に、サイババの画像にあるように、「キリストの髪は金髪ではなかった」と言った。「キリストの髪の色はあなたの髪の色と同じだったよ」と手を伸ばし、私の茶色い髪の一房を引っ張るようにして静かに言った。

午前中はできるだけ多くの人たちを助け、10時半頃になるとダスカロスは家を出て、嬉しそうに笑みを浮かべて彼の後ろに続く生徒たちを従えながら、ストアでの公開レッスンを行うために2ブロックほど歩くのだった。近所の人たちは、時に彼に微笑みかけ、伝統的なギリシャ語の朝の挨拶をして、「カリメラ」と言うのだった。ダスカロスは目が敏感だったため、ストアへ歩いて行くときもパイロットのような暗い色のサングラスをかけていた。冬になると、長くて黒いウールのトップコートを肩に掛けて歩くのだったが、このサングラスと彼の背丈の高さも（１９０センチほど）相まって、彼をとても威厳のある姿にした。

ダスカロスは毎日、スタッコ仕上げの小さな独立した建物にあったストアでレッスンを行っていた。

生徒たちはストアの外の小さな気持ちの良い庭の空間に集まるのだった。庭には、キプロスの伝統に従って植えられたレモンやオレンジの木があり、ブドウの蔦がトレリス（訳注＝格子状の園芸用の柵）にかかっていた。ダスカロスは花やサボテンを好んでいたので、それらも庭にあった。当時は20人から40人ほど（若者から老人まで）レッスンを聞きに来ていた。ほとんどがドイツ、スイス、オーストリアからの人で、時にはアメリカ人、オーストラリア人、そしてイギリス人なども混じっていた。皆、ダスカロスが高度な教えを伝えてくれることや、運良く奇跡的なヒーリングが見られることを期待していた。ストアの中にはクッションの載った椅子が並べられ、キリストの絵とダスカロスが描いたシンボル・オブ・ライフの絵が壁に掛けられていた。日の光が木製の質素な鎧戸の付いた窓を通して部屋に差し込んでいた。部屋の前の壁には黄金のカーテンがかかっていた。その後ろにはシンプルな木製の十字架があり、キリストの絵画、そしてインナー・サークルのミーティングで使われる物品が置いてあった。部屋に入ると皆、それぞれが自分のテープレコーダーを取り出して、ダスカロスが座ることになっている椅子の隣の小さなテーブルの上に置くのだった。

ダスカロスの椅子は部屋にある他の椅子と同じものだった。彼はステージの上に座らずに、私たち全員と同じ高さで座った。特別な飾りや花はなく、師匠のように振る舞うこともなかった。ダスカロスは特別扱いや自分への虚飾はいっさい受け付けなかったのだ。ダスカロス、聴衆、そして真理の激流のように彼を通して流れ出る高度の教えがあるのみだった。ダスカロスが扉を通って入って来ると、部屋は強力な静寂に覆われた。皆がテープレコーダーのスイッチを入れたあと、はじまりの祈りのために全員が立ち上がった。ダスカロスが聴衆を見渡すと、彼の波動で部屋全体が満たされた。彼は力強くて背が高く、その存在のエネルギーによって、彼を実際より大きく見せた。彼のその時の集中力が、私たち全員の意識を集中させる焦点を与えてくれた。深い集中の中、ダスカロスは両手が開いた状態で指先だけが触れるようにし、目を閉じると、深く息を吸ってはじまりの祈りを口にした。

祈りの最初の部分は伝統的な主の祈りだった。

天におられる私たちの父よ、
御名（みな）が崇められますように。
御国（みくに）が来ますように。
御心（みこころ）が行なわれますように、天におけるように地の上にも。
私たちに必要な糧を、今日もお与えください。
私たちの負い目をおゆるしください、
私たちが負い目のある人をゆるすように。
誘惑にとらわれているとき、私たちをお導きください。
悪いものから救ってください。
王国と力と栄光は、永久（とこしえ）にあなたのものでありますから。

祈りの最後の半分は次の言葉である。

絶対無限の存在である神よ。
永遠の生命(いのち)であり、愛であり、慈悲であり、
全知全能なる存在として、
御自身の中で顕してる神よ。
あなたを、真理として理解することができますように、
わたしたちの理性を光で照らし出してください。
あなたの愛を、あなた御自身と他のすべての人びとに対して
映し出すことができますように、
わたしたちの心を浄(きよ)めてください。

祈りのあとでダスカロスは座り、そしてためらうこともなく、途切れることのない90分もの間、その意識の流れが言葉として表現されていくのだった。彼は自分の言葉を意図して選び、独特な組み合わせで彼の教えの高尚な概念を表現した。それらはすべて、強いキプロス訛(なまり)の英語で伝えられた。それはまるで、スピリチュアルな急流下りのようだった。彼の、想念の深い力強い流れが講義を先に進ませた。しかし、その流れに身を任せ、その意味を汲み取れるかは聴衆一人ひとりの責任なのだ。これは非常に

安定した集中力を必要とした。ダスカロスはよく一般向けのレッスンで、まず絶対現実の広大な説明から始めた。そしてレッスンが進むにしたがって、焦点は地上における私たちの生活についてのきめ細かくアレンジされた実用的な情報に絞り込むのだった。そして時にそれは、彼の人生で起きたユーモアにあふれた個人的な体験談によって味付けされるのだった。ダスカロスは、彼の前に来たソクラテスのように、講義のときに、まず何か質問を出し、自分の出した質問に答えるという形式を用いた。このようにして、教えの重要な部分に私たちの注意を引き付け、示された高度の考えをより完全に理解するのに必要となる思考の道筋をつけてくれたのだった。

時々、ダスカロスは教えの多くの枝の一つに深く入っていった。深く行き過ぎて聴衆が追いついていけないことに気付くと、彼は話すのをやめ、「あなたたち全員が熟練の泳ぎ手ではないのに、海の深いところに少し入りすぎたようだ。このレベルの知識に行く前に、もう少し浅瀬に戻って実践的なワークをしよう」と言った。深海で泳ぐというのは素晴らしい比喩だった。それは存在の多次元の海で泳ぐレッスンを私たちに与えてくれているようだった。私にとってダスカロスとの出会いは、広大な海で泳いでいるとき、すぐ隣に大きなクジラが突如として、そして静かに水面に現れたようなものだった。このスピリチュアルな師の巨大さは、相手の人格をいやおうなしに小さく見せた。彼の壮大な所作によって生じる力強い波の流れは、彼がその深遠な教えに深く潜っていくときに、相手を一緒に引っ張り込むものだった。

私とダスカロスの出会いは１９８９年で、彼と出会うのにはとても恵まれた時期だったと言える。彼は人に知られないように、目立たないようにしていた。しかし、変化のときがすでに近づいてきていたのだ。ヒーラーで神秘家のダスカロスの言葉は、特にドイツやスイス、さらにオーストリアに広がっていた。しかし、まだこの時は、彼に近づくことや人間としてのダスカロスに少し触れることも可能だった。彼の家のリビングルームやキッチンで、ただただ彼と一緒に静かに座わることは、何と楽しいひとときだっただろうか。この日常のひとときは素晴らしく満たされていて、あらゆる可能性にあふれていた。

米国のトーク番組の司会者、オプラ・ウィンフリーの『オプラ・マガジン』２００３年号には次のように紹介された。「ダスカロスは現代の最も偉大なキリスト教徒の神秘家として広く認められていた」。重要なのは彼が何を伝えたかだけではなく、いつそれを伝えたかである。現在人びとは混乱や恐怖、そして大きなストレスの中に生きている。人生における、霊的で人間的な基本となる価値観を過小評価しながら、同時に人生の物質的な側面を過大評価してきたことは、個人としてもグローバルな観点からも大きなアンバランスを生み出した。さまざまな時代の啓発されたマスターたちが行ってきたように、ダスカロスもこの世代の人びとに真理を思い起こさせ、そして真の「自己」とその根源に連れ戻してくれた。ダスカロスはこう説明している。「真理の探究者の教えは過去の何世紀にもわたってずっと紹介されてきたが、それらは断片的なものだった」。教えのほとんどは秘密にされ、幾世代にもわたって受け継がれて、そして内容もより豊かになってきたのだ。しかし、ダスカロスが宣言したように、「時代は変わり、今、より多くのことを明かすことが許されている」のである。

ダスカロスの存在と彼のメッセージは、現代の文明に暮らす人びとの日常的な問題および霊的な志（こころざし）の両方に特に重要なものであり、とても良く当てはまるものである。ダスカロスは社会の枠組みの中で暮らし働いていた。彼は仕事を持ち、家族を養い、請求書を払い、そして私たちとほとんど同じ世俗的な課題にも直面していた。現代のほとんどの人にとって、霊的な成長を得るために俗世間から離れた修道院生活を送ることも、ヨギの禁欲生活を送ることも不可能である。社会の伝統的宗教の教えの多くは、すでに儀式の乾いた砂の中に沈滞したものが多い。それらは教えの裏にあった霊的な真理との欠くことのできないつながりを失くしてしまったため、人類の霊的な渇望を満足させることができなくなっている。その代わりとなるたくさんのグループがこの霊的な需要に応えようと生まれてきたが、金銭的な報酬に惑わされてその餌食となってしまった。彼らは人びとを物質主義から解放するのではなく、霊的な物質主義のような種類のものを育ててしまうのだ。ダスカロスは、彼のところに来た人にお金を請求したことはない。ダスカロスはわずかな恩給を、困っている隣人に匿名で分けていたことさえあったのだ。

私たちのそれぞれに、真理を直接に自分自身で知ることができる理論的な枠組みと実践的な方法を提供しているダスカロスとその教えは、今日極めて重要である。ダスカロスのスピリチュアルな知恵と向こう側の世界の知識は彼独自のものであった。それは本を読み、特定の宗教もしくは精神世界の秘儀を聞いて得られたものではなかった。彼の教えは神や人間、現実の本質に対する直接な探求から獲得されたもので、それは過去の他の師たちが明かした真理を裏付けるものでもあった。ダスカロスは同じ現実の中の二つの世界、スピリットの光り輝く世界と物質界の日常の世界の模範的な市民であった。それゆえ、ダスカロスの教えは、家族やキャリアや世事に取り組みながらもスピリチュアルな生き方を求める人びとのこころの琴線に触れたのだ。ダスカロスを身近に体験することによって、人間の持つ可能性の基準となるものを見出すことになった。彼の生き方は、人間であることの意味を明かしてくれた。

ダスカロスには二人の娘がいて、妻が亡くなった後、彼はその二人を育てた。そして彼には二人の孫娘がいて、寝かしつけるときに効果音を入れておとぎ話を聞かせたのだった。娘たちが幼かった頃と同じように、終わりのないおとぎ話を彼はしたのだった。毎晩、その物語を少し語る。まず孫娘の一人のベッドに座って物語の一部分を語ると、もう一人の孫娘のベッドの端に座り、物語の次の部分を語る。それらの物語はとても面白いものだったが、その中には教えも少し含まれていた。

ダスカロスには孫息子もいた。彼はよく放課後に制服の黒か紺色のズボンに真っ白いシャツを着て祖父の家に来ていた。孫息子がダスカロスをとても愛していること、ダスカロスもまた孫をとても愛しているのは明らかだった。時々私たちの何人かがダスカロスのダイニングテーブルを囲み、教えについて話し合っていると、その子も隣に座っていた。みんなが話すのを静かに聞き入っている彼は11歳にしてはとても大人っぽく、意識が目覚めていた。その時、ほとんどの訪問者たちは彼が英語を解さないと思っていたが、実は少し知っていて、静かにしていることを選んだのではないかと私は思う。ある時、私たちはアメリカの社会がいかに生活のペースが速く、狂気に満ちたものかについて話していて、彼にアメリカに行ってみたいかと聞いてみた。その質問はギリシャ語に訳されて、返ってきた彼の答えは、アメリカはかなり狂っているようだから国の上を飛ぶようなこともしたくないということだった。

学校が終ると、ダスカロスの幼い孫娘の一人は、午後のインナー・サークルのレッスン後に、ストアに来て彼に会うことを楽しみにしていた。彼女はストアに来て、ダスカロスと上級コース用の白いローブを来ているインナー・サークルのメンバーたちと顔を合わせるのだった。孫娘に仲間外れを感じさせないように、ダスカロスは彼女が来たときに着る小さな白いローブを用意していた。

このようなやさしい、愛情のこもった気配りはダスカロスの特徴だった。家族だけではなく、すべての人に対してそうだった。彼のところに来る人は皆、真のマスターの象徴である、尊敬と愛情深いやさしさとで迎えられたのである。

日々のストアでの午前中のレッスンが終了すると、ダスカロスは昼食をとるために家まで歩いて戻った。道は鮮やかな花の咲く低木が横に植えられ、ヤシの木、そしてダスカロスがよく風景画に描いたとても背が高くて細いイタリア・キプロスの木が時折見えた。ほうれん草とフェッタチーズの焼きたてのパイ、「スパナコピタ」の香りが家の反対側にあるパン屋から、散歩の道へと漂ってきた。ダスカロスが歩くと、生徒たちが幸せそうにそのあとに続き、質問したり、その日のレッスンについて静かに話し合う者もいた。ストアのレッスンのあと、生徒たちの多くはダスカロスの家の隣にあるギリシャの家庭料理を出すレストランに行った。

昼食後、ダスカロスは生徒たちと個人的に会い、それぞれにヒーリングやガイダンスを与えた。多くの生徒は、ダスカロスとともに過ごす時間が自分たちの人生で最も深遠な瞬間だと感じた。私にとっても間違いなくそうだった。彼はよく、とても有益な助言を、注意深く選ばれた少ない言葉による質問の形で伝えるのだった。彼の言葉は相手が適切な方法で考えはじめ、本人自身が真実にたどりつくようにうまく意図されていた。ダスカロスが本当に自分の生徒たちを愛し、ほとんどの生徒たちも師を愛しているのは明らかだった。しかし、このレベルで真理を明かそうとするすべての師には、彼にとってのユダがいる。なぜなら、このスピリチュアルな道を歩く者がある時点で愛する者に裏切られるということは必須の体験となっているのだ。ダスカロス自身にとってこの試練はこのあとの2年間で明らかになるのだった。このスピリチュアルな試練は「地上でのイニシエーション」と位置づけられていて、イニシエーションの中で最も難儀なものである。それはイニシエーションをまだ受けてない者にとって、人格が「魂の暗い夜」と呼ばれるものを体験する可能性があるからなのだ。もちろん、魂は暗闇にいることは、実際にはないのだが、魂の光は、暗闇に一人でいるように感じる人格の知覚によって、一時的にその輝きを失うのだ。それは太陽が雲によって遮られ、その光がかげるようなものだ。雲が太陽に影響を与えることはまったくない。暗い雲が通り過ぎるまで、太陽の光線がただ遮断されただけなのだ。

毎日、ダスカロスは遠隔ヒーリングを依頼する手紙を世界中から受け取っていた。手紙にはヒーリングとかガイダンスを必要とする人の写真が同封されていて、彼のサイコメトリー（訳注＝人間や物体に触れることにより、その情報を読み取る特殊な能力）の驚くべき能力によって彼が写真の人物に波動を合わせると、その人のことをすべて知ることができたのだ。彼が続けている仕事は手紙に応えること、そして、助けを依頼した人たちにヒーリングのエネルギーを送ることだった。ダスカロスは写真を手に持ち、その人間の波動に同調して診断をくだし、その苦しんでいる人に適したヒーリングのエネルギーを送るのだった。ダスカロスは写真を通して波動を読む達人で、相手の健康状態を、肉体・感情・メンタル、そしてスピリチュアルなレベルでものすごい量の情報を見つけ出すのだった。彼はとても腕がよかったので、瞬時に写真に写っている人が生きているか亡くなっているかが分かった。医者の見過ごしや誤診を見抜くことも多かった。

彼は特定の非伝統的な治療法を勧めることもあり、それは疑う余地がないほど持続的な効果を上げた。彼は現代医学に反しているわけではなく、現代の治療法も勧めたが、その時は必ず患者にヒーリングのエネルギーを送っていた。患者の苦しみの真の原因を感じ取り、それが何であるか感知する能力はその処方を判断するときにかなり有利だった。

彼のこの波動に関しての感受性を直に体験する機会に、私は多く接するようになった。人びとがダスカロスに求めていることは、人生を送るうえで自分を守ってもらうことであり、私もその例外ではなかった。このニーズに応えるべく彼は、お守り（タリスマン）を作っていた。お守りの一つは、銀か金の小さな六芒星にパワフルな守護のエネルギーを入れたものだった。六芒星はユダヤの人びとが「ダビデの星」と呼び、ソロモンの印章のシンボルとして用いる遥か以前に、古代エジプトの祭司たちがそれを使っていて、スバ・サース（Sba Saas）と呼んでいた。ダスカロスの六芒星は中央に十字架がある。真理の探究者にとって、このシンボルの意味は計り知れないものがある。

簡単に言えば、六芒星の上向きの三角形はスピリットを象徴する。下向きの三角形は物質を象徴する。したがって、この二つの三角形の融合は、スピリットと物質の完璧なバランスを象徴する。この六芒星は、この二つの原理を自分の中で育んだ人間を象徴するものだ。星の中央にある十字架は磔（はりつけ）を意味するものではなく、地、火、水、エーテルの四つの元素のバランスを意味する。私もこのお守りを手に入れたのだった。

何日かあとに、私はエジプトのカイロに旅をして、そこで「すべてを見る目」の小さなペンダントを購入した。それは、大天使の序例に入っているケルビム（智天使）と関連するデザインである。次にダスカロスと会ったとき、そのペンダントを祝福してくれるようにお願いしたら、彼は快諾してくれた。私はこのペンダントを別の宝石が入った袋から取り出すと彼に渡した。彼はそれに触れると瞬時に、すでに祝福してあると言って私に返そうとしたので、私はそれをカイロで購入してキプロスに持って帰ってきたばかりなので、そんなことはあり得ないと抗弁した。すると彼は、ペンダントを両手の平の上に置いて、ゆっくりと深呼吸をし、完璧な集中力をもってそれを祝福して返してくれた。そして、もっと自信のある様子で、「もうすでに祝福してあったんだよ。私の波動が入っていたんだ」と言った。

私は彼と議論したくなかったので、何も言わずにペンダントを収めようとすると、同じ袋の中に彼が以前に祝福してくれた六芒星のお守りが入っているのが見えた。そうだったんだ。ペンダントは六芒星と直接に触れ合うことによって、彼のエネルギーがチャージされたのだった。彼はお守りとわずかに接触したペンダントに残っていた自分の波動を感じ取ることができるほど敏感だったのだ。私がそのことを指摘すると、そのように波動が伝わったということを認めてくれた。

午後いっぱい仕事をしたダスカロスは、時々ストアでギリシャ語のインナー・サークルのクラスを行うか、または、他の町に行ってキプロスに多くある独立したサークルの一つでレッスンを行うのだった。

帰宅して夕飯をとると、彼は再び人びとと会い、時にそれは10時半頃まで続くこともあった。そのあと原稿を書くので、夜中まで原稿を書いている彼の姿を見たこともあった。

時間を見つけると彼は独特の風景画を描き、人びとのために良質のエネルギーをそれに吹き込むのだった。

当時76歳だったダスカロスは、朝6時に一日を開始し、ヒーリング、教え、カウンセリングを夜中まで続けた。本人の認めるところによると、彼は一日80人ほどの患者を診て、そのほとんどは症状が治まるか救われるのだった。私がいたある日、彼は一日で5人の萎縮した足を治した。彼は一対一で会う一人ひとりに、そしてサークル・レッスンの参加者全員をエーテル・エネルギーで満たすのだった。そのようなワークを一日中行うことが、どのくらいのエネルギーを要したのか、想像できるだろうか。

どうしてこれが可能だったのだろう。もちろん、彼がこのようなことができたのは、自分だけのエネルギーを使っていたのではなく、エーテル・エネルギーの根源とつながっていたからだ。でなければ、このようなことはできなかっただろう。

ダスカロスは通常、週の一日をヒーリングの日と定めていた。もちろん、彼にとって毎日がヒーリングの日であった。しかし、この日はストアでの通常のレッスンではなく、短いレッスンを行い、何らかのヒーリングを求めて来た人を助けることに注意を注いだのだった。

このヒーリング・セッションのとき、私たちは皆ストアに集まった。そしてヒーリングを求める人が一人ずつ彼のところにやって来た。ダスカロスが治療を始めると、みんなは期待感をもって静まりかえった。患者が彼に近づき、自分の問題を少しだけ説明すると、ダスカロスは即座に仕事にとりかかった。私は彼の邪魔にならずによく見えるように、時々ダスカロスの左側の少し後ろに立った。もちろん、起きたことはほとんど肉眼で見えるようなものではなかったが、見えたときの印象は強烈だった。ほとんどの人がそのようなセッションのとき、前に寄ってきた。

ある日、ドイツ人の女性のヒーリングが行われた。この女性は松葉杖を使っていたが、片方の足がねじれていて、もう片方の足より短かった。ダスカロスに見てもらうために、彼女が障害を持った体をぎごちなく動かすと、二人の友人が彼女を支えた。彼女は英語を話さなかったが、それは問題にならないようで、ダスカロスはすぐ治療を始めた。まず木の物差しを使って良い方の足の長さを計った。そのあと、ねじれて短いもう片方の足の長さを計った。近くに座っている人たちは両方の足の長さの差が2インチ（約5センチ）ほどであることが見えた。ダスカロスは彼女の二人の友人に彼女を支えるように伝えると、悪い方の足を持ち上げ、意識を集中させて足をさすりはじめた。

彼は両手を使って足を少しの間さすると、それを引っ張りはじめた。彼は引っ張ってはさすり、また数分引っ張ると足の長さを計った。この最中、女性はいささか困惑したような表情をしていた。ダスカロスは物差しを下ろすと、また足をさすり、2分ほど引っ張った。「さあ、これでいいぞ」と彼は確信した声で宣言し、修復した足を床に下ろした。両方の足が完全に同じ長さになったのを見た私は、温かいぷちぷちと跳ねるシャボン玉のような爽快感の波が自分を通り抜けていくのを感じていた。ダスカロスはもう一度、物差しで足を計り、両足が同じ長さであることを実証してくれた。

私が女性の顔を見上げたとき、彼女の友人や近くに座っていた人たちは興奮して一気にしゃべりはじめた。私はほっとしながら、喜びとか感謝の表情を彼女に期待していたが、女性は途方に暮れた表情でいま体験したことを理解しようともがいている様子だった。ストアから出ていくときも、来たときよりずっと混乱しているようだった。彼女の人格は、自分の体に起きた奇跡的な変容を即座に把握できなかったのだ。

信仰に基づくヒーリングは、ある程度の信仰がないとヒーリングは起きないと私たちは聞いている。それは信仰に基づくヒーリングに関してである。しかし、ダスカロスは信仰ヒーラーではなく、この場合は特に女性の人格は、信仰的なものよりも逆に懐疑心を見せていた。後にダスカロスはどのようにその癒しを促したのか説明した。「足を延ばすだけではなく、熱と命を与え、腱や骨、そして静脈の長さも延ばすことが必要だ」と。

ダスカロスはまず足が完全に健康であるイメージをつくり、強い想念形態であるエレメンタル*を創造するのだと言った。それから、骨、動脈や静脈や靭帯があるべき完璧な姿としてイメージする。それから大量のエーテル・エネルギーをエレメンタルに注ぎ込み、その仕事をさせる。このイメージは強力につくる必要がある。疑問はいっさい入れない。そうすると癒しのエレメンタルは、その完璧な形態を得て、聖霊が許せば足は修復されるのである。

目に見える形の証拠を観察した私たちのほとんどは、それ以上の証拠は必要なかった。しかし、ダスカロスのヒーリングについて、より科学的に究明した人たちもいた。彼らはヒーリングの前後に医学的な証明としてレントゲンを撮った。ダスカロスの介在する数週間前に撮ったレントゲン写真では、損傷した脊柱や骨が写っていた。ヒーリング・セッションのあとのレントゲンでは、はじめから何も問題がなかったような健全な状態が写っていたのだ。

　ダスカロスは治療が終わると、休憩なしに次の人に取りかかった。彼は自分を必要とする人たちが来る限り、ずっと治療を続けた。それを目撃するのはとても美しい体験だった。ある人たちには、癒されたいという熱い願いが感じられ、それは彼らに完全に健康になってほしいという私自身の願望と波動が内側で共振するのだった。ヒーリングを手伝いたいという思いのある人がそばにいることは助けになる。とても深刻な場合、キリストはよく特定の弟子たちに一緒にいるように求めた。そして他の弟子や傍観者を下がらせた。なぜそういう行動をとったかというと、患者に良くなってほしいというその弟子の熱意と潜在意識から出たエーテル・エネルギーがヒーリングを助長するからだ。同じように、疑問を抱いている人たちは潜在意識的*にヒーリングに対してマイナスに働きかけるエネルギーを発しているのだ。したがって、ヒーリングの仕事をするときはマイナス思考の人たちをまわりに置かず、あなたが愛し、彼らもあなたを愛している、ヒーリングに協力的な友人たちをまわりに置くべきなのだ。

　治療を求める人がもういなくなると、ダスカロスは昼食をとるために帰宅した。ダスカロスはいつもヒーリングをしているのは彼自身ではなく、人間が他者を癒すことは不可能だと言った。実際にヒーリングを行うのは神が聖霊として自身を表現しているのだ。キリストが奇跡的なヒーリングを行ったとき、彼は、それは自分の手柄ではなく、父なる神の働きだと言った。ダスカロスは私たちが聖霊の働きのためのふさわしい導管になれるように訓練することが可能だと言った。そして肉体のヒーリングを行うためには、萎縮した足の場合のように、生理学の実用的な知識を持つ訓練も必要だと言った。

週末になると、娘のパナヨッタが父親を外部世界から隔離して休息をとらせるためにダスカロスを地中海に面したガバナースビーチに連れて行った。一般の人たちに邪魔にされずに、彼が太陽の下で休めるような場所を彼らは用意した。彼はガバナースビーチをとても気に入っていた。その海岸には、珍しい白い岩石層があり、島のパワースポットの一つでもあった。

何年もあとになって、ダスカロスが亡くなる前に私と最後の会話をしたのがここだった。彼はラウンジチェアに一人で座り、リラックスして地中海を静かに眺めていた。私は彼のところに行き、隣に座った。私たちは話し合い、その時に明かしてくれた内容のいくつかは、当時の私には理解できなかったが、今は理解できる。彼が私に伝えたいことを言い終え、私は彼にお礼を言った。

椅子に横たわり、ゆっくりとしていたとき、彼は最後の言葉を述べた。楽しみの一つは、海岸の地域いっぱいに自分の意識を拡大して、風と一つになることだと彼は言った。そうすることによって、彼はその地域全体で何が起きているかを知ることができた。それは意識を拡大することによって行うのであって、エクソソマトーシスによってではなかった。それを伝えてくれた瞬間に、やさしい風が私たちの上を横切っていった。ダスカロスはラウンジチェアに寄りかかると、目を閉じて風と一つになった。私は彼をそっとしておいて、そのあと、すぐキプロスを発った。それが地上での最後の会話になるとは、その時は思いもよらなかった。

糖尿病が彼の血液系を弱めていたのだが、1994年、血管が破れ、脳内出血で話せなくなった。彼はその発作の後、数か月生き長らえた。パナヨッタは、それを家族や生徒たちにお別れをする時間を与えるためだと信じていた。彼はこの発作後のリハビリをいっさい断り、1995年、82歳で亡くなった。

ある仏教徒の死に対する観点によると、あの世に行く人間は「死ぬふり」をしているだけだそうだ。それは、肉体は状態の変化だけで、その人間が完全になくなるのではないことを意味している。死んだ後、自己意識は継続するが、それは存在のより高次のレベルで継続する。肉体の死は人格の終りではなく、もちろん、「魂・自己」の終りでもない。

ダスカロスは意識を持って最後の呼吸をして肉体から、そして地上の次元から去っていった。しかし、「スピリット・魂」としての彼には、地上や他の存在のすべての次元が彼とともに在る。したがって、実際に彼はまだ「ここ」に、「一時的存在の世界」に私たちといる。私たちはいつでも彼と連絡が取れる。彼が私たちに幾度となく語ったように。

「この世にはあまりにも多くの苦しみがあるので、この地球に痛みがある限り、私はここにいよう」、「目に涙のある人がいる限り、私はハンカチを持ってここにいよう」。ダスカロスは本当に慈悲に満ちた偉大な兄弟の一人である。彼と他の兄弟たちはこの奉仕の誓いを立てていて、地上から解放される最後の存在たちとなるであろう。そしてそのうえ、彼は亡くなったあとも、真理の探究者の教えを誠実に勉強して実践している人たちそれぞれと忠実につながりを持ち続け、真理の探究サークルを導いていくと約束してくれたのだ。

4章 目的を定める

進化の階段を上昇、上昇、上昇していく。これが「自己への目覚め」（セルフ・リアリゼーション）である。これが真理の探究者の真の目的である。少なくとも、私が導いている世界各地の真理の探究サークルの目的である。私たちは人間として、どうやって自分の本質を見つけることができるだろうか。どうやって限界なき存在が限界に束縛されることになるのだろう。永遠不滅のものがどうして滅びるのだろう。小さな自己意識を持った存在を、内在する真の本質のレベルまで開き、拡大させ、成長させ、私たちが「自己への目覚め」と呼ぶ状態にまで到達させなくてはならないのは**「現在の人格***」である。「現在の人格」、それが何であるかを知ることを「自己への目覚め」として誤解する人が多い。自分の「自己」が自分の唯一の人格（肉体・感情体・メンタル体）であると彼らは間違って考えている。私が「自己への目覚め」と言うとき、そのことを意味しているのではない。もちろん、まずスタートはそこからだ。つまり、自分の「現在の人格」を分析し理解することから始めるべきだ。しかし、その時、一歩前に出て「私はそれだけではない。それ以上の存在だ」と言わねばならない。その意味は、自分が肉体の支配者になり、感情（サイキカル体*）の支配者になり、そして想念（ノエティカル体*）の支配者になったあとに、自分の映っている鏡を壊し、鏡を壊しても自分がまだ存在していること、鏡の像なしに自分が永遠に存在することに気付*かなくてはならない。では、私とは誰なのだろうか。あなたは真の「自己」が歪んで見える物質・感情・想念という三重の鏡に反射する姿が自分であると思い込んでいる。あなたはその鏡の像を手放さなくてはならない。すると、自分が誰であるか分かるであろう――ダスカロス

教え

真理の探究者の教えや、他のいかなる教えに取り組もうとする前に、私たちは自分の目的をはっきりさせておく必要がある。どこかに行く前、自分がどこに行くのかをある程度知っておくべきだ。目的も何の考えもなく知らぬところに向かうのは賢いことではない。どの道をたどるべきか、そしてその道中どのような危険が潜んでいるか、私たちは知っておくべきなのだ。では、真理の探究者たちはどこに行くのだろう。私たちは埋もれた宝を探しに行く。キリストがそれは野に隠されていると言った宝である。その宝とは「インナー・セルフ」、つまり「魂・自己・認識」である。私たちは人格として、隠された宝を探しはじめ、自分の人格が誰であるかを探求する。それは過去のマスターたちがはっきり述べてきた通り、自分が「永遠の存在」であり、神の子であるとする学びに私たちを導いてくれる。私たちは自分

の人格の自己に埋もれているこの最も価値のある宝を見つけることができる。私たちが気付かなくても、私たちの人格の神髄に私たちの「スピリット・魂・自己」という輝く光線があり、それは唯一の「絶対的な神」に内在する一柱の真の神なのだ。

私たちのアプローチには方向がある。どの目標でも方向でも、そこにはこれから起きることへの期待が伴う。問題はその私たちの期待が、自分たちの前に開かれる偉大なる現実への経験を脚色したり、限界を設けてしまう可能性があるということだ。歴史的に見れば、よくある神への道のりの一つは、人里離れた洞窟で単独修行するヨーガ行者のそれ、そしてもう一つは伝統的宗教のような組織に加わることだ。

これらの道の問題点については、10世紀のスーフィーの神秘家であり、詩人であるニファァリはこのように書いている。「導きもないまま、人生の海に自分を投げ出すことは危険に満ちている。自分の中に生じるものを、他で生じるものと間違える可能性があるのだ」。どちらに進むべきか分からず、一人で絶対無限の真実に向かっていくのは危険なのだ。

ニファァリの言葉は続く、「もう一方で、もし船に乗って旅をしたとする。これも危険である。この乗り物に執着する危険があるからだ」。絶対無限の真実に伝統的な宗教や組織という乗り物に乗って行くことも危険だという。ニファァリの結論は、「一方ではその結末が分からず、導きがない。もう一方では、その方法がその結果となり、到着することがない」ということだ。

もう一つの方法として、真理の探究者の教えの場合、私たちそれぞれが直接真理に近づき、体験できるシステムを提供している。これはシステムであって、入会する組織ではない。先生やグルの階層の代わりに、道を歩むときに手助けしてくれる愛情深いブラザーやシスター・ガイドたちがいる。このガイドたちはあなたと神の間に立つことはない。その代わりに、あなたの隣に立ち、目覚めの壮大な旅の手伝いをしてくれる。彼らの助けは神からの最も大切な贈り物である、あなたの自由意志を支配したり制限したりすることはない。ガイドたちは地上に、そして向こうの世界（複数）にもいる。彼らの奉仕活動はこの「一時的存在の世界」に暮らす人間存在の三重の本質を対象とする。その三つの本質とは肉体、感情、そしてメンタルのものである。

真理の探究者として、まず私たちは自分の内面に働きかけ、肉体の健康を取り戻し維持することを学ぶ。私たちは感情的なアンバランスを静め、そして頭の混乱をクリアにする。私たちは肉体、サイキカル体、ノエティカル体の各レベルで自分を浄化して調和を保つように働く。これによって私たちの人格はバランスを取り戻し、純粋になる。自分にバランスを取り戻すことで、より良くまわりの人を助け、「魂・自己」と同調できるようになる。

肉体、ハートとマインドの、健康的でバランスの取れた表現ができるのは本当に素晴らしいことだ。しかし、それがこのシステムの最終目的ではない。私たちのシステムの本当の目的は「自己への目覚め」（セルフ・リアリゼーション）である。それは、現在の人格、私たちの小さな自己と、「一時的存在の世界」におけるその小さな自己の移ろいゆく表現に目覚めるだけのことではない。それは必要なスタートだが本当の目的ではない。「自己への目覚め」という場合、私たちは、完全な「魂・自己・認識」のことを指す。

私たちが真理の探究者の教えを実践し、プラクティスを行うとき、いったい何を期待できるのだろう。まず、最初に準備段階の自己意識のようなものを体験することになる。それは単純に現在の人格に気付くということだ。しかし、それは完全な「自己・意識」ではない。その人格として自分が誰であるか知るというのは、「内面を見つめる」*、「観察」、そして安全な「瞑想」を通して、自分独自の想念や感情、長所と短所を知ることを意味する。人格の自己は氷山の一角のようなもので、その小さな部分しか見えて（意識されて）いない。それよりも大きな部分がある。それは簡単には見えないもので、潜在意識と呼ばれる。私たちが師と呼ぶ完全に目覚めた存在たちは自分の潜在意識を意識のレベルに上げているため、潜在意識は持っていない。

この過程で、私たちは研ぎ澄まされた意識を持った、感情を超えた客観的な観察者の境地に入ることを試みる自分の想念、願望、活動に対して、私たちは純粋な証人であることを望む。そのようにして見えるようになると、次回、自分がより良い行動を取れる箇所を見つけることができる。私たちは、自分が言うべきでない言葉を言わず、取るべきでない行動を取らないことを学ぶ。そして、どのような行動やどのような言葉がより良い結果をもたらすことになるかも学び、将来はそのようにすると決断をし、人格の性質を改善するようになる。言い換えれば、私たちは自分の行動、願望、感情や想念をコントロールしたり変えたりする力や技術を育てていく。こうして私たちは自分の家と周囲の状況のマスターになっていく。

たとえば、ある探究者が不安定な状況に置かれ、強い怒りを持って反応するだけでなく、その結果、とげとげしい言葉を相手にぶつけてしまったとする。最初、探究者は自分の行動に対して自己防衛の衝動にかられて相手のせいにするかもしれない。しかし夜の「内省」のときに、この不幸な出来事をとらえて自分の中を深く探究し、このような受け入れがたい反応をした本当の原因を見つけることができる。そして、気分を害した本当の原因が自分のエゴイズムであったことを発見するかもしれない。探究者は客観的な分析によって、このような状況に対してのより良い反応方法を見つけ、次回はそうすることを決意できる。それは些細なことのように聞こえるかもしれないが、実際それで得るものは大きい。なぜなら、探究者は自分のエゴイズムを克服して自分の家のマスターになりつつあるからである。

私たちはまず、この日、この一年、この一生涯、そしていつかはこの一生涯を超えて、過去生を内省することも学ぶ。時間をかけて内省を続けると、一日の終わりだけではなく、何か重大なことがあった後に自分が内省しているのに気付くだろう。この実践を続けると、何かが起きたときにリアルタイムで内省を自動的に行っていることに気付く。この「内省」の技術はサイコ・ノエティカル*の世界（複数）に移されるが、それは肉体が寝ているときかもしれないし、肉体が死んだあとかもしれない。

私たちは内省を通して人格の自己の弱点や問題点を発見することによって、これらの限界を取り払って修正するステップを踏むことができる。私たちは自分の人格の自己と「魂・自己」の間にかかるヴェールをきれいにし、薄くすることに成功するだろう。「魂・自己」の輝く光は私たちの人格の自己を貫いてますます光り輝き、私たちの道をより明るく照らしてまわりの人びとも助けてくれるだろう。私たちの人格は、光り輝く「魂・自己」を覆う色のついた布のようだ。しかし、人格が負の想念や感情や願望から解放されると、この内なる光は光り輝いて自分、そしてまわりの人びとの人生にも光をもたらすのだ。

この段階に来ると、今まで見過ごしてきた驚くべきことを発見する。この私たちの神秘的な「自己」は、自分の人格の望ましくない表現を変化させることができるのだ。仮の人格*の自己の裏にいた真の「自己」を発見するということだ。時間とともに、私たちは自分たちがつくった人格よりずっと大きい存在であると気付くようになる。私たちは私たちの人格の中にある負の鉛(なまり)を精査してそれについて勉強し、それを真の「錬金術」と神秘家が呼ぶ方法で、愛の本当の金に変容できるようになる。私たちは時間、空間、そして場の現象的な表現の裏にある「自己」を見つけるのだ。これが真理の探究者の目的の「自己への目覚め」である。

✝プラクティス——概観

ダスカロスが上級者も初心者も真理の探究者に是非とも行なうようにと主張していたプラクティスは「日々の内省」である。このプラクティスは誠実なスピリチュアルな探究者にとっては最大の突破口であり、そして大きな成果をもたらすものである。成果というのは問題や苦しみや幻想からの本格的な解放である。「内省」は、このシステムで与えられる、天の王国へ至るための基本的な「五つの黄金の鍵」の一つである。

ダスカロスは次のように観察した。「現在、人びとは混乱の中に生きている。私は、それは彼らが自分の願望や感情の本質を知らないからだと言ってきた。彼らは自分の想念を自分の感情や欲望の奴隷にしている。これがまわりの者たちを混乱させている主な理由だ。誰でも空気や活力と同じように、自由にマインドを想念や理性として使うことが可能なのに、なぜ人は理性というものを使いたがらないのだろう。それは、人びとが自分の幻想から出たくないからだ。真理の探究者は、自己分析と内省を通して自分の幻想から脱することができる。勇気を持って自分の状況や自分の感情体、願望について学び、自分がいかに自身の人格の弱点や憎しみ、過度の情熱などをつくってきたかを見ることができるようになる。この深いワークをすることを望み、やると決めたら誰もができるのだ。自分が混乱の中にいて惨めであることは認めても、皆そこから出ることは望まないようだ。どうやったら出られるのだろうか。それは簡単だ。自分を拷問にかけるような愚かな願望や感情を追う代わりに正しい考え方をすると決心すればいいだけなのだ。だから、やれないという言い訳は通用しない。

内省は、「潜在意識」の中の想念、感情、願望の害ある組み合わせを除去してくれる。「潜在意識」には三つの部屋がある。一つは倉庫のようなもので、私たちのすべての想念、感情や願望が貯蔵されている。私たちが内省のエクササイズをするときに私たちが働くのはここだ。毎日、想念、感情、願望など、日常の出来事が顕在意識の表面下に入り込み、潜在意識の中に素早く蓄えられていく。内省では、私たちは一日の出来事を客観的に見ることから始める。私たちは自分のあまり好ましくなかった行動に対して言い訳をすることもなく、自分や他人を責めることもしない。

内省の間、私たちは自分のメンタルや感情的な行動の根源を内側から探している。それは意識を持って自分たちの人格やその潜在意識を構築するために行っている。これによって、好ましくない古くなった不必要な想念、感情や思いを解放していく。内省は自己分析とか内面を見つめるというふうにも言われる。「内省」や分析を必要とするのは「魂・自己」ではない。必要としているのは人格の自己認識であり、それは真の「自己・認識」に花開くために必要なのだ。真理の探究者や「自己への目覚め」を求める者にとって、これが実践すべき第1のプラクティスである。

✝プラクティス――日々の内省エクササイズ

毎晩、寝る直前に（潜在意識に入りやすいときに）4拍の呼吸法を行って、完全にリラックスしてください（吸うときは心臓の鼓動4拍分の長さ、吐くときも鼓動4拍分の長さ）。

ベッドに横になるか、あるいは座ったまま（眠らないようにして）その日のはじまりから終りまでを思い出します。出来事を一つずつ、出会いの一つずつを見直します。それは自分にも他人にも何の遠慮もなく、寛容な心持ちで行います。

思うべきではなかったり感じるべきではなかったことで、思ったり感じたりしたことは何だろう。

思うべきだったり感じるべきだったことで、思ったり感じたりしなかったことは何だろう。

言うべきではなかったことで、言ったことは何だろう。
言うべきことで、言わなかったことは何だろう。

やるべきではなかったことで、やったのは何だろう。
やるべきことで、やらなかったのは何だろう。

目標は自分や他人を責めたり褒めたりすることではなく、ただ自分の活動を観察し、自分の行動を良くすることです。褒めることと責めることは同じコインの二つの側面です。それは二元論的であり、私たちはこの相反する世界を卒業しなくてはならない。時間とともに自分を見つめることに慣れてくるにしたがい、日々の暮らしの中で自分が前進し、スピリチュアルな人生が加速していることに気付くでしょう。

5章 意識の七つのレベル

私たちは物質について語らい、植物王国やその異なった種類の光の輝きについて、そして、それらと違う度合いの光を持つ動物王国について、エーテル界、サイキカル界*（ともに複数）やノエティカル界*についても語ってきた。物質界、植物界には感受性と感性、動物王国には本能がある。人間の場合は潜在意識があり、現在地上にいる90パーセントの人口はこの潜在意識のレベルで生きていると言える。もう一方には、目覚めた意識がある。何人の人がこの目覚めた意識を表現しているだろう。どのくらいの人が、自分が何をしているのか理解できているのだろうか。その数はとても少ない。私たちは、自分の真の「自己」を開花させなくてはならない。それは私たちの真の「自己・意識」のことだ。そして私たちは自分の中に内在する「自己・超意識*」も開花させなくてはならない――ダスカロス

教え

神は御自身をダイナミックに表現する。それはキリスト教で「聖霊」と呼ばれているものである。それは、神の「全能」な特質である。それは、「汎宇宙的女性性」でもあり、生命の与え手でもある。この命が自分の中、そして自分のまわりの生きているものすべての中に現れているのを私たちは見ている。地上には数えきれない種類の生命体が存在するが、「命」と命の多様な姿とは区別される。「聖霊」としての神は人格という表現を持たないし、自己認識もない。それらを必要としないのは、「絶対的な超意識」というもう一つの無限なる表現を持つからだ。「ロゴス」*としての神は、「絶対的な自己・超意識」である。

神から、「ロゴス」、「聖霊」、そしてすべての「永遠の存在」たちから、「マインド・超資質」が放射され、それはすべての「一時的存在の世界」とその中にあるすべてのものを創造するために使われる。「マインド」は神でも「聖霊」でもない。マインドと呼ばれる超知性の媒体は、「聖なる原理」、「法則」、「原因」*から成り立っている。

私たちは意識として存在し、「絶対無限の聖霊の意識」の中の細胞である。私たちには自己認識があり、それが通常の人格の自己認識であっても、私たちは「絶対無限のロゴス的自己・認識」の細胞である。したがって、私たちには意識と自己認識の二つがある。「スピリット（霊）・魂・自己」としての私たちは細胞をはるかに超えていて、私たちは「命」、「永遠の命」なのである。

人間は自分の自己を潜在意識的に表現することが実に多過ぎる。意識の最も高いレベルに到達するためには、私たちの潜在意識を顕在化した意識に開花させ、それから「自己・意識」に、そして、いつの日か最も高いレベルの「自己・超意識」に開花させなくてはならない。それは、人間にとって可能であるだけでなく、望ましいことなのだ。いずれ誰もが「自己・超意識」の状態に到達することになる。それは私たち全員にとっての運命である。その運命が今生に来るか、今から何世紀先になるかはどうでもいいことだ。この「自己・超意識」によって何を知ることができるのだろうか。私たちは自分たちが不死の「スピリット・存在・自己」であることが分かる。私たちに不死の自己があるのではない。それは間違った考え方だ。人格としての私たちは「スピリット・魂・自己」を持っているわけではない。正しい考え方は、自分が身体と人格を持つ「スピリット・魂・自己」であるということだ。

光の輝きのすべての度合い、「聖なる」光の輝きの度合いは、意識の七つのレベルによって表現されている。尽きることのない「聖なる命の光」のそれぞれの輝度が、私たちの中に七つの天国と呼ばれるものを一つずつ形作っている。七つの天国のそれぞれの主な違いは、その素晴らしい「聖なる光」の輝き加減である。これらの高次の天国の一つずつには、物質次元にある光よりはるかに素晴らしい光がある。地上のいちばん明るい日をサイキカル界（複数）の光と比べてみると、それは地下牢と清らかな晴天の秋の日を比べるようなものである。人間として私たちは、自分たちの人格を最も高い意識のレベルに上げる権利、そして使命があるのだ。これは動物にとっては不可能なことだ。動物は意識を本能のレベル以上の高次のレベルに引き上げることはできない。私たちは人間の意識の可能となるすべてのレベルについて学び、それを成長させていく。それは潜在意識から、完全に目覚めた意識、真の「自己・意識」または「魂・自己・認識」、さらには「自己・超意識」へと。すると私たちは意識の表現ではなく、私たちは多様な意識レベルすべてを表現できる「自己」（セルフ）であることに気付くことになる。

意識の第1レベル――感受性

鉱物界において鉱物は、「感受性」として知られるある種の意識の中で生き、表現している。鉄は水分をその感受性で感じ、そして錆びる。鉄は変化して腐食するのだ。同じように、銀もその感受性のために空気に触れると黒ずむ。金属にも熱と電気に対する感受性があり、両方を多種の異なった度合いで伝導する。水晶も生きていて、その成長のパターンは重力への感受性を表している。スペースシャトルでの実験では、ゼロ重力に置かれると水晶はさらに大きく、さらに秩序をもって育つことが科学者によって証明された。ピエゾ・クリスタルは圧力への感受性が強く、強い圧力がかかると電気を生ずる。そしてパイロ・クリスタルは温度への感受性が強く、熱を加えるとこれも電気を発する。自然界全体を見ると、生命が意識の異なったレベルを表現しているのが観察できる。

意識の第2レベル――感性

次の意識のレベルは「感性」と呼ばれ、それは植物王国にある。この意識の種類は花に特に目立つ。花々は感性を多く表現している。花は太陽の光を感知する素晴らしい能力を持っている。植物王国は朝晩の差にとても敏感である。特に睡蓮などは太陽に敏感で、明け方の最初の光線を感じることができる。そして花弁を開き、太陽が沈むと花弁を閉じる。太陽の動きを感知して空を横切るのを追う花もある。冬が春になり、温暖な気候に変わると太陽光線は増え、植物王国の意識はそれを感知して新しい芽を出す。数週間のうちに植物や木々は芽を出し、花を咲かせ、葉を茂らせて、物質化の素晴らしい実演を見せてくれる。「聖なる計画」は地上において計り知れない豊かさをもたらす。植物界全体は、意識の第2レベル、つまり感性（sensibility）を持っており、そしてまた、第1レベルの意識である感受性も備えている。植物の感受性の意識も、熱、重力、化学物質を感知する。

意識の第3レベル――本能

動物王国に来ると、生命が感受性や感性、そしてより高次の本能と呼ばれるものを表現していることが分かる。魚や動物などの回遊や長距離の移動はこの生まれつき備わった本能的な意識の好例だ。動物は本能的に子どもを産み育て、本能的に餌を探し、そして縄張りを守る。動物王国は人間のようにマインドを使わない。彼らは「自然霊」と呼ばれる存在たちに統治されている。これらの自然霊たちは、特定の位階の大天使たちによって計画されたエレメンタルたちだ。多くの人はこれらの存在たちと接触した経験があるはずだ。自然霊は動物（植物）の命を支配し、それらの中にいる。動物をよく観察すると、私たちは偉大な知恵と知性が本能的意識としてこれらの生命体を律していることを見抜くことができる。私たちが本能と呼ぶものは、動物の背景にある知性のようなもので、それは個々の動物たちを守り、その知恵は私たちが驚くほどのものである。このようなレベルの意識ある知性を動物に与えているのはどのような存在なのだろうか。

動物には感受性や感性と呼ぶ第1と第2レベルの意識も備わっている。彼らは野生の中で寝起きし、食べ、子どもを産み、死んでゆく。彼らができるのはそれだけだ。皆、自分の本能に従っている。私たちの体の細胞のすべてにも、独自の本能的意識が備わっている。しかし、人間の意識はこのような低いレベルに限定されてはいない。

意識の第4レベル——潜在意識

人間の王国では第1から第3までの低いレベルの意識のすべてが表現されているのを見てとることができる。感受性、感性、そして本能だ。そして人間において、もう一種類の意識を見ることができ、それは潜在意識と呼ばれるものだ。意識の表面下で習慣的な機能を担っている意識なので、潜在意識と呼ばれる。一般の人は通常、潜在意識で動いていることが多過ぎる。潜在意識の一部は、私たちが人生で体験するすべての思考、感情や願望によって構成されている。これらが私たちの人格を構成し、性格を形づけるエレメンタルたちである。集合的にこれらが自己認識のような限定的なタイプの意識をもたらす。この影のような自己認識は私たちの真の「自己・認識」ではなく、絶えず変化しつづける。

人間とは幻想に包まれ、そして記憶喪失の状態にいる神々である。自分がどこから来たか、自分が誰であるかを忘れているためだ。エレメンタルたちは肉眼で見ることはできないが、透視能力者にはそのエーテルの姿が見える。エレメンタルは姿をとる。自分の潜在意識の中につくったエレメンタルを見ることが可能であったら、あなたは恐怖を抱くかもしれない。エレメンタルが仕返しを求めるとか、他人が持っているものを破壊したい、というような憎しみや妬みや欲望の強力な感情によってつくられているときは特に気がかりである。潜在意識は、時には天使的なエレメンタルもいれば悪魔的なエレメンタルもいる荒野のようなものである。

潜在意識の領域は一般の人には知られていない。私たちの潜在意識の中には、過去の転生で学んだすべてのレッスンが蓄えられている。同時に、私たちが霊的に進化するために必要な次のレッスンの数々もそこにある。

しかし、意識（訳注＝顕在的な意識）は自分が何を知っているかそれを知っているということで、それに対して潜在意識は過去に知っていたことが今は記憶や習慣として残っているものである。これらの習慣は過去において意識を使って特定の行動や技能を覚えたこととの結果としてある。したがって、潜在意識を豊かにしているのは意識である。顕在意識に入ってくるものすべては潜在意識に転送される。私たちは潜在意識と無意識とを混同してはならない。無意識とは、脳が五感を通して外界からの印象を受けていないことを意味する。

私たちの限界ある自己認識でさえ「マインド」を想念として使うことが可能だ。動物は「マインド」を想念として使う能力や自己認識も持たない。前に説明した意識と彼らを律する天使的な自然霊たちがいて、その知恵をその動物を通して表現している。しかし、人間は「不死のスピリット（霊）・存在」であり、動物王国とは異なる創造物である。動物、植物、鉱物は聖霊的な表現であり、「自己」を持たない。むしろ彼らは「超意識を持った大天使」世界の命ある創造物であると言える。動物王国から人間を際立たせるのは、「自己性*」（セルフ・フッド）である。私たちの肉体は体毛や骨や血液など動物との共通点はあるが、それくらいのものだ。

潜在意識は主に肉体の太陽神経叢（そう）に位置しているが、同時にサイキカル体、ノエティカル体にもある。潜在意識は人格のエゴイズムの基礎を形成している。その割合から見ると、潜在意識は海に似ている。海の表面は私たちのマインドの表面のようだ。水面下にあるすべてがマインドの潜在意識だ。私たちはいつでも潜在意識にしまわれた記憶を意識の表面に引き上げることができる。時に、記憶は意識の表面に自発的に上がることや何かが引き金になって浮上することがある。私たちは海面で泳いだり、海底まで深く潜ったりすることができる。同じ海、同じ水である。潜在意識であれ、顕在意識であれ、さらには超意識とさえ呼ぶ意識があるが、それらは一つの意識なのだ。

意識の第5レベル——意識

神は人間に「マインド」を使うという素晴らしい贈り物を与えてくれた。これによって、人間はまどろんでいる潜在意識を鋭敏で完全に目覚めた状態の意識に引き上げる機会が与えられたと言える。しかしこれが「自己・意識」の最終目的ではない。

目覚めた意識というのは幅が大変広く、少し目覚めた状態、もっと目覚めた状態、それよりもさらに目覚めた状態などがある。このプロセスを通して、より目覚めた意識や感情が潜在意識に取って代わるようになる。人間には一つのマインドしかないが、潜在意識、意識、「自己・意識」、そして「自己・超意識」という表現の状態がある。

真理の探究者は意識と同化して、それをだんだん上手に表現することを学びながら意識が何であるか知るために努力をする。その結果、意識は私たちの自己ではなく、表現方法だと気付いてゆく。ゆっくりと、私たちは目覚めを深め、霊的に開花して、いずれは「自己・超意識」を達成する。教えや師は道を示すことはできるが、私たちをそこまで連れて行くことはできない。これは、師やマスターたちに付き、書物を読むことで達成できるものではない。長時間の訓練が必要である。この美しい真の現実にたどりつくことができるのは、黙想、瞑想、エクスタシー*と至福の高次の状態を通過しながら意識の階段を上る者なのだ。

この意識の階段を上りながら、私たちは自己意識を異なった度合いまで育てることになる。しかし、「自己（セルフ）」というのは、「自己」が表現する意識とはかなり違うものだと知る必要がある。多くのスピリチュアルな体系は意識と「自己」を混同させて、それらが同一のものだと想定する。意識とは、裏にある「自己」のマインドを通した表現である。ということは、自己意識がどのレベルにいるかは、自己がどうやってマインドを使うかによって決まってくるのだ。普通の人が考える人間の目覚めた意識というのは、真の「自己・意識」や「自己・超意識」と比べるととても限定的な意識となる。

意識の第6レベル――「自己・意識」

私たちは意識をより高次のレベルに上昇させ、ある日、真の「自己・意識」に到達する。これが真の霊的な目覚めだ。完全な「自己・意識」は、「魂・自己・認識」の完全な実現化である。真の「自己・意識」または「自己・認識」には、度合いとかレベルはない。それは「聖なる計画」の中において、「自己」に目覚めている意識の状態である。それは日常のまどろんでいる意識を「自己・認識」へと拡大する努力と意志によって得られる。これが「自己への目覚め（セルフ・リアリゼーション）」と呼ばれるもので、真理の探究者に限らず、どの誠実なスピリチュアルな教えの体系にとっても、目指すべき真の目的である。「自己への目覚め」というのは、「自己」への知識を持つことだ。それは単に小さな人格の自己の短所や長所を知ることではない。

私たちの人格の意識を、私たちがより低いレベルの感情や想念で染めてしまった結果、「自己」の光を反射することができなくなっている。泥沼がまわりにある自然界の美しさを映し出せないのと同じように、くすんだ汚れた人格は「魂・自己・認識」の栄光ある現実を鏡映しにできない。私たちが過去生とか、他次元の体験を覚えていない理由はここにある。それらが存在していないのではない。間違いなく存在しているのだ！　人格としての私たちは日常の意識を本能的な願望や純粋でない感情や世俗的な関心事によって汚されることを許してしまっているからだ。そうやって、人格として私たちは真の本質の光を感知し映し出す能力を曇らせ、限界づけてしまっている。したがって、この完璧な光をより多く映し出せるよう、意識や潜在意識の掃除をするのが人格の仕事となる。

私たちはこのように、高次のレベルに「意識を引き上げる」のだ。私たちは「内省」の実践からスタートして、それから潜在意識に潜む汚れた不要な想念や感情を見つけて除去するために観察と集中力を育てなくてはならない。

私たちは大いなる勇気を持って、「内省」、「集中」、「観察」の「黄金の鍵」を手にして私たちの潜在意識に入る。それは、私たちが自分たちの人格の自己を研究し、私たちの潜在意識を構成している感情や想念の性質を見出さなくてはならないということだ。潜在意識の部屋で、私たちのすべての問題を引き起こしている挑発的な敵を見つけることになる。しかし、自分の人格を掃除して調整することによって、この敵を追い払い、魂の光をよりたくさん照らすことが可能となる。最初の成果は、より幸せな、より調和した人生を生きるようになること、そして、いずれ私たちは真の「自己・意識」に目覚めることになる。

意識の第7レベル――「自己・超意識」

「自己・意識」のレベルを超えると、「自己・超意識」がある。それは、「一時的存在の世界」（過去と現在）の完全な認識、そして永遠の存在の領域の完全な認識を意味する。「自己・超意識」は三つの「一時的存在の世界」の時空間や場の制約のある概念を超えている。「自己・超意識」は人が言葉で語る能力を超えているが、同時に私たちの「スピリット（霊）・魂・自己」の内在的な特質であり、そしてすべての永遠の存在の究極の状態の意識である。「超意識」はキリスト意識とも呼ばれる。そして真の原型のイデアで、意識の最高の状態である。日常レベルの低い意識は、マインドにある相対的なイデアで構成されている。人類の自己意識は少しばかりの知性の光から、知性と知恵の最も輝かしい光の状態まで、その範囲は広い。「自己・超意識」は一時的存在と永遠の存在の状態、両方のすべてへの「完全なる認識、目覚め」である。キリスト教では「テオーシズ」として知られ、東洋の系譜では神意識とされている。それは、「絶対無限の存在」である神との「アト・ワンメント」を意味する。それは放蕩息子がついに愛情深い父の元に戻ることを意味する。そこにあるものはとてつもなく素晴らしく、それを十分に描写できる人間などはいない。

†プラクティス――概観

「観察」は私たちが人生の中で見ているもの、人間関係、私たちのハートやマインドで見ている対象に気付き、理解する試みです。私たちの注意から何も外れないようにすること、しっかり目覚めた状態でいることを意味します。観察は注意を払うことであり、無理のない、そして緊張のない注意を指します。ほとんどの人間は物事がどのように機能しているか漠然とした認識しか持たず、自分がいる現実の本質に深く入るだけの観察力を育てていません。「観察」のプラクティスには「集中力」が伴います。うまく集中ができないと、鋭く観察したり、瞑想をするために注意を固定したり保持することはできません。「観察」と「集中」は私たちが内なる世界や外界をうまく探究すること、そして私たちの意識を高次のレベルに上げることを可能にしてくれます。「観察」と「集中」は真理の探究者にとっては不可欠の技術なのです。

✝プラクティス——歩く瞑想と回想の練習

仏教徒は歩く瞑想のもたらす恩恵をよく知っています。真理の探究者も同じようなプラクティスを行いますが、思い出すという要素が加わります。歩く瞑想の後、私たちは座って瞑想し、その歩いたときの詳細を思い出します。それは私たちの意識を上昇させながら、観察や瞑想の技術を発達させるだけではなく、記憶を強化します。邪魔が入らないときに、いつでも行うことができます。自分の家でもオフィスでもできますし、近所や公園や森など散歩に行くときは特に楽しく行うことができます。

1　数分の間、座って呼吸を心臓の鼓動に合わせます。4拍の心臓の鼓動に合わせて息を吸い込み、続けて4拍で吐き出します。感知する能力が高まったと感じるまで数分の間、続けてください。それから、立ち上がり、ゆっくりと散歩を始めます。

2　散歩の際に出会うすべての対象をできるだけ細かく観察してください。目に入る対象の色とか質感に注意を向けてください。体験した匂いとか音にも注意を向けてください。注意を払う状態で15分ほど歩き、周囲の環境から可能な限り吸収して、スタート地点に戻ります。この散歩を数日間続けて行います。

3　数日後に回想することを付け加えます。今回はスタートした地点に戻ったら完全にリラックスしてください。見たことをなるべく詳細に思い出してください。詳細を頭の中ではっきりと再生してください。散歩での光景、匂い、音などを体験したまま再生します。これらを何日か体験しているのでそれほど難しくないはずです。

4　翌日、また散歩をして、以前の散歩で気付かなかったことに目を向けます。帰ったら散歩を思い出すために10分から15分ほど座ります。すると記憶に蓄えた光景がより詳しく思い出されていくということが観察できるでしょう。

一度、記憶に蓄えた散歩のイメージに波動を合わせると、その中に入り、この豊かなホログラム的なイメージがますます精妙に観察できるようになります。「記憶」と呼ぶ生きたイメージの中では、いつもすべての詳細があり、思い出すことでそれを再び生きることができるようになります。このエクササイズを練習するほど、ますます細部を観察することができ、この「観察」の技術が身についてくるにしたがって、自分の生活の他の分野にも役立てることができます。いずれ、「観察」は生活の一部となっていくでしょう。

6章 すべてはマインドである

今存在しているものすべて、今まで存在してきたものすべて、今から存在していくものすべては、私たちが「マインド」と呼ぶ超資質で構成されていると私たちは言った。「マインド」は「神聖*」である。しかし、「マインド」は神ではない。「マインド」とは「聖霊」と「聖なる大天使たち（建設者たち）」が複数の宇宙をつくりだすための材料だ。それは物質宇宙、それからいわゆるサイキカル宇宙やノエティカル宇宙と呼ばれるもの、そして、その中にあるすべてが含まれる。知っているかどうかは分からないが、実はあなたも「マインド」を使っている。そして、あなたは時にはひどい使い方をしている。あなたは自分の感情の奴隷になることもある。今から自分を変え、新しい決断をするかどうかはあなた次第なのだ。あなたは「マインド」を使うことができる。それは、父なる神からあなたに与えられる日々の「糧」なのだから。

私たちが地球というこの惑星にいるのは、物質と「マインド」のマスターになるために、物質の本質や「マインド」のすべての波動（感情や想念としての）を学ばなくてはならないからだ。これが私たちの人生の目的である。「そう、私たちは物質界に暮らしているが、ここにはあまりに多くの苦悩、痛みや惨めさがある」とあなたは言うかもしれない。しかしそれは、人生の目的が物質と「マインド」のマスターになることだと私たちが理解するために必要な条件なのかもしれない。そして、私たちを目覚めさせるために与えられる体験が厳しければ厳しいほど、学びも大きいと言えるのだ

——ダスカロス

教え

ダスカロスはあるとき、キプロスで「マインド」に関するレッスンを行った。その一日の「マインド」のレッスンが終わり、他の生徒たちが帰りはじめたとき、私はダスカロスを追いかけて「マインド」のある側面について質問した。明らかにそれは見当違いの質問だったようだ。ダスカロスは私の質問を無視して、私の中で今日まで響き続けている力強い声で、「すべてがマインドなのだ」と言った。彼のこのひと言は、このテーマについての、私の限られた頭脳で把握しえた理解をはるかに超えた次元に私を放り投げた。シーソーの低いほうに座っていたら巨大な足が勢いよくもう片方に下りてきて一瞬にして私は1マイルも上空に飛んでいってしまい、そのテーマについてずっと有利な地点から眺められるようになったと感じた。

ダスカロスが私に理解させようとしていたのは、すべてが「マインド」によって生み出され、すべては「マインド」の異なった周波数、異なる振動の密度で具現化されているということだ。そして、私たちが物質と呼ぶものでさえ固体化されたマインドであるということだ。元素を構成しているもの、つまり「土」、「水」、「火」、「エーテル」の構成要素はマインドの異なった状態である。すべての創造において、神、そして諸階級の大天使たちはマインドを使う。神と大天使たちが自分たちを創造において表現し、そして創造として表現するためには表現方法が必要であり、それが「マインド」なのだ。したがって、マインドは過去、現在、そして未来にわたって常に創造されていく。マインドは神や聖霊ではない。神がそれを通して自身を表現する聖なる超資質であり、それは遍在しているものなのである。

「マインド」は多くの異なった振動率で表現される。振動率のいちばん高いものは、形なき超資質の「マインド・バイタリティー」である。最も振動率の低いものの一つは「エーテル・バイタリティー」*と呼ばれている。物質宇宙の対となっているエーテル体は、物質の一番きめの細かい種類である。それは肉眼では見えないが、３次元の物質宇宙の一部であり、この「エーテル・バイタリティー」の振動を低くして、固体へ物質化をすることが可能である。

キリストが５０００人の聴衆に食べさせるパンと魚を物質化したのはこの方法である。それには2時間ほどかかり、すべての人が腹一杯食べたあとも、余りが12個のバスケットを満たしていた。ダスカロスと現在の少なくとももう一人の真理の探究者も食糧を物質化することができた。

では、非物質化とはなんだろう。それは固体の振動をエーテルやそれ以上の振動にすることで、物質を私たちの肉眼から消してしまうことだ。ダスカロスと他の人たちもこのデモンストレーションを行ったことがある。これをどうやって学んだのだろうか。視覚化のプラクティスで私たちは形／姿を視覚化し、そのエーテルの形／姿を消すことを学ぶ。これは、いずれ長い練習の後、物質化や非物質化の技術習得へと導くための準備段階だ。しかし、物質化も非物質化も私たちのワークの目的ではない。ダスカロスはそのような技術はヒーリングに使われるべきであって他者に見せびらかすものではない、と断固とした態度をとっていた。このような不思議や奇跡についてキリストは次のように言っている。

「はっきり言っておく。わたしを信じる者は（わたしが知っていて皆に教える事柄、それらを信じて学ぶ者たちは誰もが）、わたしが行う業を行い、また、もっと大きな業を行うようになる。」（ヨハネによる福音書14—12）。

建設者である「スピリット（霊）の存在たち」、「元素の大天使たち」は「マインド」を使ってすべてを創造する。「原型（アーケタイプ）の法」、「原因」、「原理とイデア*」、それらすべてを含んだ「聖なる計画」の青写真に従って、大天使たちは壮大なワークを開始する。彼らはすべての「一時的存在の世界」（ノエティカル、サイキカル*、物質、およびそれらのエーテルの対）を創造する。彼らはこれらの世界に存在するすべてを創造する。そこには植物や動物という生物も含まれる。

彼らの創造のワークにおいて大天使たちは、まず形なき「マインド・超資質」の振動を下げ、ノエティカル資質の周波数にまで落として5次元のノエティカル界を創造する。私たちが最初に何かの形を見るのはノエティカル界である。そこには多様な形の生き物がいる。

「マインド」の振動を下げ、よりゆっくりとした周波数になるようにし、建設者の大天使たちは次に「マインド」をサイキカル資質として使い、サイキカル世界、そして4次元に住むすべての生物を創造する。これらの生命の姿は地球で知られているものもあれば、地球にないものもある。

「マインド」をより密度の濃い振動に落とすと、「エレメントの主たち」は、光の閃光で物質世界*を創造する。「光あれ」と聖書に書かれている通りである。化学では「ホット・ビッグ・バン」と呼ばれている。諸階級の大天使たちは、文字通り「マインド」を物質にし、完全な物質の宇宙をつくるのだ。ここでは、ノエティックな「法」、「原因」、「原理とイデア」は、科学者によって発見された物理の法則として現れる。これらの法則は、銀河系、太陽、惑星、月などと融合していく過程の中で、私たちの物質的宇宙の長い長い進化を統治しコントロールしてきた。物質世界は、マインドの振動の最も密度の濃いものだ。

「マインド」は命と分離されてはいない。「マインド」は命ではないが、その命の表現なので生きている。「マインド」の性質の一つは刷り込み（インプリンティング）と呼ばれる。それはすべてを刷り込むので、何も失われるものはない。それは生きている記憶のようだ。「宇宙の記憶*」、「宇宙意識*」、または「アカシック・レコード」と私たちが呼ぶものだ。それは過去、現在、未来に渡って宇宙の創造の過程、そしてこれらの宇宙で何が起きるかをすべて記録している。地球の小さな虫たちの動きでさえ記録されていく。神秘家、そして真理の探究者の上級者であったら、地球の「宇宙意識」とコンタクトをとり、何世紀もかかったことを瞬時に見ることができるポイントまで成長できる。彼らは、私たちの太陽系の

「宇宙意識」とコンタクトをとれるだけではなく、銀河系の「宇宙意識」ともコンタクトをとれるのだ。すべての惑星、太陽や銀河系が「マインド」の「超資質」の中に浮遊しているからだ。マインドは起きていることすべてを記録している。これによって、「宇宙意識」は最も信頼できる情報の根源となる。少なくともそれがアクセスできる人びとにとっては、ということである。

「宇宙の記憶」を読む人たちが全員同じ報告するわけではない。なぜだろうか。アメリカに初めてたどりついた探検者たちが書いた地図のようだ。初期の地図でまるっきり同じと言えるものがない。探検者たちは同じ場所をそれぞれ違うように作図した。それは「アカシック・レコード」にアクセスできる人たちにとっても同じである。アカシックの記録を読む正確さは読み手の観察力と集中力による。記録をアクセスする人がみな同じ技術のレベルを備えているわけではない。記録を見るために必要なのは視力ではなく、マインドだ。ギリシャではこういう諺(ことわざ)がある。「見るのは目ではなく、聞くのは耳ではない。人のマインドが見て、聞くのだ」。多くの人が「宇宙の記憶」に接することはできるが、彼らはいったい何を見ているのだろうか。透視能力者はそこで見たものを正直に伝えるだろうが、彼らが見るものはその者の成長のレベルによって異なってくる。子どもや青年、大人や老人を公園に連れて行き、しばらくそこに置いてくる。みな視力があり、公園で何が起きるのか見ることができる。彼らのところに行って何を見たかと聞くと、それぞれ自分の関心のあることを見ていただろうから、他人が関心を持ったことには気付かないはずだ。「宇宙の記憶」を読む人たちにも同じことが言える。

時折、自分は透視能力者になりたいとダスカロスに言う人がいる。ダスカロスはそれを聞くと笑って、相手にこのように言う。「何のためにだね。人生の真理を知りたいからか、それとも、サイキカル次元のあちこちから来る情報を垣間見ては自分の人格の性質によって色づけたものを、真理を見ていると言いたいのかな。それを使おうと思っている人が成長していないと、透視能力も透聴力も意味はないのだよ」

どこにも遍在する「宇宙意識」に入れる人は多いが、彼らが私たちに伝えてくれる内容は、彼らの見たものの色づけによって図らずも自らの人格の質を示し、そして自らの成長レベルを明かすことになる。透視能力者と称している人たちであっても、正しく成長する以前の人たちの描写はあまり信用してはいけない。最初は健康なバランスのよい人格、そして「魂・自己・意識」として成長をすることだ。そのような成長をする前に、「宇宙意識」を見るかもしれないが、見たことを理解しているかどうかはまた別の事柄なのだ。

もう一度繰り返すが、「マインド」の形なき「超資質」はあなたの内外、どこにも遍在する。誰でも意識を持ってそれを使うことを学ぶことができ、一度使ってみると、それが間違いなく存在することをあなたは確信し、それを疑わせることは誰にもできないだろう。私たちは「観察」、「集中」、「瞑想」に「マインド」を使うことを学ばない限り、スピリチュアルの本を何冊も読んでも、スピリチュアルの師を何人訪ねても得るものは少ないだろう。それならば、「マインド」を使ってどうやってもっと幸せな、より満足できる生活を送ることができるのだろうか。私たちは、「一時的存在の世界」（複数）の中の最も密度の濃いこの世界において、霊的に開花しようとしている人格なのである。それをやるために、私たちはまず座り、私たちのマインドを使って物事を顕在意識で考えて結論を出さなくてはならない。瞑想を通して、私たちは神、そして私たちの真の「自己」についての意味に到達するのである。

その結果はどうなるのだろうか。「マインド」を正しい思考として用い、「集中」と「黙想」を通して、私たちはより多くのパワーを得ることができる。ある日、私たちは外界の環境から得る知識だけを当てにする必要がなくなるかもしれない。私たちは新しい力を得る。それは「集中」、「アチューンメント」、そして、いずれ「アト・ワンメント）」のパワーであるが、それ以前に私たちは「マインド」を使うことによって、人格を掃除して浄化し、私たちの問題や幻想から人格を解き放ち、より良い人生を生きなくてはならない。ゆっくりと確実に、私たちは私たちの人格を誤った認識や物質世界への幻想や陶酔から解放しなくてはならない。真理の探究者として、私たちはその努力を自分の個人の現実から始めよう。私たちは、まず自分の行為、特に他者や周囲の状況に対する反応について内省することを今から始めるのだ。それを私たちの潜在する観察力によって研究し、誤った考え、ネガティブな感情、隷属させられている欲望、不健康な生活パターンなどを明らかにする。それらは真理、愛、そして、より幸福な人生から私たちを遮断しているのだ。

このような研究によって何がもたらされるのだろうか。私たちは自分たちの想念、感情、願望（良いものも悪いものも）が、自分たちのものであると発見する。私たちはそれらやそれらの起こす作用に対しても責任がある。それらは私たちのものではあるが、私たちでは決してない！　それらは私たちのものだから、それらを変えることができるし、改善することもいっさい捨て去ることさえできる。私たちが肉体ではなく、感情ではなく、想念でないなら、私たちはいったい何者なのだろうか。探究者はその答えを見つけなくてはならない。私たちは、自分が誰であり、何であるか発見しなくてはならない。それをやることによって、私たちは自分たちの矛盾する短所や長所について学べる。私たちは私たちの感情の体であるサイキカル体について発見する。肉体が死ぬと私たちはこの体の中にいることに気付く。私たちは私たちの想念の体、ノエティカル体について学ぶこともできる。黙示録で二度目の死と呼ばれる体験をするとき、この体の中にいることに気付く。しかし、二度目の死が私たちの探究の終りではない。私たちの三つの体を超えたときに自分たちは何であるのか、そしてさらに「人間の姿」を超えたときに、自分たちは何であるのかを発見し、体験しつづけることになる。幾多の挑戦、試練、苦難に立ち向かう探究者には表現し難い体験が待っていて、それは私たちの理解や想像をはるかに超えている。

花のようなシンプルなものへの基本的な集中だけでも、花と一体化*することは可能で、その花についてすべて知ることができる。このような学びの方法で、私たちの集中の対象について、通常の勉強では何年もかかるようなことをすぐ学べるのだ。これは集中の力であり、それによってアチューンメントや「アト・ワンメント」に導いてくれる。そうやって真理の探究者は「観察」、「集中」、そして「瞑想」によって、自分のまわりにある命について多くを知ることができる。伝統的な科学は同じことをするのに物理的な装置を使う。どちらも生き物について研究をしているが、その命の根源を知らずにこれらの生物たちを理解できるだろうか。私たちは動くものに対して、その動きを可能とするエネルギーの根源を知らないで、それを理解できるだろうか。研究とは、「観察」と「集中」を使って、私たちが見て体験するすべての物事の裏にある現実を知ることなのだ。

「観察」と「集中」を使い、私たちは「瞑想」を始める。私たちは自分の注意を保ち、瞑想を続けるために集中力を養う。そうしないと、多くの想念や感情が入ってきて邪魔をし、意図していた瞑想から脱線させるであろう。私たちは皆、「自己・認識・魂」として集中して物事を勉強することは可能だが、人格の自己認識としては、想念、感情、願望の手に負えない貯蔵物が私たちの意図した集中から気をそらそうとする。しかし、私たちは粘り強く集中することによってこの邪魔を乗り越えることができる。まず、あなたが瞑想を始める頃は、人格は何回もあなたの気をそらそうと試みるだろう。あなたは、「魂・自己」として平静を保ち、集中しようと頑張っても人格は干渉しつづけるであろう。この繰り返す干渉を無視しつづければ、時間とともにそれは静まり、「魂・自己」としてのあなたは集中を維持し、人格を静め、知恵に導かれるだろう。すべての答えは「魂・自己」に保持されているが、人格は落ち着いた状態に入らないと答えにアクセスできない。

私たちは普段、何らかの対象や状況に集中することによって、まわりの世界に関する知識を得ている。私たちは、自分が知りたい物事は自分から分離されていると思っているが、知りたいと思った瞬間、私たちは自己を表現している。私たちは対象や状況に対して集中し、それによって知識が得られる。この世の知識は感知可能な何かに自己が集中することによって得られるが、その感知しているものの裏にある現実は分からない。霊的に進化すると、私たちは感知できるものからその（裏にある）現実へと進み、感知できるものを生じさせる現実を知ることになる。その現実を盲目的に信じたり、それについて書かれた本を読んでもそのレベルには到達できない。それには実際の体験が必要なのだ。

「集中」の技術が上達するると、「瞑想」の力も高まってくるが、自分にこう問う必要がある。「実際に瞑想しているのは誰なのだろう」。それはあなたの体だろうか。脳が瞑想しているのだろうか。瞑想の媒体（手段）は何だろうか。瞑想の媒体は「マインド」である。「マインド」のことを知性と呼んだり、知覚とか思考とか呼びたくなるが、これらはマインドの単なる表現にしかすぎない。私たちは表現を超えて、マインドが実際何であるかを発見する必要がある。

「観察」と「集中」の技術を開発していくと、私たちは視覚化ができるようになり、それは本当の透視能力へ私たちを導いてくれる。まだ開発途中の段階で、真理の探究者は視覚化で見たものを透視能力のおかげだと誤解することがある。ダスカロスに対して何回かのプラクティスの後、次のように言った生徒がいた。

「ダスカロス、私はもうロンドンに行けるようになりました」

「本当か。どうやってロンドンまで行くのだね？」

「はい。私は何回も行きました。今では目を閉じれば、ロンドンの道を歩きまわることができます」

ダスカロスはこう聞いた。「最後に肉体でロンドンにいたのはいつ頃だったのかな？」

「8年前です」と彼は言った。

「では、教えてほしい」とダスカロスは続けた。「その8年前からロンドンで、どのような変化があったのかね。もしそれ以降に起きた変化が見えないのなら、君が視覚化で見ていたのは8年前に見たものなんだよ。想念によって潜在意識からそういったロンドンの情報を自分の脳に引き出してきて、そのエレメンタルのイメージの中を動きまわっているのだ。これは良い視覚化だが、君はロンドンには行っていない。パリかブリュッセルに行ってみたらどうだね」

「でもパリもブリュッセルも行ったことがないのに、どうやって視覚化で行けるのでしょう」

「行ったことのないところに視覚化では行けない。潜在意識に入れていないものは思い出せないのだ」とダスカロスはそう言って締めくくった。

生徒は自分が思っていたようにエクソソマトーシスやアストラル・トラベルと呼ばれることをしてロンドンに行っていないのが明らかになった。よくできた視覚化とエクソソマトーシスの体験を間違うことは珍しくない。しかし、「観察」と「集中」の練習を続ければ、真理の探究者はロンドンに行き、記憶を詳細に思い出すのではなく、実際に起きたいろいろな変化を見ることが可能となる。それはダスカロスがエクソソマトーシスと呼ぶ方法、または別名「体外離脱*」によって、ロンドンへの旅を達成するのだ。生徒は潜在意識にあったロンドンの想念形態の中で歩きまわることで満足してしまったわけだ。それによって、彼は自分の本当のエクソソマトーシスへ向けての進歩や成長に歯止めをかけてしまっていた。

練習することを通して私たちは「集中」と「瞑想」の本当の力を会得することができ、そのマスターになることで人生が拡大される。この技術を手に入れることができれば、自分の人生の書を読むという、最も必要とされる学びに使える。私たちは今までに人生の書の多くのページに書き込んできた。そして、私たちはその書に絶えず新たに書き込んでいる。過去、どんなことを書いてきたのか。将来、何を書くべきか勉強すべきである。これらのページに私たちは、私たちの人生の脚本を書いている。そして、その書かれた脚本に従って将来に進む。過去にひどいことを書いたとしても悲しむことはない。過去の好ましくない出来事は、そのようなひどいことをこれからの人生に新たに書き込むことがないようにするための学びだったのだ。こういった努力の仕方は、あなたにとって、そしてまわりの人間にとって、より幸せで、より良い人生をつくってくれるだろう。あなたは時間とともに、今の低い潜在意識の状態から意識がより顕在になる状態に自分の意識のレベルを上げて、「自己・意識」、そしてさらに「自己・超意識」へと引き上げていくことになる。それは真理の探究者は、いずれ自分の人格の自己と自分の真の本質である―スピリット・魂」とを同化させることを意味する。

マインドを使うことによって、私たちは想念や感情をつくりだし、それらによってエレメンタル（良質なものやそうでないもの）が生じる。そして、エレメンタルたちが私たちの人格の性質を決定する。私たちはすでにできあがった想念や感情を受け取っているのではない。私たちは理解せずに「マインド」の「超資質」を受けとって想念や感情という形にし、自分たちの関心度に応じて力を与えているのだ。つまり、潜在意識のレベルでは、私たちは「マインド」の「超資質」とすでに接触している。すべての人は「マインド」を使うことに対して、空気を吸うのと同様の権利を有しているということだ。「マインド」を特権的に使うということはない。限定や禁止する法もなく、残るは自分の意志、「マインド」の使い方を訓練する努力とそれにかける時間の問題だ。

それを知った上で、私たちは「マインド」を意識して用いてより良い人生をつくり、エゴイズムなしのより良い人格を形成することができる。このワークのゴールは何だろう。私たちはこの試みのゴールを達成することはないが、何ができるかというと、自分たちの感情や想念をマスターすることによって私たちは人格の自己意識を向上させるということだ。私たちは、「自己への目覚め」に到達するまでこの進化の階段を上っていく。

最期の石器時代の人間が危険と隣り合わせの環境に暮らし、そのために男性も女性も野生の動物から身を守るべく重いこん棒を持ち歩いていたとする。彼らは自分たちを守り、自分たちを表現するために「マインド」を使っていた。後に、人はマインドをさらに良い方法で使えるようになっていった。「自己」の表現は改善されたが、「自己」は常に「自己」であった。根源と表現を混同してはならない。実際、私たちは「自己」を成長させているのではない。「自己」は神の完璧な子であって、成長を必要としない永遠の「スピリット・存在」である。私たちが何をしているのかというと、その「自己」をより良く表現する技術を時間をかけて育てているのだ。それゆえ、これは「自己への目覚め」と呼ばれる。私たちは完璧な自己をつくろうとし、成長させることを試みているのではない。私たちは幻想から目を覚まし、私たちが完璧な「スピリット（霊）・魂・自己」であること、それが現在も過去も未来においても変わらないということに気付こうとしているのである。

✝プラクティス――マインドを集中させる

「マインド」を集中させる能力は創造的思考、ヒーリングや瞑想に不可欠である。スピリチュアルな世界、そして物質世界での成功は、マインドを集中する私たちの能力にかかっている。その時、私たちは探究や黙想のテーマに、すべての思考を集中することが必要である。特定の感情や想念そのものに集中することも可能だ。しっかり専念しようとするなら、この瞑想のために一定の時間を確保する必要がある。そして、そこに集中力を強く維持して気を散らしたり、注意がそれたりすることがないようにする。一度、集中力が開発されると、その活用には限界がない。

集中力とは、何かについてより多くを知るために、肉体の脳を使って「マインド・超資質」に焦点を定めることを意味する。そうはいってもこの技術を正しく学ぶには練習がいる。このプロセスは、虫メガネを通して太陽光線の焦点を合わせることに似ている。とても寒い冬の天気の良い日に虫メガネを持ってきて、特定の距離に置いた数枚の紙に太陽を当てると発火し、少し暖かくなる。同じように、私たちの脳を使って「マインド・超資質」の光線を対象に集中させると、私たちが知りたいことの情報が与えられるのだ。

より幸せな人生を送る鍵は、「マインド」を理性、「集中」、「観察」という形で正しく使うことだ。そうでなければ、常に不必要でコントロールのできない欲望の奴隷になるということだ。次から次へと欲望を持つことで、私たちは「マインド」を自分たちの感情の召使いにして、それを人生と呼んでいる。毎年毎年、次から次へと願望を満たすことが人生を幸せなものにする訳ではない。それは奴隷制の一種だ。私たちが強く願うのは、このような奴隷制から解放され、真の自己を見つけることなのだ。

✝プラクティス——薔薇への集中

実際の薔薇を肉体の両手で持ってください。体やマインドを緊張させずに、注意を薔薇に集中させてください。薔薇を両手で回しながら、その形、色、大きさを観察してください。そのベルベットのような花弁の肌触りを感じ、その精妙な色や鋭いトゲを持ったすべすべした茎に気付いてください。薔薇を鼻まで持っていき、その香りを嗅いでください。集中して薔薇の美しさを受けとめてください。

薔薇を下に置き、両目を閉じて深く、楽に呼吸をしてください。創造的な「視覚化」で、手に薔薇を持っている自分をイメージしてください。集中して、こころの目で、その薔薇をはっきりと見てください。その形、色と大きさを見ます。そのワックスのかかったような茎を感じてみてください。線が入ったその緑の葉っぱ、柔らかいベルベットのような赤い花弁を感じて、見てください。鼻まで持ってくることを視覚化して、その香りを再生してください。薔薇の中心を見て、すべての花弁が中心から花開いているのを見てください。あなたのマインドの中で、少しの間、この香り高い薔薇のイメージを安定させてください。そして、それを人間関係において難しい局面にいる相手にあげている自分を見てください。この赤い薔薇を平和な気持ちと愛をもって渡してください。

7章

三つの一時的存在の世界

場所（place）とは三つの「一時的存在の世界」、つまり「物質界」（これは空間〈space〉にある）、「サイキカル界」、「ノエティカル界」の特定の状態である。これらは「一時的存在の世界（複数）」および場所（place）に属す。キリストが神である父の家に帰るときにこう言った。「わたしの父の家には住む所がたくさんある。もしなければ、あなたがたのために場所を用意しに行くと言ったであろうか。」（ヨハネによる福音書14―2）と。彼は空間（space）の話はしていない。

地球のサイキカル界は私たちの物質界とまるで同じであり、そこには山々、海、湖、樹木、すべてがある。地球のサイキカル界には多くのものがあり、それらは物質次元よりもずっとたくさんある。そして私たちがいつか死ぬと、肉体を去ってそこに行くことになる――ダスカロス主な三つの「一時的存在の世界」は「物質次元」、「サイキカル次元」、「ノエティカル次元」の三つである。これらの次元は私たちの肉体、サイキカル体、ノエティカル体のように互いに織り込まれ共存している。私たちの体は、私たちがこの三つの世界に暮らすための器なのである。この「一時的存在の世界」において、私たちは「人格」として生き、人それぞれの天国や地獄をつくる。私たちは、自分たちが何をしているか理解もせずにこの三つの世界に同時に天国や地獄をつくっている。私たちは、自分たちのつくる天国や地獄を「人それぞれの」と呼んだ。なぜなら物質界、サイキカル界、ノエティカル界における私たちの人生は、一人ひとりのつくりだすもろもろの概念の状態だからだ。したがって、それらは永久なる現実ではなく、私たちが自分たちの想念や感情で構築する仮の殻なのである。私たちのポジティブな高潔な想念や愛情深い気持ちは私たちの天国をつくる。私たちのネガティブな卑しい想念や思いやりのない感情は私たちの地獄をつくる。

3世紀のキリスト教の司教であり、神秘家であったオリゲネスは彼のスクールで、私たちが地獄で過ごす期間は永遠ではないと教えていた。むしろ、その期間は一時的であり、人格の罪に比例するといった。オリゲネスはこれらの状態で体験されたことはいずれ時がくれば止まり、人格を浄化する結果をもたらすはずだと教えた。私たちは、それが理解できるように自分の人格の持つもろもろの概念について学び、幻想から自分を解放して、「インナー・セルフ」の真実に気付かなくてはならない。

三つの「一時的存在の世界」のすべては二元性の現象的法則に基づいている。ワンネス（訳注＝一体となっていること）の中の二元性、二元的な表現を持つワンネスである。熱さ・冷たさ、上・下、善・悪、内・外など。「一時的存在の世界（複数）」の中の命あるものすべてに、二元性がその中かその周囲に働いている。私たちの肉体もこの二元性を体現している。私たちの脳は二つの半球で構成されており、二つの目、二つの鼻孔、二つの耳と二つの肺がある。私たちの心臓は二つの上の心室と二つの下の心室がある。私たちの体には2本の腕があり、2本の足がある、などなど。これらの世界の命はすべて仮の存在である。生まれ、生き、そしてその肉体の形態は死ぬ。これらの世界のすべての命は変化する。それは絶え間ない変化だ。

一時的存在であるすべての知られている宇宙（universes）について、ダスカロスは霊的に語る。「宇宙（universes）」は神の織りなす質感を持って、「空間（space）」に流れ出ている」と。ダスカロスは、「空間（space）」は神の本質だと言っているのだ。化学的に言うと、物質的な宇宙の構成要素はアインシュタインによる$E=mc^2$。この方程式によると、エネルギーは物質に変換でき、物質はエネルギーに変換できる。したがって、「エネルギー」と「物質」は同じコインの表裏ということである。「エネルギー」と「物質」は一つなのだ。というのは、物質は凝縮された「エネルギー」であるからだ。科学者にとって物質の世界全体は二つのもので構成されている。エネルギーと空間だ。私たちはこのエネルギー、私たちが「マインド・バイタリティー」と呼ぶものは、低いものから高いものまで多様な異なった振動率を持つことに気付く。

三つの「一時的存在の世界」は、物質界、サイキカル界（それは時にアストラル界とも呼ばれ）、そしてノエティカル界である。これらの三つの世界をつなげているのはエーテルであり、これらの三つの世界にはそのエーテルの対があり、それはこれらの世界に浸透して囲み、そしてつなげている。これらの世界において、私たちの地球は物質的存在だけではなく、サイキカル、そしてノエティカルな存在、この三つの存在の状態から成っている。大まかに言えば、水と比べてみることができる。水分は固体の水、液体の水、そして気体の霧の状態がある。要するに、そのエネルギーの状態、つまり振動率によって水分が個体、液体、気体というように決まるということだ。

すべての「一時的存在の世界」は異なった振動の「マインド」で構成されていて、それは最も洗練されたレベルから最も密度の濃いものまである。「物質次元」が最も振動の低い「マインド」で、固体として体現されている。ダスカロスはこの点を繰り返し強調して言うのだった。「物質とは〈マインド〉が固体化されたものなのだ」と。それより少し早く振動すると、「マインド」はサイキカル資質を体現する。それはサイキカル界（複数）を構成する多様な次元やサブ次元を構成する資質である。では、サイキカル次元では二元性の法則はどのように体現されるのだろう。サイキカル次元は感情、願望、情緒の世界である。ここでの二元性の法則は好き嫌いであり、引き寄せの力と、その逆の反発の力として体現される。思いやり、愛情深い感情は引き寄せの力を創造し、憎しみや思いやりのなさは反発力を創造する。

ノエティカル界（複数）はより高次の次元であるが、その世界のはじまりと、いずれは到来する終わりがある。より低いノエティカル次元でも二元性の法則は働いている。低いノエティカル次元を超えると、「永遠の今[*]」にある「永遠の存在」（Beingness）のユニティ（統一体）に接近しはじめ、二元性についての一時的経験を失うようになる。ここでは、邪悪は未発達な善良さとして経験され、あるいはヒンズー教で言われる真理についての無知として経験される。ここで、私たちは二元性の対を持たない至福、そして最高の安らぎの中に入ることができ、「一時的存在の世界」で追求していた完全な喜びを見出すことができる。

私たちのほとんどは、注意が外に向かってこの三つの次元を持つ私たちの世界に集中しているため、他の次元や他の現実のレベルの可能性について考えることがない。そして、これらの次元に対する感性が十分に備わるための理論的な枠組みや個人的な体験も私たちには欠如している。高次の次元の世界について、最初は理解するのは困難であろうが、みな3次元の世界に暮らしていることは理解している。この次元で、私たちは3次元の相対的な空間について理解している。それは高さ、幅、長さである。物質界は3次元の宇宙とそこに存在するすべてを含むものである。それは空間と時間によって制約された世界だ。つまり、物質界は測定できる距離と、そして時間・日・週・年などではかれる物事の進行という流れの制約の中にあるということだ。

サイキカルやノエティカルの世界（複数）（サイコ・ノエティカル）も場所に関して似た感覚を私たちに与えてくれる。そして、そこには自然の光景や物質次元に存在するすべてのものがある。そこには地上で見るよりも美しいものがたくさん存在する。これらの宇宙次元は世界（複数）の連続体を成している。それらの世界の明らかな違いはそれぞれの次元で体験する光の量だ。私たちはこの光と振動のグラデーションによって、これらの次元を低いとか高いという感覚で感知する。

物質次元では光の主な特質は反射である。私たちは光が反射することにより周辺にある物体を見る。サイコ・ノエティカルな世界では、自ら光を放つのが光の特質である。サイコ・ノエティカルの資質のすべての分子がここでは自ら光を放っている。サイキカルな次元にも独自の法則が働いている。時間の感覚も異なり、時間・日数・年数などではかれないが、それでも出来事が生起するときの時間の感覚はある。地球のサイキカル界の対は地球に浸透し、地球のまわりの何千マイルにもまたがっているが、私たちの太陽系の他の惑星のサイキカルの対には触れていない。地球のノエティカルの対も地球に浸透し、より広い範囲にまたがっている。地球のノエティカルの対は、他の惑星や天体と触れている。私たちの太陽系全体がノエティカルの中に浮いているのだ。

訓練によって、私たちは意識を保ったままサイキカル次元に入ることができるようになる。しかし人は皆、寝ているときに潜在意識の状態でサイキカル次元に入っているのだ。「夢は存在しない」とダスカロスはよく言ったが、さらに「夢とはサイキカル次元での体験だ」とも言う。「しかし、肉体の脳はそれらの体験の記憶をごちゃ混ぜにし、断片的に持って帰るので、本人はそれを現実とは思えないのだ」と。

睡眠から覚めて夢を思い出しながら誰かに伝えようとして、このように言うかもしれない。「私はどこそこにいて……」と。サイキカル世界は場所の感覚を与えてくれる。サイキカル次元では私たちは空間の感覚を失うが、場所の感覚を失うことはない。

空間は場所とは異なる。場所とは理解できる明確な状態である。物質宇宙は空間に存在する。その広大さは私たちの理解を超えている。私たちの銀河系には2000億以上の星があり、私たちの太陽はその一つである。私たちの天の川銀河はあまりにも大きく、それを光が横切るのには10万年もかかる。これを超えると、何十億もの銀河系が物質宇宙に存在する。

地球は地軸のまわりを1時間に1000マイル超（約1609キロ）で回転している。この文章の段落を読み終える頃には、地球の回転により宇宙を50マイル（約80・45キロ）ほど動いたことになる。宇宙のどこを50マイルも動いたのだろう。同時に、地球は太陽のまわりを1時間当たり6万7000マイル（約10万7803キロ）で回転し、私たちの太陽と地球は天の川のまわりを回転している。その上、私たちの銀河系も宇宙を旅している。同時に物質界全体が外側に膨張し、すべての銀河系、星、惑星と月が互いに遠ざかっているのだ。私たちは絶えず、渦上の運動をしながら宇宙の中で壮大な距離を動くので、宇宙そのものは、測ることが可能である物体間の相対的な感覚以外は、特別な意味を私たちに与えない。私たちに意味を与えてくれているのは場所の感覚である。サイキカルとノエティカル次元は私たちに場所の感覚を与えてくれる場所である。

サイキカルとノエティカル次元が非物質的な世界だからといって、それらが抽象的であるとか、私たちがより親しみのある物質界よりも非現実的だと考える必要はない。そうではないのだ。それらの世界における状態は物質次元よりもずっと長いこと続く。4次元では、場所の感覚はその振動率によって決まる。3次元では二つの物体が同じ位置を占有することはできない。しかし、4次元では多くの物体が同じ位置に存在し、混ざりあうことはない。3次元でこれにいちばん近い状態はテレビ放送である。知っての通り、テレビ局はそれぞれ異なったプログラムを同じ地区で放送している。多くのプログラムが私たちの居間に混ざることなく同時に放送されている。それは異なった周波数、異なった振動率で送信されているからだ。私たちは、テレビの特定のプログラムを受信でき、同じ地域に同時に存在しているものが入ってこないようにチューニングをすることができる。同じようなことが4次元で起き、私たちは異なった場所の特定の周波数にアチューンメント（同調）することによって、この次元の異なった場所を体験するのだ。アチューンメントが鍵なのだ。私たちのシステムの「エソテリック・プラクティス」（秘儀的な実践）は、私たちにどうやって波動を上げたり下げたりできるかを教え、異なった周波数にアチューンするかを教えてくれる。これらのエクササイズは高次の次元の宇宙の中で意識をもって動く方法を提供してくれる。

三つの「一時的存在の世界」は、形態（フォーム）の世界である。生きた形態なのだ。5次元のノエティカルな世界は高次のノエティック状態[*]の法・原因・原理・イデアが表現されるところである。地上にある諸形態は、ノエティカル次元にあるものの反射である。3次元や4次元に物が存在するためには、5次元に対が必要である。物質界にあるすべての形態はサイキカル次元やノエティカル次元に存在する。

ノエティカル次元で時間は完全にその意味を喪失する。「一時的存在の世界」は状態と知覚・認知するものの領域であるが、究極の「現実」ではない。この時点で私たちはこれらの世界を貫いて先に進み、私たちの有限な知覚の向こうにある「現実」へと向かう。私たちは時間・空間・場所の「一時的存在の世界」の敷居をまたいで「永遠の今」、つまり時間も空間もない「永遠の存在」（Beingness）の領域に踏み入れるのだ。

私たちが「一時的存在の世界」と言うとき、それらの世界は創造され、一時的に存在して、*ある遠い未来にそれらは存在を停止するということだ。すべての天国、そしてその中に含まれるものすべては永遠で、不変の「聖なる法・原因」を使ってつくられた。これらの「聖なる法」は永遠であるが、これらの法によってつくられた日常の天国は永遠には続かない。キリストであるジョシュア・イマニュエルはこのことについてこう宣言した。「……律法の文字の一画がなくなるよりは、天地の消えうせる方が易しい。」（ルカによる福音書16―17）。これは、「聖なる法・原因」と「一時的存在の世界」についてキリストは語っていたのである。

ノエティカル界は想念の世界である。ノエティカル界には七つの主な次元があり、それぞれの次元には七つのサブ次元がある。つまりそれは計49のサブ次元で構成され、そのおのおのの次元に数多くの特性を含む非常に壮大な現実なのだ。より低い周波数としてサイキカル資質があり、それはサイキカル界（複数）の計49のサブ次元を構成している。サイキカル界は、意識的な体外離脱をする人たちによって訪問される場所だ。ここは私たちの肉体が眠っているときに毎晩訪ねている同じ場所なのだが、翌朝に肉体の脳が完全にその体験を持ち帰ることはできない。人は夢の断片を思い出し、それを完全に非現実だと思っている。これらの不完全の記憶は、サイキカル界での体験の断片が混ざり合ったものである。

肉体の死によって、私たちは肉体が死ぬ直前まで持っていた感情、想念、関心を完全にそのまま保った状態でサイキカル界に存在していることに気付くことになる。ノエティカル界と同じように、色や光景、音や香りは地上よりもずっと豊かで幅広い。これらの世界では私たちの気持ちや欲望はより強烈である。というのは、サイキカル界は感情の世界だからだ。これらの世界の時間や場所の体験はより流動的で柔軟性があり、そして色鮮やかだ。これらの世界を構成しているサイキカル資質は私たちの動機や意図にもっと影響を受けやすい。

私たちは高次の「一時的存在の世界」が物質界とまるで同じであることが分かった。そこには海、山々、川、湖、木々、そして地上と同じ生命体が暮らしている。なおかつ、地上では見かけないエキゾチックな生き物や他のものも存在している。物質界、サイキカル界とノエティカル界、何がいちばん違うのだろう。それは光だ。より高次の世界に上がるほど光は豊になる。そしてこの光が滋養となり、高次の世界への理解を促進してくれる。地上にいると、私たちがサイキカルとノエティカルの周波数に意識を同調させない限り、これらの世界をまったく感知できない。それゆえ、ほとんどの人びとはそれらが存在することさえ知らない。私たちを囲むラジオの周波数のようなものだ。私たちは特定の放送の周波数を受信するチューナーがないと何も感知することができない。三つの「一時的存在の世界」は共存していて、お互いに重なりあっている。それらはみな同時に存在するが、音楽のオクターブのように異なった振動率なので、それらはごちゃ混ぜになったりすることはない。

さて、私たちが実際に地球のどこに暮らしているかを考えてみよう。知っての通り、地表の71パーセントは水に覆われているが、私たちは水中ではなく、渇いた土地の上に暮らす。水で覆われていない地表の29パーセントのうちの1パーセントに人間が暮らす。割合からみると、私たちは地球のごくわずかな部分に暮らしていることになるが、それでさえ私たちには広大に思える。人間の暮らす地球の面積をサイキカル界と比べてみると、それは49のサブ次元のほんの一部分にすぎないことが分かる。訓練を受ければ、真理の探究者はこれらの世界で自己意識をもって移動していけるようになる扉を開けることができるのだ。

✝プラクティス――概観

私たちの肉体は神の寺院だと言われる。同時にそれは「インナー・セルフ」の寺院でもある。「魂・自己」がこの寺院に住まい、「聖霊」やその大天使の使者たちが最も賢明なやり方で面倒をみている。「聖霊」は生きていて、私たちの肉体のすべての細胞で働き、健康を維持してくれている。私たちは、私たちの体を愛さなくてはならない。そして、私たちのためにその面倒を見てくれている「聖霊」に感謝を述べ、肉体の寺院で何が起きているかを学ぶために「聖霊」や「大天使たち」に協力する必要がある。エーテル・バイタリティーのすべての形態は「聖霊」と「ロゴス」によってコントロールされていて、それらは私たちの肉体をつくるために偉大な仕事をしている。「内省」、「集中」、「瞑想」のエクササイズを行いながら、私たちは同時に「聖霊」、そして「大天使たち」と協力をしている。私たちの人格が成熟して顕在意識をもって聖霊や大天使たちと共同作業をしたり、肉体の寺院での作業に参加するところを見ると大天使たちは喜ぶ。

私たちは、肉体、サイキカル体、ノエティカル体のバランスをとり、健康を維持していくためにエクササイズする必要がある。私たちの三つの体のそれぞれが三つの「一時的存在の世界」の一つに対応していて、私たちはこれらの世界に暮らしている間、これらの体に生き、自分を表現している。私たちは感情と想念すべてを、自分の本当の自己と誤解していた私たちのエゴイズムではなく、「インナー・セルフ」のコントロール下におきたいと思っている。私たちのプラクティスは、自分たちの「インナー・セルフ」による意識的なコントロールをもたらしてくれる。時間とともに、あなたは完全にマスターするようになり、理性的ではない想念と感情を溶かす論理的な思考が使えるようになる。するとあなたは、「魂・自己」としての自分を発見することになる。三つの体にバランスを与えることによって、サイキカルやノエティカル界に近づき、中に入ることが可能となるのだ。

私たちは、意識と自己認識の三つのセンターに働きかけることにより、三つの体を活性化したり、バランスを与えたりすることができる。それらは「太陽神経叢」、「ハート・センター*」、「ヘッド・センター」である。「太陽神経叢」は誰にとってもそこに意識を集中し、エネルギーを貯蔵しても安全である。「太陽神経叢」はエネルギーの貯蔵庫になっていて、そこから体全体に供給される。それは新陳代謝の基礎であり、「聖霊」はそこで偉大な仕事をしている。私たちはプラクティスで直接に肉体の心臓に働きかけないようにしなければならない。それは心臓に問題を起こす可能性があるからである。しかし、胸腔全体に集中しても安全だ。同じように、私たちは頭とその周辺のエリアに意識を集中していく。

✝プラクティス──準備瞑想

肉体に集中して、体の筋肉をリラックスさせてください。

自分の肉体全体にいることを感じてください。あなたの体は神からの贈り物であり、それは「聖霊」と「大天使たち」によって愛をもって維持されています。完全にリラックスして肉体にいることを感じてください。あなたは、肉体のことを少ししか知りませんが、あなたは肉体のマスターになれます。

「聖なる大天使たち」は、あなたのすべての臓器、すべての細胞の中で働いています。彼らに、絶え間のない仕事をしてくれていることにお礼を言ってください。彼らはあなたを愛していて、あなたが彼らの仕事に気付き、協力をしはじめると喜びます。

集中して、自分の足の指にいると意識してください。あなたは完全に自分が足の指にいることを意識します。深い楽な呼吸をして、意識をふくらはぎに持っていきます。再び呼吸をして、意識を太ももまで上げます。自分の足の中とまわりに雪のように白い光のエーテル・バイタリティーがあるのを視覚化してください。

足からゆっくりと上がって太陽神経叢まで行きます。このセンターに集中しながら、深い呼吸を楽にリズムをもって行います。呼吸をしながら美しいスカイブルーの光の星雲がこのセンターから放射しているのを見てください。息を吐き出し、すべての暗闇や恐れが自分の体から出ていくのを見てください。

息を吸い込み、太陽神経叢の中と周囲にスカイブルーの光がどんどんと輝いていくのを見てください。息を吐き出し、この純粋な光のエネルギーが体中に広がるのを見てください。魂の静けさが自分の肉体を支配してくれるように願いましょう。

次は胸の辺りに注意を向けます。光り輝く薔薇色の光が胸のハート・センターの中と周囲から放射されるのを見てください。すべての感情と欲望を静めて、このセンターを愛で満たしてください。命への愛、自分への愛、すべての人への愛を感じてください。特にあなたが相手に問題を感じたり、相手があなたに問題を感じている場合、これを行います。この自我のない愛を拡大し広げて、仮の家である地球をこの愛で覆ってください。平和があなたのハートを支配するよう願いましょう。

意識を頭まで上げます。頭の中と周囲に自分がいることを感じてください。深呼吸をして、頭の中と周囲に黄金の星雲を視覚化します。日常の想念を静めます。創造的な想念だけがあなたの頭の中にあります。深く、楽に、そしてリズムをもって呼吸を続け、呼吸の1回ごとに、この黄金の光の星雲がよりクリアになり、光り輝き、強くなるのを見てください。自分の思考がクリアになることを願いましょう。

あなたの肉体全体の「エーテル・ダブル*」が輝き、純粋なキラキラと輝く白い光となっているのを見てください。

自分に、「私の体が完璧に健康であって**ほしい**」と言ってください。

8章 魂の三つの乗り物

肉体は、サイキカル体とノエティカル体なしに生きることはできない。つまり、人間には三つの体が備わっていて、それらを通して、それらに対応する物質界、サイキカル界、ノエティカル界で自分を表現する。自分を表現するためには、物質界にノエティカル体、サイキカル体、そして肉体が必要となるということだ。肉体は死という現象を通して完全に捨てられることもある。自己認識を持つ人間の人格は肉体を去り、サイキカル体、ノエティカル体をもってサイキカル界に入り、物質界で暮らしていたように暮らす。一般の人のほとんどは亡くなったあとも、物質界とサイキカル界の違いに気付かない。昔の悟りを開いたマスターたちは、これらの身体が存在することを知っていただけではなく、それらをうまく使っていた。聖パウロはそのことを知っていて、彼の書物の中でそのことに触れていた――ダスカロス

教え

肉体、サイキカル体、ノエティィカル体はそれらに対応する三つの存在の世界、物質界、サイキカル界、ノエティィカル界へ旅をするとき、魂の乗り物として使われる。これらの身体は人間が生き、自分を表現している内なる世界に対応する資質で構成されている。以前、私たちが述べたように、これらの三つの体と三つの世界おのおのに、それらをつなげるエーテルの対がある。

これらの身体は別々にあるのではなく、互いの中に同時に共存している。夜、肉体からサイキカルとノエティィカルの体が抜け出し、肉体は睡眠の状態に入る。肉体はサイキカル体とノエティィカル体なしでは使えない。しかし、死と呼ぶ状態を通して肉体が捨てられると、自己認識を持つ人格はサイキカル体に完全に入る。しかし、サイキカル体が存続するためには、ノエティィカル体が一緒にいなくてはならない。サイキカル体とノエティィカル体はつながっているので、私たちはそれらをサイコ・ノエティィカル体と呼ぶ。肉体のすべての原子には、それに対応するエーテル、サイキカル、ノエティィカルの原子が存在する。

サイキカル体とノエティィカル体は肉体とそっくりな形を持っているが、測定可能な空間の概念を超えている。これらの身体は、着脱できる洋服のようなもので、将来転生する場合があれば現在の肉体、サイキカル体、ノエティィカル体は完全に新しいものと取り替えられる。身体は、私たちの「スピリット・魂・自己」の光線に着せる服のようなものだ。服はさほど重要ではなく、重要なのは服を着込んでいる

「自己」の方だ。仮のものと永遠のものの違いに気付く必要がある。それは、仮の体と、その体の中に特定の時間宿る「永遠のインナー・セルフ」の違いである。

私たちの肉体はすぐ使える既製品のように準備されている。私たちがやるべきことは、それを食べさせ、洗い、服を着せることだ。カルマ*が許せば、それは聖霊の知恵のもとで完璧に、そして自然に育っていく。私たちは常に、自分たちのサイキカルとノエティカルの体の形をつくり、色をつけている。私たちのサイキカル体は私たちの感情、願望、動機の質や量によって形が決まり、色がつく。同じように、私たちのノエティカル体は私たちの想念や意図によって形が決まり、色がつけられる。もし私たちの感情や想念にネガティブなものがあり、妬み、怒り、不安や不健康な願望、そして不浄な思いがあると、私たちのサイキカル体やノエティカル体はそれに応じて色が変わる。

同時に、サイキカル体とノエティカル体には、私たちの「守護大天使*」によって保持されている完璧な原型があり、それは自己認識を持つ人格によって使われる。私たちの霊的な開花とは、意識を持って完璧な原型と一致するように私たちのサイキカル体とノエティカル体を形成することを意味する。言うまでもなく、キリストや過去の覚醒したマスターたちは、その姿がどのようなものであるかを私たちに示すために地上に来たのだ。

霊的に目覚めていない人びとの場合、サイコ・ノエティカル体は未発達に見える。それは未完成な卵型の塊のような姿をしていて、その人の感情や想念の色に染まっている。したがって、私たちが自分たちの感情を浄化し、想念の掃除をするにしたがって、自分のサイキカル体やノエティカル体は自動的にその完璧な原型の姿に近づいていくことになる。私たちは人格として、どんな人間であるか何も知らずに生まれ、7歳頃までそれは分からない。この時期まで私たちが分かるのは名前、性別、そして自分の身近な環境だけであるが、カルマが許せば、私たちの肉体は私たちがあまり努力しなくてもちゃんと育つ。私たちの肉体は各原子の中心から育つ。体の健康を維持してそれを成長させるのはエーテル・バイタリティーである。私たちの肉体は神からの貴重な贈り物であり、私たちはそれを愛し尊重しなくてはならない。

一般の人は、あとの二つの高次の体について何も知らないが、真理の探究者は高次の体について二つの方法によって知っている。一つ目は、理論的な知識である。あなたはそのことについて読んだり聞いたりして、それらが存在することを知る。二つ目は、実践的に知ることで、それらに意識をもって使いはじめることを意味する。今までのあなたはそれを潜在意識でしか使っていなかった。

ある人が激怒しているとする。その人は潜在意識のレベルで自分のサイキカル体のエーテル・バイタリティーを大量に費やし、無駄にしていることに気付かない。人は怒ると顔が赤くなり、体が熱くなることが多い。彼らは自分のエーテル・バイタリティーを使って大きな火を起こしているからだ。怒りが収まる頃には疲れ果て、エネルギーが消耗していることに気付く。それはコントロール不可能な怒りによって大量のエネルギーが失われた証拠である。

その結果生じるのは、私たちの身体を上手に治めている聖なる調和と法則の乱れである。この法則の乱れの結果が病気である。乱れが臨界点に達すると、人格は痛みを感じる。この肉体、感情、またはメンタルな痛みは「聖なる法則」によって状況が回復するかバランスを取り戻すまで続く。これらの痛みや苦しみは誰のせいなのだろうか。神のせいにする人たちもいる。

怒りに満ちた女性が手術を要するひどい胃潰瘍になり、ダスカロスのもとを訪れた。この女性は、「私は、以前は神を信じていたけど、今は信じてなんかいない。なぜ私がこの胃の痛みで苦しんで、胃潰瘍の手術をしなくちゃいけないんだろう。なぜ神は、私をこんなひどい目にあわせなきゃいけないの」と尋ねた。

ダスカロスは答えた。「これがもとで、神が存在しないという結論をあなたは出したのかね？　胃を悪くしてここまでの状態になるほど怒りにあふれた生活をしろと神が教えたのかね？　こんな状態をつくるのは、不安、心配事、怒りだと私たちはみな知っているのだよ」

この女性は残念なことに自分の過ちの責任をとることなく、病気の責任を神に押しつけたのだった。

自分の行動に対していっさい責任をとらない人間に対して、私たちは何ができるのだろう。まず、人の責任に対する考え方を正す必要がある。本当の原因に気付き、バランスを取り戻す意志を持たせることだ。それができれば、継続的な癒しが可能だ。この女性は重度の胃潰瘍だったため、医者たちは手術が必要だと確信したが、ダスカロスは他の方法をこの女性に示した。それ以来、彼女は態度を変えて怒りを捨て、手術なしで胃潰瘍から立ち直った。今の彼女はまったくの別人だ。怒りを捨て去ったので、朝起きるたびに、「彼らは私の神経を逆なでする」と相手を怒鳴りつけるようなことはもうない。誰かに対して怒る理由を探し、相手の敵意を勘ぐることをやめて、彼女は本当に変わったのだった。この癒しで得られたものは、危険な胃潰瘍を治療するよりもずっと大きなものだった。女性が得たのは、胃潰瘍の原因となった不健康な人格を正すことだった。持続する治療のためには、今回の胃潰瘍のような症状を治すのではなく、その原因を正す必要がある。

私たちは皆、自分が肉体の中に生きているということを承知している。私たちにはサイキカル体もあり、それを「アストラル体」と呼ぶ人たちもいる。「アストラル」の語源はラテン語で星を意味する。私たちにはノエティカル体もある。聖パウロはこの体を「スピリチュアル体」と呼んだ。神の本質、そして人間の「聖なる本質」であるところの「スピリット（霊）」という言葉と混同しないように、私たちの体系では、それを「ノエティカル体」と呼ぶ。

これらの三つの体は、それぞれが互いに独立している。熟練した神秘家は自分の意志で肉体から抜け出し、サイキカル界におけるサイキカル体の中で、もっと存分に生きることが可能だ。ただその場合でも、生きていくためにはノエティカル体とつながり、それと織りまざる必要がある。同じように、熟練した神秘家は自己意識をもってサイキカル体を抜け出て、もっと存分に自分のノエティカル体だけで生きることもできる。

そしてノエティカル界だけに生きる神秘家または真理の探究者が人格としてだけでなく、魂として自分を表現することができると、サイキカル界に再び現れることができる。それは、肉体とサイキカル体を捨てて、ノエティカル界だけに生きる者が肉体を持って物質界に現れることができるのと同じである。自分の意志の力によって、彼らは自分が相手に見えたりすることも、握手をしたり会話をしたり、物質

（肉体）レベルでの助けを提供することもできる。

人間として、私たちには三つの体（肉体、サイキカル体、ノエティカル体）が用意されていて、それぞれの身体をそれぞれに対応する「一時的存在の世界」である、物質界、サイキカル界、ノエティカル界で使うことができる。この時、三つの体の一つを「自己」として考えてはいけない。私たちは「自己」と「自己」が使うこの三つの体との違いを理解し、区別してとらえることを学ぶ必要がある。熟練した真理の探究者は三つの体のマスターであり、自分の「自己」を三つの「一時的存在の世界」で、それぞれに対応した体を通して完璧に表現できる。彼らは「透明なヘルパー」または慈悲の兄弟として知られている。彼らは地上のどこにでも自らを物質化して物質レベルで人助けができる。彼らにとって距離は何の妨げにもならない。彼らはお互いに何キロ離れていようがコミュニケーションがとれる。こういったことは普通の真理の探究者ではなく、熟練者たちによってなされる。彼らは人格・自己を「魂・自己」と同化させるのに成功した者たちだ。彼らは自分の人格を克服し、人格を「インナー・セルフ」の導きとコントロール下に置いている。彼らは人格の自己として、そして「魂の自己」として自分が誰であるか知っている。

これが、ダスカロスが私たちに対して強く望んでいることである。これは私たちにとって容易ではないかもしれないが、不可能でもない。私たちよりも前に達成した人たちがいるし、いつの日か私たちもできるようになるだろう。私たちに必要なのは、他者のために役立ちたいという十分な意図と揺るぎない欲求である。他者を愛し、助けたいという望みを表現した瞬間から、私たちのまわりにいる知性ある存在たちは、とても喜んで私たちを助けてくれる。私たちはその試みを一人だけでやることはいっさいない。

私たちは三つの体について話してきたが、肉体とサイキカル体とノエティカル体のあいだの関係はどうなっているのだろうか。もしサイコ・ノエティカル体が肉体から長時間抜け出ると、肉体は死ぬことになる。サイコ・ノエティカル体が抜け出てしまうことによって、肉体のエーテルの対が完全に抜け出してしまうからだ。肉体の対のエーテル体が抜け出てしまうと、肉体を構成している生命力がなくなり、肉体は腐食しはじめる。対のエーテル体は、それぞれの身体の空間であるとともに、それらをつなぎとめているリンクでもある。

私たちは三つの体について教えることもできるし、それらの体を見つけた覚醒したマスターたちも述べていることを示すこともできる。指示はこの知識を持つ存在たちから与えられている。それはすでに与えられてきた指示であり、これからも与えられていく指示である。しかし、それでは不十分である。この情報はあなたを正しい方向に導くことはできるが、各自で調べ、直接体験をする必要がある。キリストの指示によると、すべての人が自分で真理を知る必要がある。真理は、よくそれを熟知する信頼できる権威から知的に受け入れることは可能だが、真理を本当に「知る」ため、そして自由を獲得するためには、真理を自分自身が直接に体験する必要があるのだ。

覚醒した今までのマスターたちは皆、基本的には同じことを説いてきた。どの時代に生きていようとも、どの惑星に住んでいようとも、人びとは同じ真理を繰り返し、繰り返し見つけてきたのだ。どの国の男性でも女性でも真理を手にすることは可能だが、必要なのはその真理を探究し、調べることだ。「私はそのようなことに関心がない。どうでもいいことじゃないか。私には調べる時間などない」と言う人がいるかもしれない。そのような態度への答えとしては、満足できない人生を生きている人、苦しんでいる人たちが多過ぎるからこそ、人はこういう勉強をする必要があるのだと言いたい。あなたが真理に対して心を開かない限り、その苦しみからあなたは解放されないのだと。

その人は、「私は本当に地獄にいるのだろうか」と聞くかもしれない。分離という幻想の中に暮らし、妬みや敵意を抱き、他者を敵だと思い込んで彼らと戦うとしたら、もちろんそこは地獄だ。そのような問題や苦しみから逃れるために真理を見つけなくてはならない。自由になるためには、エゴイズムが真理だとして提供している幻想から、私たちは目覚めなくてはならない。まわりの人びとを見ると、真理を否定する人が地上で最も不幸せな人だということにあなたは気付くだろう。

あなた方一人ひとりがそうとは知らずに、夜な夜な寝ている肉体をベッドに置いて抜け出ているのだ。毎晩、自己認識を持つ人格は、サイコ・ノエティカル体とともに肉体から抜け出ていく。そして他の体たちが抜け出ても、肉体の創造的エーテルだけは肉体に残る。その間、聖霊は創造的エーテルを使い、肉体を修復し、健康を取り戻す仕事をする。ほとんどの人は自分のサイキカル体やノエティカル体を成長させるための意識的なワークをしていない。それゆえ、どの人もこれらの体を持っているのだが、それらは基本的に活性化されていないのだ。それらを活性化して、サイキカル体を成長させるためにはノエティカル体を使う。感情や欲望をコントロールするためには、理性的に頭を使うことを学ばなくてはならない。そうすることによって、私たちはサイキカルとノエティカル体の機能にエンジンをかけるのだ。サイキカル体とノエティカル体を成長させるのは、肉体の成長と似ている。私たちが肉体を動かさないと、それは萎縮して弱くなり、使えなくなってしまう。肉体は活動させて使わないと、きちんと機能しなくなる。高次のサイキカル体やノエティカル体も同じである。

私たちが三つの体をある程度使うことを生命は要求する。真理の探究者としての目標は、これらの三つの体をそれぞれ見極めて意識をもって使うことを学ぶことにある。いずれ真理の探究者は寝なくなる。毎晩、探究者は肉体を寝かせてから肉体を抜け出て、物質界と同じようにサイキカル界で生き続ける。とても熟練した探究者は自己認識として、寝たり夢を見たりせず、これらの高次の次元で意識を持ち続けることを楽しむのだ。

これらの高次の状態に達するには、人格の自己を分析することから始まる。それは仮の存在としてのあなたが誰であるか、そして永遠の存在としてのあなたが誰であるか、偽りのない真実を見つけるために行うのだ。それは容易なことではない。なぜなら人格としてのあなたは、この非空間の現実をすぐに理解できないからだ。時間と空間・場所に縛られている有限の人格はその三つの体のカプセルに入っている限り、無限の根源について完全には理解できない。しかし、だからといって三つの体に生きている限り、その真理について何も分からないでいるということではない。当然のことながら、自分の源を理解するために人格は自分を調整してアチューンメント（同調）する時間と練習が必要である。自分の人間としての表現から「聖なる本質」を見極めるのには努力がいる。それは時間も努力も要する。なぜなら、一時的な人間の人格には肉体、感情体、メンタル体があり、自分のアイデンティティはそれなのだと誤解しているからだ。

三つの体を持つこの仮の小さな自己は、時間、空間、場所の産物である。自分の自己を自分の肉体だと混同している人たちもいる。サイキカル体を知らない多くの人は、自分が感情そのものだと考える。ノエティカル体、あるいはメンタル体のことを知らない多くの人は、自分が自分の想念そのものだと考える。

あなた方一人ひとりが日常の自己意識の中に現在存在していて、そして三つの体の中に生きている。これは私たち全員に共通していることである。本当の問いは、この三つの体がどれほど成長しているか、そしてこれらの体に生きているのは誰なのかということである。人は皆、常に人格・自己を創造していて、それを真の「自己」と誤解している。人格は神ではなく、その中に神がいる。三つの体をすべて自己分析すると、この真実を発見することができる。それは三つの体のすべて、そしてその本質と表現を知ることを意味する。正しくそれらを使うことを学ぶということは、それらの体をどうやって使うかを学ぶ自己が明かされるということだ。

仮に人の肉体が爆弾で破壊されるとする。瞬時にあなたにはその人がサイキカル次元においてサイキカル体にいるのが見えるだろう。しばらくサイキカル次元にいたあと、彼はノエティカル次元に移り、そこで光り輝くノエティカル体として存在する。死というものは存在せず、命はもっと高次、そしてさらに高次の世界で存続していく。キリストはそれについてこう語った。「体は殺しても、魂を殺すことのできない者どもを恐れるな。」（マタイによる福音書10─28）。

私たちは何回もこう語ってきた。「私たちの体は私たちのものだが、私たちは私たちの体ではない」と。それらは「大天使たち」によって創造され、維持されている。そして私たちはこれらの体の中に人格としているのだ。これらの体の本質は「聖霊的」だ。しかし、人格としての私たちであっても、私たちは「ロゴス的*」なのだ。

真理の探究者の教えと実践（プラクティス）は、物質界で印象を受け取るという認識の中心を、サイキカル界やノエティカル界において印象を受け取ることにシフトさせる。このヒントに注目してほしい。あなたは認識の中心を物質界からサイキカル界、その後、ノエティカル界へと移行させることになるのだ。そのようにして、多様な世界の違いを見極めることが可能となる。もっと重要なことは、あなたは人格の命と、命そのものであるあなたの真の自己との違いを見極めることが可能になるということだ。これが、私たちが追究する「自己への目覚め」なのだ。

いったんそれに気付くと、それと一致して生きることによってこの現実を生きることが可能となる。あなたは自分の中にある偉大な真理と同化できる。限られた力と弱点を持つ人格から解放されることになる。この学びは、私たちの教えの基礎的なもので、今、紹介した二つの状態を見極めることができるようになるためにはよく勉強する必要がある。その一つは、「聖霊的」な本質を持つ身体（複数）、そしてもう一つは身体を通して表現される自己認識だ。つまり、「魂・自己」とその着ている服（三つの体）の違いを知ることである。

それは「内省」の実践から始まる。私たちは三つの「一時的存在の世界」で何をしているのか、そして、そのどこにいるかを知る必要がある。同時に、私たちは三つの体とそれらが存在する世界よりも高次な存在、「私であるところのもの（I-ness）」であることを感じる。私たちは自分の意識を高次のレベルに上げて、「一時的存在の世界」のすべてを上から見る必要がある。これら一時的な世界のどこでも動ける自己認識の視点から見なくてはならない。

この状態に到達すると、あなたは「超意識の自己・認識」に入ることができる。すると、あなたは「一時的存在の世界」を超えた、高い領域まで自由に行けるようになる。そうすると、あなたは、高次の領域で見つけた幸せは、地上で見つけた幸せとは比べものにならないことに気付く。それに対して、地上で求める幸せへの願望は、特定の対象や体験から次のものへと絶えず変わる。それはたき火で火が丸太から次の丸太へと燃えながら移るようなものである。願望をこのように追い続けるなら、幸せは一瞬にして失せてしまい、次を求めるようになる。

✝プラクティス——概観

すべての人はこの瞬間、そうとは知らずに同時に三つの体、つまり肉体、サイキカル体、ノエティカル体に生きている。それらはどれほど活動しているのだろう。すべての人は肉体を使っている。彼らは感情の体、サイキカル体もほとんど潜在意識のレベルで願望や感情を表現するために使っている。三つの体は絶えず変化をしている。三つの体は全体的につながっていて、私たちはその中に生き、それらに対応する物質界、サイキカル界、ノエティカル界で、それらを通して自分を表現している。真理の探究者のプラクティスの一つは、これらの身体を見極め、知り、意識的に正しく使うことを学ぶことにある。練習をするにつれ、私たちは三つの体にバランスと調和をもたらし、人格の自己を活性化して健康を取り戻し、完全な調和へともっていく。

✝プラクティス――三つの太陽の瞑想

深呼吸をして肉体を感じてください。集中して、腹部全体を感じてください。あなたは、あなたの肉体のエーテル・ダブルの感覚的なエーテルの中にいます。

次に、刷り込みのエーテルを使います。純粋な光・エネルギーが太陽神経叢から放射されて、スカイブルーの太陽がつくられているのを見てください。放射は動きであり、運動エーテルによって構成されています。

スカイブルーの青雲が腹部にあるのを見て、感じてください。そして肉体からノエティカルな放射が拡大され、全方向に向かっています。

あなたは今、スカイブルーの太陽となり、その中心点はスカイブルーの星雲のようです。それは集中した光です。

スカイブルーの星雲は腹部全体を包みます。それは胸骨から始まり骨盤まで包みます。それは体の前と後ろまで拡大しています。

意識を集中すると、それを感じることができます。
腹部に意識をもって生きていると感じてください。
肉体が完全に健康であることを願ってください。

深い楽な呼吸を続けてください。次に薔薇色の太陽があなたのハート・センターから光を放射しています。ゆっくりと白味がかった薔薇色の星雲が胸に形成されていきます。それは体の前と後ろに拡大しています。

今、二つの放射があります。一つはスカイブルーで、もう一つは薔薇色の光です。センターは互いに少しずつ異なりますが、放射は二つの太陽の星雲のように見えます。スカイブルーの星雲と白味がかった薔薇色の星雲です。

サイコ・ノエティカルの世界では、物質界のように色の光が混ざりあったり、同化して新しい色をつくることはありません。

深い呼吸をしてください。人格の自己・認識・自己が、感情レベルで完全に健康であることを願ってください。

この太陽があなたの低いレベルの感情や理性に欠けた願望を浄化してくれることを願ってください。

次に、ヘッド・センターにいることを感じてください。黄金の光が放射されはじめ、光り輝く太陽が形成されます。カナリア色の光があなたの頭のまわりにあります。しばし動かず、静寂とこころの平和の中に座ってください。

次に、あなたは自分の肉体全体にいることを感じてください。

卵型の白い光があなたの体全体と三つの太陽の青雲を包み込みます。

三つの太陽の放射は白い光の卵の星雲を貫いています。

自分の人格の自己・認識・自己の中にいることを意識して、それが掃除され、浄化されることを願ってください。

あなたが求めると、これらは与えられます。

時間をかけて、肉体に完全に戻ってください。

9章 七つの天国

天国は一つではなく七つある。古代の覚者たちは、それらを発見して描写し、私たち自身がこれらの七つの天国を見つけられるように指示を与えた。七つしかないということだろうか？　もちろん、それより多くあるのだが、人間の知性ではどのレベルに到達しても七つの天国を超えることができない。その存在を証明して、そこへどうやって行くか見せられなければ、七つの天国について語るのは馬鹿げている。しかし、こういったことは研究、分析、そしてそれを究明する時間が必要だ。研究しながら盲目的に信じるというのでは意味がない！　研究して知り、それを生きることに多大な意味がある――ダスカロス

教え

私たちは人格として何層にも重なる現実の中に同時に生きている。現在、そして過去の修行者たちは

一時的な存在の高次の次元を体験し、それを超えることもあった。キリスト教の教会もこれらを七つの天国として特定した。『チベット死者の書』にある仏教の教えも、生と死の間にこれらの次元が存在することを語り、それをバルドと呼んだ。インドの聖者も七つの「ローカ（世界）」について教える。真理の探究者は現実の直接の体験を通して、これらの7つの天国のことを知り、それらをどうやって体験できるかその方法を教えている。

これらの七つの天国とはどんなものだろうか。一時的存在の見地から見ると以下の通りである。

1　物質次元。私たちの惑星地球、私たちの太陽系、他のすべての太陽系、私たちの銀河系および3次元宇宙にある他の何十億もの銀河系を含む。

2　物質次元のエーテル・ダブル。物質のエーテルの対であり、エーテル資質で構成されている。

3　サイキカル次元。七つに分かれていて、それぞれがまた七つのサブ次元に分かれている。これらは識別可能な異なった振動率で区別され、測ることのできる空間による区別ではない。

4　サイキカル次元のエーテルの対、エーテル・ダブル。サイキカル次元のエーテルの対であり、それはよりきめ細かいエーテル資質で構成されている。

5　ノエティカル次元。七つに分かれていて、それぞれがまた七つのサブ次元に分かれている。これらは識別可能な異なった振動率で区分され、測ることができる空間による区分ではない。

6　ノエティカル次元のエーテルの対、エーテル・ダブル。それはサイキカル次元よりもきめ細かいエーテル資質で構成されている。

これらの六つは仮の「一時的存在の世界」のいわば世俗的な天国であり、その意味するところは、それらは絶えず変化しているということだ。それらの光り輝く天国はノエティカル次元にある、永遠であり不変な「聖なる法則」によって創造されている。これらの誤ることのない「聖なる法則」は永遠であるが、日常の天国はそうではない。

7　七つ目の天国は他のすべての天国とは異なる。それは形のない「超資質」で構成されている。それは「聖なるもの」であり、永久で永続する。七つ目の天国は「不変の法則」、「原因」、「原理」の故郷である。この天国は二元性の概念を超えている。この天国は善悪の両極性を完全に超越している。

目覚めた師であっても、「形ある仮の姿」しか知らない者たちを相手に、どのように「形なき命」の天国という現実を説明できるのだろうか。二元性の世界に閉じ込められた人格は、極性のない「形なき世界」をどのように意味があるものとして理解できるだろうか。それは可能なことではない。

物質世界は七つの天国の1番目である。物質次元、または物質世界は3次元のすべてを包み込んでいる。第1の天国はマインドの資質が固体になったものだ。それから、私たちの視野から見ると、第2の天国は物質次元全体のエーテルの対、エーテル・ダブルである。たとえば、地球にはそっくりなエーテルの対があり、そこには地球にあるすべて、山々や海や木々、川や湖などがある。地球のエーテルの対は、地球の中、上、そして何千キロか、地球の周囲に延びている。他の惑星、月や天体も同様である。

第3の天国は一時的存在のサイキカル次元として知られている。第1の天国は「マインド・物質」、3番目は「マインド・感情」。この天国は地上の中、上、そして何千キロか地球の周囲に延びているが、より高い振動率を持って存在している。それぞれの惑星、月、すべての天体は自分の第3の天国を持っていて、それぞれは他の惑星、月、および他のすべての天体に触れることはない。言い換えれば、天体のサイキカル体は他の天体のサイキカルな対に触れないということだ。

地球と同じように、第3の天国にはそのエーテルの対がある。サイキカル界の対は第4の天国である。サイキカル次元の第3の天国にあるすべてのものはエーテルの対がある。そして次はノエティカル次元として知られている第5の天国がある。物質のすべてにはそのサイキカルな対があり、同じようにして、すべて物質とサイキカルにはそのノエティカルな対がある。この5番目の天国は地球の中、上、そして地球の周囲にある。私たちの太陽系の全体が5番目の天国のノエティカルな資質に浮揚している。エーテルの対がある物質界やサイキカル界とは異なり、ノエティカルな5番目の天国は空間および場所的にはどこでも偏在し、そこではすべての天体はつながって存在している。もちろん、ノエティカル界とそこにあるものすべてにはエーテルの対があり、それが第6の天国である。この天国も空間および場所的にはすべてのところに遍在している。

7番目の天国が最後に残っている。この高次の状態について何が言えるだろうか。7番目の天国はスピリチュアルな世界、私たちの本質である「スピリット」の家である。地上に生きる間、この天国に触れることのできたマスターたちは言葉で語ることがほとんどできなかった。彼らによると、それは描写を超えた美しさがある。この天国についての教えを書物の中に見出すことはできない。

旧約聖書で神は言った。「我々にかたどり、我々に似せて、人を造ろう」(創世記1―26)。「我々にかたどり」とは、すべての天国の姿である。「我々に似せて」とは聖なる本質を持つ人類は、大天使たちがそうであるように、神に似ているということである。人類は天国の姿を持つとすると、それらの天国はどこにあるのだろう。キリストは明確に語った。「天の王国はあなたの中にある」(訳注=「神の国はあなたがたの間にあるのだ。」(ルカによる福音書17―21)。天国は「スピリット・魂・自己」の中の「聖なる本質」の中にあるのだ。

さて、以上のことを全部まとめてみよう。人間として肉体は第1の天国だ。肉体は物質世界に生きる間、私たちが表現するために使う乗り物である。肉体にはそのエーテル・ダブルがあり、それは第2の天国に対応する。私たちにはサイキカル体もあり、それは第3の天国に対応する。サイキカル体は、サイキカル界に生きる間、私たちが表現するための乗り物である。サイキカル体にもそのエーテル・タブルがあり、それは第4の天国である。それからノエティカル体があり、これ第5の天国に対応する。私たちのノエティカル体はノエティカル界に生きる間、私たちが表現するための乗り物である。そして同様にしてこの体にもエーテル・ダブルがあり、それは第6の天国に対応する。最後に7番目の天国があり、それはもしそれを体と形容するならば、「スピリット体」に対応すると言える。それは「人間の姿の原型」であるが、体というものではない。

これらの天国を旅するとき、それぞれの天国に対応した体を私たちは持っている。これらの体は、天国と同じように互いに織り込まれていて、互いに共存している。より高次の天国を訪問するために、私たちは低い次元の体から出る必要がある。たとえば、第3の天国であるサイキカル次元を訪問したいと思ったら、私たちは意識的に肉体から抜け出して、そのエーテル・ダブルを通り抜け、サイキカル次元にある私たちのサイキカル体の中で自己認識を構成しなくてはならない。このプロセスは第1の「エクソソマトーシス」と呼ばれていて、それは意識をもって肉体から抜け出ることを意味する。ノエティカル界である第5の天国を訪問するためには、第2の「エクソソマトーシス」を行う必要がある。サイキカル体から抜け出て、そのエーテル・ダブルを通り抜け、第5の天国であるノエティカル次元にあるノエティカル体の自己認識を構成する。第7の天国を訪問するのには第3の「エクソソマトーシス」を行う必要があり、ノエティカル体から抜け出て、そのエーテル・ダブルを抜け出ると、ノエティックな形態に入る。それは体ではなく、永遠の存在の状態を指す。

より高次の光り輝くノエティックの世界は原因とイデアの世界であり、それらはノエティカル界に最初に現れる形態を定めている。熟練した神秘家で、ノエティックまで到達できる者たちは、どのような生命体についてでも、それらをすべて「エーテル・センター*」から見ることができる。そのような神秘家はどのような生命体であっても、その誕生から死まで、その「実現性の循環*」の全体を見ることができる。

ここでまた限界に突き当たってしまう。この現実の素晴らしさを伝える言葉がないのだ。それを理解するには「自己・超意識」または人格が「スピリット（霊）・魂・自己」と一つになる、「アト・ワンメント」が唯一の方法である。「自己・超意識」に到達すると何が得られ、何が失われるのだろうか。私たちは人格としてのあり方や時間・場所の自己認識を失うのだろうか。そうではない。「自己・超意識」の状態に入ると、私たちは名前を含めて、人格のすべてのことを覚えている。私たちは自分の名前だけでなく、過去生でのすべての体験なども思い出せるようになる。つまり、ノエティック状態の7番目の天国から「永遠の人格*」または「魂の人格」は1本の光線として降りてきて一つの人生が始まるということだ。この「スピリットの生命の光の光線」が1番目の天国である物質世界までずっと降りてきて、私たちは新しい肉体をまとって新しい人生を歩みはじめるのだ。

そして肉体が死ぬと、自己認識として（訳注＝自己認識という存在としての意）、私たちは第2の天国を通過して第3の天国に行く。そして、しばらくサイキカル次元の第3の天国に生きたあとは、心地よい第2の死を体験して第4の天国を通過し、ノエティカル次元の第5の天国に行く。ここで同じ人生を、同じ姿で、同じ趣味と名前で過ごすが、それは第5の天国のより高次の状態で行われる。

しばらく第5の天国で過ごしたあと、第3の心地よい死を体験し、自己認識として第6の天国を通過して第7の天国に行き、ノエティック状態の中の真の本質としてしばらく休むことになる。ここで「魂」は、「カルマの大天使たち」の助けとともに、次の転生が考案され、計画される。そして再び人格の光線が投影され、新しい人格と新しい肉体の服を着て地上に転生するという同じプロセスが始まる。私たちが現実と呼ぶものは、私たちに伝えられた何よりも壮大であり、人格としての私たちの存在は、私たちが想像するよりずっと長く続くものなのだ。

✝プラクティス――概観

人格を掃除して浄化することに加え、特定の瞑想をすることによって私たちは物質世界を超えて、紹介した多様な天国を体験できる。私たちはこれらの高次の天国の良い市民になれるし、なるべきである。私たちは、私たちの仮の住まいである地球の、第1の天国をおろそかにしてもいけない。安全で、かつ効果的に高次の天国へと意識を高く成長させるためには均等なバランスが必要なのだ。物質世界は苦しみが多くあり、私たちはそれらを無視して高次の世界の個人的な体験だけを探求してはいけない。

「分離の世界」*において、私たちは二元性のパワフルな勢力の元で生きている。この状態では、「彼らと私」という考え方に陥りやすく、グループや個人を互いに対立するものとして二極化してとらえてしまう。このような「彼らと私」という態度は同僚、職業、家族、宗教グループや人種の間に見られるものだ。この短絡的なものの見方は、国家レベルで最も危険なものとなる。ある国家が他の国家と正反対の極性を持つと、とても強い危険な状況をつくってしまう。

私たちは個人や家族のレベルでの破壊的なエレメンタル（負の想念形態と呼ばれるもの）の創造について語ってきた。しかし、より危険なエレメンタルは国家全体によって創造される。これらの集団エレメンタルは国民によって力が与えられるので、かなり強化される。この瞬間にも戦争好きなエレメンタルたちが非常な強さと一貫性をもってエネルギーを与えられている。戦争のエレメンタルたちはより強力になり、エネルギーが蓄積され、それを解放する場を探す。この状況が世界を二極化させている。人びとはイデオロギーによって対立するグループに分かれ、それぞれのグループの中でも人びとのマインドやハートは恐怖、疑惑、混乱でもって分裂させられてしまう。

この二極化した状況のどちらかの側に活力を与えると、それは問題に油を注ぐことになる。片方が戦争の陣太鼓を叩くと、それに対してもう一方がサーベルを鳴らす。平和を訴えるために旗や人形を道で燃やす運動も、対する勢力そのものを刺激し、油を注ぐようなエネルギーを放出していることになるのだ。幻想は対立と分裂を招くが、真理は統合と調和を生み出す。

対立の誘惑を乗り越えて、平和の力強い祈りをつくるように世界中の兄弟姉妹に呼びかける声がある。真の平和とは戦争の対極ではない。真の平和には極性がない。それは世界自身が与えることができるものではない。この平和は神によって、そして私たちの本質によって呼び覚ますことができるものだ。平和を祈りながら視覚化するとき、私たちは意識して天使的な想念形態をつくることができる。それらは愛情に満ち、人類すべてへの理解を持つ天使的な想念形態である。これらの祈りは調和の波動に力を与え、狂った状況の中に理性を注入することができる。「彼ら対私たち」というメンタリティーを超越することにより、私たちは個人の平和も取り戻すことができるほか、実は、「彼ら」というものはなく、誰もが「私たち」なのだという真実への気付きにも導いてくれるのだ。

✝プラクティス――第1の天国に平和をつくる

深い楽な呼吸から入ります。ゆっくりと白い光を吸い込み、暗闇を吐き出します。あなたの肉体は今、明るい白い光を放射していて、そのエーテル・ダブルやオーラは霧がかかったスカイブルーになっています。

あなたの意識は軽くなりはじめています。それはもはや重い想念や感情によって邪魔されてはいません。今、座っているところから、あなたの意識をすべての方向に拡大していってください。それは建物を通過して木々の上まで上がり、町が見渡せるようになるまで大きなシャボン玉のように拡大していきます。

美しい薔薇色の光があなたのサイコ・ノエティカルのハートから放射されはじめ、あなたの隣の家を包み込み、近隣全体を包み込み、最後には町全体を包み込みます。あなたは喜びを感じます。

国全体が見える時点まで拡大を続けてください。もしかすると、どこかで問題が生じているかもしれません。あなたのハートはすべてに対して愛を放射しつづけています。国全体がこの薔薇色の光に包まれています。

次に、あなたの意識を広げて最初の雲を包み込み、それから外気全体を包んでください。あなたには地球全体が見えています。そこは深くて青い海、連なる山々、そして豊かな草原のある美しい天国です。あなたは、世界のいくつかの場所で戦いが起きているのも、大勢が不幸せであることも知っていて、何か手伝いたいと思っています。

あなたのハートは今、薔薇色の光の川になり、地球で問題のある地域に平和と愛をもって流れ込んでいます。あなたには光に満たされた何百万もの笑顔が見えます。あなたには武器を下ろして兄弟として互いに抱き合っている男たちが見えます。あなたには必要な人びとに食べ物や服を配っている人たちが見えます。

あなたは、地球があなたのほうにやってきて、あなたのハートの中に心地よく休んでいるのが見えます。少し前に、あなたは地球の上にいましたが、今は、地球があなたの中にいます。地球をそのままあなたのハートに置いてください。

次に、自分の現在の人格と肉体に戻ってください。自分が元の体に戻ったと感じるまで深い呼吸をしてください。平和と調和があなたの地域、国、そして世界中に行き渡るように祈ってください。

10章

人間天使、人間悪魔、そしてエレメンタル

物質界にいると、肉眼でエレメンタルたちを見ることができない（他の世界ではエレメンタルは物質化しているので見える）。しかし、エレメンタルたちはエネルギーに満ちていて、私たちはいつもその重さを背負っている。男性も女性も、物質次元において人生が幸せであるかみじめであるかは、見えていないが最もパワフルなエレメンタルたちの本質と重さにかかっている。

それゆえ、私たちはこれらエレメンタルたちの本質について学ばなくてはならない。まずそれは私がすでに述べたように、エレメンタルを扱うことの責任、エレメンタルをどのように形成して育てるのか、どのように私たちに作用するのか、そして私たちのまわりの人びとにどう影響しているのかなどを理解することから始める。もちろん、このテーマについて学ぶとき、どうやってそれらのエネルギーを無効に、つまり「非エネルギー化」するのか、その修正方法やネガティブな悪魔的なエレメンタルの影響を阻止するためのエレメンタルの盾（守護する天使）をつくる方法なども勉強する——ダスカロス

私たちは肉体に服を着せる。私たちが肉体に服を着せるとき、肉体自身の本質を変えることはない。肉体に上流社会の最高のリネンや絹を着せたとしても、ホームレスの汚いボロ切れをまとわせたとしても、肉体は服によって影響されない。それは変わらずに同じ肉体であり、2本の腕、2本の足、2つの肺などだ。私たちがサイキカル体に着せる服は表現している感情、心情や願望の服で、同じく、ノエティカル体の服は、想念、概念、意図でつくられた服である。ほとんどの人は肉体に着せる服ほど感情や想念の服に気を使わない。しかし、サイキカルな服、そしてノエティカルな服はこれらの体の核にある私たちの「スピリット（霊）・魂」の光線を汚すことはない。それは純粋な「スピリット・魂・光」としてあり続ける。この光り輝く黄金の光線は、人間の人格を支える柱のようなものだ。これはすべての男性、女性の共通点である。しかし、同じ人格などはない。なぜそれらは異なるのだろう。一卵性の双子の性格でさえ異なる理由はどこにあるのだろう。

「スピリット・魂」の光線は転生するときに、肉体、サイキカル体、ノエティカル体という三つの体をまとっている。私たちがどのような想念や感情の服をサイキカル体やノエティカル体に着せるかによって、自分の人格は他者の人格と区別される。私たちの感情や想念に基づくエレメンタルの質と量が、純粋な「スピリット・魂」の光線を覆うそれぞれの人格の個性を形成するのである。

社会の特定の階級では人は着ているもので決まると考えられている。何を食べるかで決まるという人たちもいる。自分は肉体だけだと考える人たちもいる。同じく、「自己」は自分が感じたり考えたりする媒体でしかないと誤解している人たちもいる。私たちの想念や感情は、人生を通して絶えず変化する一時的な表現であって真の「自己」ではない。

私たちの感情の質、量、強さが人格を貫く「スピリット・魂」の命の光の伝達に作用する。より愛情深く、思いやりのある感情を表現するほど、人格を貫く命の光は輝きを増す。その結果として、私たちはより幸せに、そして「スピリット・魂・自己」と、より密接につながっていることが感じられる。恐れを抱いたり、怒りやネガティブな感情を持ったり表現したりすれば、生命の光が私たちの人格を貫く機会が減少し、まわりの人びとの心に触れることが少なくなる。それは、私たちのノエティカル体も同じである。意識のレベルか潜在意識のレベルで、私たちは表現する感情、願望、想念を選んでいる。したがって、私たちにはそれらに対する責任が大いにある。

人格の中の光がどれほど透明であるか、または覆い隠されているかに関係なく、その根源には完璧な「命の光（ライフ・ライト）」がある。マザー・テレサがニューヨークのバワリーで、麻薬中毒者やアルコール中毒者、ホームレスを訪ねたときに関わったのはこの命の光だった。これらの路上生活者の「人格」を見てこう言った。「あなた方の一人ひとりのなかに、私が見ているのは、痛ましい姿に身を隠しているキリストです」。マザーは、みじめな外見の状況を突き通して、完璧な「スピリット・魂」が見えたのだった。

私たちはこの光を覆うことができるし、私たちの人格の中に開花させることもできる。私たちはネガティブな感情、想念、行動、不健康な態度を浄化することができれば、それらを本当の愛、高貴な意図と無私無欲の奉仕へと取り替えることもできる。その時、私たちは透明な聖者の人格をつくることになる。あるいは逆に、憎しみ、不純な願望、ネガティブな思考、または異常な行為によって人格は汚され、暗い、悪魔的なエゴイズムがつくられることもある。多くの場合、この極端な二つの中間に属する性格が形づくられる。このような個人的な表現により、私たちの性格は形成され、私たちの運命が定まるのだ。

感情とはいったい何だろう。そして想念とは何だろう。それらは何で構成され、どこから来るのだろう。なぜ、ある感情や想念は私たちに非常に大きな影響力を持ち、別のある感情はあまり影響しないのだろうか。好ましくない、害ある感情の影響から自分を解放するのは、なぜこれほど難しいのか。これらは真理の探究者が究明すべき疑問である。これらの疑問は真理の探究の体系の中の最も重要な部門である「エレメンタル」というテーマに導いてくれる。すべての想念、感情、意図はエレメンタル（訳注＝原文ではほとんどの場合、複数形である）をつくりだし、エレメンタルを伝達する。エレメンタルは想念や感情の静止した単位以上のものだ。彼らは生きていて、自分の命を持ち、その表現には力も目的もある。他のスピリチュアルの教えではそれらを「想念形態」と呼ぶ。イスラム教のスーフィーの神秘家たちは、それらの想念形態について教えていて、「ムワカル」と呼び、その言葉は、「エレメンタル」として訳されている。スーフィーの神秘家たちは、どうやって人びとがムワカルを生み出すかについて、そしてそれには命があり、達成するべきある目的があることを教えている。怒り、妬み、憎しみを表現するとき、人は自分のまわりに敵を形成しているようなものだ。インドの古代サンスクリット語では、

「ヴァサナ」と呼ばれていた。仏教では、潜在意識に貯蔵されるある種のエレメンタルを「習慣のエネルギー」または「メンタル形態」と呼んだ。一部の生物学者、心理学者や認知科学者は人格や社会の中に、ある透明でパワフルな勢力が存在するのではないかと考えた。エレメンタルのある種のものを彼らは「ミーム」や「マインド・ウィルス」と呼ぶ。これらの科学者たちは私たちの文化にある集合的な心理を形成しているものとしてグループ・エレメンタルに研究の焦点を合せている。彼らは文化の伝達にかかわるこの10年にわたる研究の分野を「ミーム学」（メメティックス）と呼んでいる。

エレメンタルの質は、天使的なものから悪魔的なものと幅広く存在する。キリストは特定のエレメンタルたちを「口の利けない意味なき霊たち」、「汚れた霊たち」、そして「邪悪な霊たち」と呼んだ。「口の利けない意味なき霊たち」というのは、私たちの注意を引こうとする無意味な感情や雑念であり、マインドの浅瀬を騒がすものだ。「汚れた霊たち」は人格の品位をおとしめるネガティブな感情や想念である。「邪悪な霊たち」とは人格とその周囲の人びとに破滅的な作用を及ぼすエレメンタルたちである。これらは本当にひどい悪魔的な存在だが、人間によってつくられたものなので人間的な本質を持った悪魔であって、本物の悪魔ではないことを間違えてはいけない。

本当の悪魔は「堕ちた者」と呼ばれる存在たちによって創造された。もし、人間によって創造されたネガティブなエレメンタルたちが人格の中でその性質をずっと表現しつづけることを許されると、その力は強くなり、数も増え、大きなグループ・エレメンタルを形成して人格の中で優勢になる。彼らは、一時的に人格に取り憑くようになるかもしれない。彼らはひどい行為や罪を犯すよう人格に作用することもある。場合によっては人を狂わせてしまうことさえある。キリストは自分の弟子であるヒーラーたちに、人格を苦しめている危険なエレメンタルたちをその人間から取り除く方法を教えた。ダスカロスと真理の探究者の教えも、負のエレメンタルから自分の人格を解放する方法、そして愛する者たちや自分たちのために「天使的な守護のエレメンタル」をつくる方法も教えた。

まず、エレメンタルが何であるか理解するためには、エレメンタルの本質と純度によって分類しなくてはならない。それらは主に二つに分けられる。最も多い種類は感情、想念または願望、想念エレメンタルである（訳注＝これは感情や欲望が先に発生し、そのあとに想念が続くタイプ）。人間は毎日何千もている。この種類のエレメンタルを投影している。寝ているときでも、私たちはこの種のエレメンタルを投影している。この種類のエレメンタルは主に、感情・願望や気持ちで構成されていて、ほとんど想念が加わっていない。人間によって創造されたり再活性化されたりするエレメンタルはこの種類が多い。感情・想念のエレメンタルはおぞましいものからとても高貴なものまであるが、ほとんどはさほど高貴ではない。これらは個別に大きなグループ・エレメンタルを形成しない限り、もう一種類のものほど大きな力を持つことはない。

もう一つの種類は想念・感情エレメンタルである。この種類は感情より、より多くの想念によってつくられている。この種類では、想念が優勢であり、感情はその家来となる。これらの想念・欲望エレメンタルは感情に基づくエレメンタルたちより早く結果を出し、より大きな影響力を持つ。意識的に想念を中心につくられたエレメンタルは、より大きな継続力とパワーを持つ傾向がある。古代エジプトの司祭たちはそれを知っていて、生きた想念形態を創造する能力を育てた。

ダスカロスがキプロスでの週単位のレッスンを終了した後、私とあと二人ほどの生徒がエジプトのピラミッドを探検したいと思っていた。当時は、夜の守衛に袖の下を渡せばピラミッドの中で一晩過ごすことができたのだ。積み上げられた石の山の中をぎこちなく這って登ると、王の間まで行けるようになっていて、中にいったん入ると守衛が入り口に鍵をかけて電気を消し、一晩闇の中に放っておいてくれるのだった。出発前に、私はダスカロスにそういったことを考えていると少し話した。そして彼がどう思うか聞いてみた。

彼は穏やかな声で、「やってもいいけれど……、それによってあなたが変わることはないよ。しかし、怖い目にあうかもしれない。ピラミッドの中には、エジプトの司祭たちがつくった〈守りのエレメンタルたち〉がまだ生きているからね」。ダスカロスは真顔でこう付け加えた。「時に、彼らは相手に襲いかかるんだよ」。そして彼は手で蛇が襲いかかるまねをしたので、私は背筋に寒気を感じたほどだった。

暗闇の中で4500歳の「守りのエレメンタル」に「襲われる」という考えは、私たちがちょっと考え直す機会を与えてくれた。後にダスカロスは彼の『シンボル・オブ・ライフ』の本にこのように書いている。「これらの古代エジプトの建築物やファラオの墓の守り手として何世紀も前につくられた多くのエレメンタルたちが葬られた者をまだ活発に守り続けている。多くのエジプト研究者や考古学者はこれらの〈守りのエレメンタルたち〉に襲われ、無残な体験をしている」と。そのような襲撃については数多く語られ、私も個人的に王の間で恐ろしい目にあった男を知っている。いちばん注目されたのはナポレオンの体験であろう。

ナポレオンは１７９８年にエジプトを攻略して自分の統治下に置き、ギザの大ピラミッドに行った。ナポレオンは王の間で自分を一人にするようにと命じた。彼が外に出て来ると、顔は青ざめ、明らかに動揺していた。彼の副官の一人が何かを見たのか尋ねた。ナポレオンは返答を拒み、この件に関して口外することを禁じた。何年もの間、彼はその体験を秘密にしていた。ナポレオンの最後は芳しいものではなかったが、その将来について暗示する何らかのメッセージを受けたとほのめかすことが稀にあったようだ。彼は臨終のとき、自分の体験を側近に伝えそうになったが、「言ってもしょうがないだろう。お前は私の言うことを絶対信じないだろうからな」と言って口を閉じたという。

この話から、私たちがつくるエレメンタルの命が非常に長いことが分かる。私たちが死ぬと、エレメンタルたちはサイコ・ノエティカル界にいる。これらは私たちの未来の転生までともに旅をして、私たちの進歩を助けるか邪魔をする。したがって、よく聞くアドバイスは「何を望むか、何を欲するかに気を付けること」である。私たちの願望、弱点、力、習慣的に持っている考え方や行動は、私たちのエレメンタルを創造するか再活性化しているのである。それらは自分の目的を達成するか、意図的にエネルギーを非活性化するまでは活動的でいる。エレメンタルは破壊されないが、その力を非活性化することによって意図的に破壊することができる。エレメンタルを非活性化する鍵はそれに対して完全に関心を失くすことである。

私たちの創造したエレメンタルたちは私たちの人格を形成し、私たちの特質を定める。私たちは矛盾する考えや感情に満ちたこの人格を真の「自己」と誤解してしまう。この人格はベストなときでさえ、二元性のこの不均等な地に映る真の「自己」の影でしかない。この真理を本当に知り、体験するためには、私たちは自分の影の自己から真の「スピリット・魂・自己」に自分のアイデンティティを移す必要がある。それを行う方法は、私たちが創造し、再活性化する自分の想念や感情、これらのエレメンタルをマスターすることである。好ましくない感情や弱点をマスターするというのは、それらと戦い、力で抑圧することではない。感情や欲望をマスターするというのは、それらをコントロールして、奴隷ではなく主人になるということを意味する。

エレメンタルにはそれ自身の存在、命と目的がある。何かが存在するためには形が必要である。私たちがある対象を欲していて、たとえばそれが特定の車だとしてエレメンタルを創造すると、それは形をとりはじめる。この例の場合だと、欲する特定の車の形と色をとる。それが投影される最初の時点では、それはとても小さく、針の頭くらいの大きさである。しかし、その中には私たちが望んでいる車に関するすべての詳細が刷り込まれている。私たちは意識レベルか潜在意識のレベルで投影すると、私たちが望む対象の本当の大きさにまでなる。熟練した透視能力者にはこれがすべて見える。

これらのエレメンタルたちは、私たちのエーテル・ダブルを通してつくられ、それらは異なった純度と力のエーテル資質で構成されている。一度、それらが私たちから投影されると、その目的を達成するためにエレメンタルが働きはじめる。それは意識を持って、または潜在意識において欲求の対象や作用を具体化しはじめるための状況を実現すべく働いていくのである。

私たちが失望、妬み、恐れ、憎しみなどの負の感情を持つと、エレメンタルがつくられ、それは形を持つ。これらの破壊的なエレメンタルはどのような形をとるのだろう。それらは蛇や野獣や、その他のおぞましい形をとる。エレメンタルは、それをつくった欲望や想念の性質からその形を得る。これらの破壊的なエレメンタルの姿を私たちが見ることができたら恐怖を感じるのは確かなので、見えないというのは慈悲深いことである。これらの姿は透視能力者にしか見えないが、誰でもそれを感じることはできる。よく知っている誰かに近づいたとして、その人があなたに強いネガティブな感情や想念を持っていると、その邪悪のエレメンタルを察するのはそれほど難しくない。同じように、親しい友達や愛する相手と一緒にいると、善良のエレメンタルを感じ取るのは容易である。

このように私たちの良い想念や感情、あるいは邪悪な想念や感情は絶えず新しいエレメンタルをつくりだすか、すでに存在していたエレメンタルたちを再活性化する。どれに表現を与えるかは私たちの選択による。私たちは、私たち独自のエレメンタルのセット、私たちや周辺の人びとへの作用に対して責任がある。エレメンタルが創造されると、それは私たちのエーテル・ダブルの中に形がつくられ、私たちの共通の環境に投影される。私たちは文字通り、善良と邪悪なエレメンタルたちの海の中を泳いでいるのだ。

ジョシュア・イマニュエル（キリスト）は、「汚れた霊」のたとえ話の中で、ネガティブなエレメンタルを私たちが投影すると何が起きるかを完璧に説明してくれている。

「汚れた霊は、人から出て行くと、砂漠をうろつき、休む場所を探すが、見つからない。それで、『出てきたわが家に戻ろう』と言う。戻ってみると、空き家になっており、掃除をして、整えられていた。そこで、出かけて行き、自分よりも悪いほかの七つの霊を一緒に連れて来て、中に入り込んで、住み着く。そうなると、その人の後の状態は前よりも悪くなる。」（マタイによる福音書12―43〜45）。

ジョシュアはこの汚れた霊もしくはエレメンタルは人から出ていくと言ったが、それは、人間が自分の感情、想念、行動によってそのエレメンタルに表現を与えているという意味である。エレメンタルは共通のサイキカルな環境、「乾燥した」または水のないところへと行く。それは滋養を与えてくれない場所であり、エレメンタルはそこで命を維持するためのエネルギーを見つけられない。そこで、それは自分の「家」に帰る。それに命を与え、その表現を付与してくれた人格に戻るということだ。このたとえ話で、キリストは人格をわが家に例えた。

ネガティブなエレメンタルが戻ると、家は空っぽになっていた。それは、人格が開いていて、守られていないことを意味する。エレメンタルは自分より破壊的な7人の似たような仲間たちを連れて戻る。エレメンタルたちはセンター（チャクラ）から入って潜在意識で集合して一つになる。ネガティブなエレメンタルが表現され、再吸収されていくそれぞれのサイクルにより、その数は増え、人格の品格が下がっていく。何回も繰り返されることによって、エレメンタルのグループは人格を支配するまでに強大になることもあり、恐怖症や固定観念、脅迫障害、極端な場合には、精神病や自殺に導くことさえある。

しかし、この同じプロセスは、愛情深くてポジティブな、人生を肯定するエレメンタルをつくりだすことにも役立てることができる。私たちは繰り返される善良な表現によって強化され、精神が高揚する。エレメンタルを創造すると、「繰り返しの法則」によってそれは私たちの最も強力な協力者にでも、最も恐ろしい敵にもなりえるのだ。

私たちのエレメンタルたちは内側に集まり、私たちの人格の潜在意識を構成する。私たちのエレメンタルはほとんどが感情によって構成されているので、私たちのサイキカル体と関連していて、そのエーテル・ダブルの中でとても活発なのだ。すべてのエレメンタルにはサイキカルの部分があり、それは私たちの欲望、感情、動機などである。すべてのエレメンタルにはノエティカルな部分もあり、それは私たちの想念と意図である。何らかの感情が関係していない想念を持つことは不可能なことだろう。同じく、想念が付随していない感情も持つことは不可能だろう。エレメンタルは、サイキカル界や低次元のノエティカル界でのほうがより容易に、そしてより強く具現化できるが、高次のノエティカル界やノエティカルを超えた状態には入れない。私たちのエレメンタルはそれが善良であっても邪悪であっても、私たちの潜在意識の三つの部屋の一つに貯蔵されていて、私たちの人格に影響を与えている。特定の状況になると、それらは顕在意識のレベルまで上がってきて表現しようとする。それらに自身を表現することを許すと、これらを強化してしまう。私たちがそれらに注意を払うことをやめると、エレメンタルたちの力を弱める。私たちの人格を堕落させ、私たちの本質の光を覆う好ましくないあらゆる習慣や弱点や行動から自分を解放する鍵はここにある。

エレメンタルたちの表現によって、私たちの個性の質が落ちるか、あるいは高貴なものとなる。恐れ、憎しみ、妬み、所有欲、卑劣さなど、ネガティブな感情に基づくエレメンタルたちは、私たちの人格に地獄の状況をつくることになる。これらの影響によって私たちはマインドや心が苦しみ、多くの場合は肉体が病むことになる。エレメンタルは私たちのエーテル・バイタリティーを餌にする。彼らが過剰にエネルギーを吸い取ると、私たちの肉体は必要とするエネルギーを失い、脆弱になり、病気が現れはじめる。

ある人が怒り狂ったとする。激怒したとき、攻撃的で好戦的なエレメンタルたちがその人のエーテル・エネルギーにアクセスをすることができる。怒った人は顔が真っ赤になり、体温が上昇し、理性を失う。時に彼らは相手を怒鳴ったり、脅迫したり、殴ったり、極端な場合は殺すことさえある。怒りの影響下にある当人は、怒りをこのような方法で表現することは正当だと確信している。その人は気持ちが静まると、自分が疲れ果てていることを感じる。エーテル・バイタリティーを喪失したことは明らかである。怒りを持続させるのはひと月の食事で得るエネルギーに相当すると言われている。この不可欠なエネルギーの過剰な消耗は体を弱める。米国心臓協会（ＡＨＡ）の研究によると、「短気の人が心臓発作を経験する割合は一般の人の三倍である」と発表している。

最近、心理学者たちが提供している怒りと取り組む方法論の中には、評判がよくても非常に危険なものもあり、すぐにやめたほうがいいものがある。怒りを駆り立てるエレメンタルについて無知な心理学者の中には、怒りを感じたときに、怒りを発散させるために枕をげんこつや野球バットで叩くようにアドバイスをする人たちがいる。それは一時的なプレッシャーの解放となるかもしれない。しかし、このプロセスは自分の潜在意識にいる攻撃的なエレメンタルたちを強化し、その表現方法も強化してしまう。そして、自分がこれから寝るときに使う枕に怒りの波動を入れてしまう。絶対に自分が寝る寝室や食べるときに怒りを表現してはならない。枕を叩くのは人を殴るよりはいいが、本当に長続きする方法を探しているとすれば、それはお粗末なやり方だと言わざるをえない。

今日では、怒りと取り組むより健康的な方法がたくさんある。最も効果的な方法は呼吸を通してのものである。自分の呼吸を、落ち着いた深い規則的な呼吸を維持することによって自分のエーテル・ダブルのコントロールができるようになる。エーテル・ダブルのコントロールを得ることで、攻撃的なエレメンタルたちがこの重要なエネルギー・フィールドにアクセスできないようにする。そうやって怒りのような暴力的なサイキカルな波動をコントロールし、それを窒息させることができる。コントロールを得ることで、これらの荒々しいエレメンタルの操り人形ではなく主人となるのである。

害あるエレメンタルたちは、地球のすべての国に伝染病のように広がっている。どこに行っても人は混乱している。それは神がそのように人間をつくったからではなく、人間が人間をそのようにつくっているからだ。人びとは「頑固さ」を真の意志の力と間違え、「誘惑」を機会と勘違いする。しかしいちばん重大な勘違いは、「自己」を人格が鏡に映った姿と混同することだ。半潜在意識的レベルにある私たちの人格は、私たちの移り変わる感情、想念、態度の総計である。これらの矛盾しあう力と弱さが鏡に映るとき、私たちの真の「自己」は歪んだ、ぼやけた像として映る。

人格の人生の80パーセントは潜在意識である。一般的な人は朝起きると習慣で服を着て、ほとんど潜在意識のレベルで自分の存在のいろいろな出来事と取り組む。夜眠ると特定の時間は一時的に「非存在」の状態に入り、夢のない睡眠をとる。翌朝彼らは起きて、人格はその前の日と同じものに再生され、このサイクルがずっと続く。私たちが一日の決まったパターンで人生を夢遊病者のように生きているのは、生きていると言えるのだろうか。それともそれは生ける屍(しかばね)の生活なのだろうか。

すべての人は、次の重要な人生経験をするために聖なる力により用意された場所にいる。私たちの人格に任されているのは、潜在意識的な眠りから目を覚まして自分が何をしているか、なぜそのような行動をとっているのか、自分が誰であるかに目覚めていくことである。それによって、潜在意識から、意識、そして真の「自己・意識」へ、そしていずれは「自己・超意識」へと導かれるのである。

最初に私たちは、潜在意識による生活パターンに私たちを至らしめているエレメンタルの本性を理解する必要がある。それは、エレメンタルたちと取り組むときの私たちの責任であり、私たちがどうやってそれらをつくりだし、そしてそれが私たちやまわりの人間にどう作用するのかを理解することによって可能となる。私たちはエレメンタルを研究することにより、害のあるものを非活性化することや、守護天使として活躍してくれる「盾のエレメンタル」を形成することを学ぶことができる。「盾のエレメンタル」たちはネガティブなエレメンタルが私たちや私たちが愛する人たちに作用することを食い止めることができる。母親や父親、そして誰でも方法さえ知っていれば、子どもや愛する者のために守護天使をつくり、それに命を与えることが可能なのだ。

†プラクティス——概観

ダスカロスは一度、あえて次のように問いかけたことがあった。「祈りとは何だろうか？　祈りは〈天使的なエレメンタル〉、建設的なエレメンタルの創造、他者の健康や他者を助けることを願うことである。私たちの生涯全体がこれらのエレメンタルを創造することなので、私たちは自分のために、家族や他者のために良いエレメンタル、良い想念形態をつくる技術を学ぶべきなのだ」。

もちろん、愛情のこもったすべての感情、すべての高潔な意図、すべての心からの祈りは自動的に天使的なエレメンタルを創造する。私たちが何をしているか理解し、「自己・意識」をもってエレメンタルをつくると、良いエレメンタルは真の力を持つようになる。愛する者たちのために人間の資質を持った天使をつくる際には、一貫した姿勢で天使にエネルギーを与えることが大事である。このようなエクササイズは一日10分、数日間続けて行うかまたは15日間、「繰り返しの法則」を使って力を与えていくこともできる。動機と意図が純粋であることを忘れてはならない。天使の創造は、一人の人から他の人に愛をもって行われる謙虚な祈りでなくてはならない。

私たちは、他者に自分の意思を押しつけることや人の自由意志を操作したり、邪魔したりすることはまったく許されていない。祈り終わったら、次の日の決まった時間まで完全に忘れて、その時が来たらまた祈る。あなたは、あなたがつくった天使的なエレメンタルにその仕事をする時間を与える必要がある。あなたがその天使を思い出したり考えたりすると、あなたはそのエレメンタルを拘束してしまい、その目的を達成させることができなくなってしまう。このプラクティスは毎日同じ時間、同じ場所で行うのが理想だ。邪魔されない場所を選ぼう。そして、どのような霊的なプラクティスやエクササイズを行う場合でも、リラックスして心を落ち着ける必要がある。頭を静め、感情や願望を静める必要がある。その上で、簡単に呼吸を整え、この祈りに力を与えるために十分なエーテル・バイタリティーで自分を満たすことが望ましい。このプラクティスにはいろいろな形があるので、上級者向けのものを試す前に、ダスカロスの著作『エソテリック・プラクティス』(ナチュラルスピリット)を参考にすることを勧めたい。

✝プラクティス——天使的なエレメンタルをつくる

シンプルな天使的なエレメンタルをつくるためには白い光を使います。

目を閉じて瞑想の状態に入り、両手の指先同士が触れ、手の平を離した状態にしてください。深い静かな呼吸をしてください。

エーテルの手、両方が純粋の白い光で満ちてくるのを見て、それを感じます。呼吸をするたびに、雪のように白い光がどんどん光を増していきます。

深い楽な呼吸を続けます。両手の間に白い光のボールができてくるのを感じ、見てください。

ボールが輝きを増してしっかりしてくると、チカチカする感覚や暖かさ、または圧力を多少感じるかもしれません。

もう一度呼吸をして、ボールの光が増していき、指の間から光を放射していくのを見てください。

さあ、助けてあげたい人の顔を思い浮かべます。この光のボールがその人を助けて守ってくれるように誠実に願い、その人に送ります。

この光り輝く白い光のボールが、世界中のどこにでも行くことを視覚化してください。それが相手の頭から入り、白い卵型になり、体全体が輝く白い光で包まれていくのを見届けてください。

最後は、**「御心が行われますように」**と祈ってください。

11章 レンガを一つずつ積み上げる

自分と同じ人間は二人としていない。ではその違いは何だろう。私たちの肉体は同じ素材で構成されている。既存の科学によるとそれは水分、塩分、淡白質、その他もろもろである。しかし、人の人格（パーソナリティー）は肉体の産物ではない。とても健康であっても愚かな人はいる。そして、とても健康な科学者もいる。とても不健康で病弱でありながらも天才的な人もいる。一方、とても病弱で、なおかつ愚かな人もいる。つまり、肉体の状態は人格に何も責任を負っていない。

その人格はどうだろうか。すべての人の人格は同じ素材で構成されているのだろうか。そう、同じ素材だが、その素材の質は同じではない。素材にはさまざまな質のものがある。その素材の質を決めるものは何だろう。私たち自身だ！　マインドの超資質は純粋である。あなたがマインドを使って、自分の欲求や弱点、人生のいろいろな目的や誤った認識などをつくりあげているとしたらどうだろうか。つまり、同じ人格を二人の人間が持つことはありえない。人格を構成するのは、それらを構成しているエレメンタルの総計なのだ。つまり、想念形態である。昼夜を問わず、どの瞬間においても、寝ているときでさえも、私たちはエレメンタルをつくりだしているか、再活性化しているかのどちらかである――ダスカロス

教え

人間が人生の中でいちばん最初にすることは人格を形成することだ。人格の自己認識は、時間、空間、場所に役を割り当てられた真の「魂の自己・認識」の影であり、それ以上のものではない。この人格はどのように形成されるのだろうか。何回も繰り返して言うが、人間の真の本質は永遠の「スピリット（霊）・魂」だ。時間、空間、場所という「一次的存在の世界」に存在するためには、私たちは健全な人格を育てなくてはならない。

そっくり同じ人格を持つ者はいないというのは明らかだ。肉体に関して言えば、体重や外見は異なっても、すべての男性の肉体は他の男性と同じであり、女性も体重や外見が異なっても、すべての女性の肉体も他の女性と同じだ。「聖なる大天使たち」が私たちの肉体をつくるが、そのプロセスは最も知性が高く、私たちの兄弟でもあるこれらの大天使たちのコントロールに委ねられている。彼らは物質のいろいろな種類の元素を使って肉体をつくる。私たちが彼らを「元素の大天使たち」と呼ぶ理由はここにある。彼らは物質の元素を使い、肉体や私たちの生きる物質世界をつくっている。建設者である元素の大

天使たちは、「神の意志と喜び」を完璧に表現しながら、自分自身の「意志の喜び*」もグループとして、そして個人として表現している。彼らは「マインド」をそのすべての度合いで用い、「一次的存在の世界」を創造する。そのようにして**創造物**と**創造主**たちが存在する。

このレッスンでは、自分の人格を形成するのに、私たち自身がどのような素材を使っているのかを見ていく。もちろん、私たちも「マインド」を使うが、自分が何をしているかしっかり理解していないために、それは完璧にはできない。その創造の中で、「大天使たち」は絶対の力を使う。ということは、彼らは自分の創造的な作業を完璧にコントロールして維持し、彼らの注意から逃れられるものは何ひとつないのだ。

しかし、人間の注意は分離に満ちた外界に向けられている。外界の状況が主に五感、特に視覚を通して私たちの注意を魅了して離さない。外界の魅力が、私たち自身の「聖なる本質」のより偉大な真理を覆い隠している。しかし、私たちの人格は努力とともに時間をかけながら、その認識を「魂・自己認識」と同化させて、最も高次の状態である「自己・超意識」まで到達させることが可能だ。すると、意識のレベルで私たちと「大天使たち」の差はなくなるのだ。

まず、最初に私たちは、自分の人格について学ぶ必要がある。それはもちろん肉体以上のものだ。まず自分の人格の分析を始めるのは、その構成を理解するためだ。私たちは肉体が人格・自己の一部であること、そして、人格・自己の形が肉体の上にあることを理解する。私たちの人格の自己認識は私たちのすべてのエレメンタルの集合体、つまり、すべての思い、感情、欲望の総合体なのだ。

次に私たちが考えなくてはならないことは、私たちの人格を形作るエレメンタルたちはいったいどこからやってくるのかということだ。理解しなくてはいけないのは、私たちが「マインド」を使ってエレメンタルをつくっていること、そして「マインド」は生きているということだ。また同時に、私たちは「マインド」を使って既存のエレメンタルを再活性化しているということだ。宇宙に存在するすべてのものは文字通り「マインド」からつくられたのであり、そうやってそれぞれのやり方で生きているのだ。しかし、すべて存在するものはマインドからつくられるといっても、不死の「スピリット・存在」たちもマインドからつくられるということではない。彼らはつくられたものではなく、なくなることはない。「大天使の建設者たち」は、複数の宇宙、そしてすべてを「マインド」を用いて創造するが、それは「永遠の今」の中で行われる。「永遠の今」の中で働く「大天使たち」には「聖なる計画」があり、「可能性の循環」のすべて、そしてその循環から発展するすべての段階を含んでいる。例をあげると、大天使たちは1本の樹木の成長のすべての段階について絶えず瞑想をしている。種子として、苗として、そして成長した木として、その存在の最後まで大天使はその木に関わっているのだ。

彼らは何億もの同じような生命体をつくり、個々の樹木すべてについて「可能性の循環」の中における成長のあらゆる点に同時に働きかけている。彼らは極小のものから巨大なものまで数えきれないすべての生命体のためにそれを行っている。それが可能である理由は一つだ。彼らは「超意識」と呼ばれる最も高次の意識の状態を持つことができるからだ。彼ら「大天使的存在」たちの「全知・全力」を想像してほしい。誠実な探究者が接触してくれれば、彼らは探究者の想像を絶する事柄を教える用意ができている。

人間の「可能性の循環」の中には、大天使のすべての可能性も含まれている。「人間のイデア*の原型」には大天使の原型も含まれているからだ。これらの可能性を実現するためには、「人間の可能性の循環」を研究して、自分がその循環の中のどこにいるかを知る必要がある。

探究者がそれを行うには、意識を持って「マインド」を使うことによってだ。現在、私たちは潜在意識のレベルで「マインド」を使い、私たちの先輩たちによってつくられた既存のエレメンタルのグループを潜在意識のレベルで再活性化している。これらの既存のエレメンタルたちはどこにいるのだろうか。もちろん、それは「マインド」にあるが、もっと正確に言うとそれは宇宙の、惑星の潜在意識にある。人間に潜在意識があるのと同じように、私たちの惑星地球、太陽系、銀河系、さらにはこの宇宙すべてに、そこで何が起きているか記録する潜在意識がある。惑星レベルの潜在意識には、人間が地球に到着してから創造されたすべてのエレメンタルが存在する。これらは生きている不滅の「マインド」で創造されているので、これらのエレメンタルには命があり、不滅である。エレメンタルそのものは破壊できないが、エネルギーを消すことは可能で、それによってエレメンタルは不活性となる。不活性だが、破壊されてはいない。

肉体の構成は知られている。だが、肉体の中には人格があり、それは独立した命を持ち、異なった構成を持つ。私たちの人格は私たちの「真の」自己でもあり、「真の」自己でもない。人格の中核には、私たちの「真の自己」、つまり「スピリット・魂・自己」の光線があるが、その他の構成部分は「真の自己」

ではない。人格とその肉体が生きているのは、その中に「聖なる霊」と「真の自己」から来る「命の脈」（パルス・オブ・ライフ）があるからなのだ。しかし、それぞれの人格には独自の生き方があり、他者とは異なる。命自身は共通だが、それぞれの生き方は異なる。それは私たちの人格を構成するエレメンタルのセットが他者のものとは異なるからだ。自分を構成する独自のエレメンタルのセットは私たちの「真の自己」とも違う。どうしてそれが確信できるのか。

私たちは内省を通してそれが本当であることを知ることができる。幼少の頃、十代の頃、そして大人としての自分の人格を考えるだけでよい。私たちの人格を形成しているエレメンタル、つまり想念、感情、欲望は時間をたどってみると、まったく同じということはない。子どもの頃の想念、感情、欲望は、大人であるあなたのものとは違うし、年老いたときのあなたとも絶対に違うはずだ。子どもの頃の人格はどこに行ってしまったのか。

人間としての私たちの仕事は今の人格を知ることだ。それは私たちの人格を形成している想念、感情、欲望を研究するということで、レンガを一つずつ積み上げて家を建てるように、私たちの人格はエレメンタルを一つずつ積み上げてつくられる。私たちの注意を引くものについて考えはじめると、エレメンタルが創造され、命が与えられる。どんなことでも、たとえば何かに対する欲求や嫌悪感なども、私たちのサイキカル体に波動を起こさせると、エレメンタルに力を与えることになる。引力と反発力はサイキカル体の中で勢力として働く。それらは異なった度合いの力を持ったエレメンタルたちを私たちに与えることになる。

エレメンタルは生きている存在で、存在するものは皆、形を持つ。意識を持ってエレメンタルをつくると、私たちはそれに形を与えることになる。私たちがエレメンタルを潜在意識でつくると、それは自分の本質によって形を得る。それをつくった感情や想念の本質だ。エレメンタルには形と力があり、その備わっている力は私たちの欲望や感情の強度、そして、何度それを繰り返して作ったかによって変わる。ヒンズー教徒はこのことを理解していて、マントラを繰り返すことによって力を得ている。私たちの人格に影響を及ぼすエレメンタルの持つ力を見ていくと、人格がエレメンタルの法則に従う傾向があることが分かる。たとえば、知ることや所有することに関する引き寄せの法則がある。あなたの関心を引く対象があるとすると、あなたの中にすでに存在するエレメンタルは、あなたの潜在意識においてあなたを説得する力を働かせる。その関心のある対象についてもっと知りたいと思う衝動を感じ、それがエレメンタルに力とエネルギーを与えることになる。

あなたを介して存在しようとするために、エレメンタルはあなたの感情や欲求の身体であるサイキカル体を興奮させ、あなたはその対象が欲しくなる。何かが欲しいという感情は、所有したいという欲求と同じではない。所有したいという気持ちは、実際はネガティブな力なのだ。所有欲はあなたを欲求対象の奴隷にしてしまう。あなたはその対象を「自分のもの」と呼ぶだろうし、他者には使わせたくないはずだ。それが所有欲なのだ。エレメンタルは生きているので、自分の命を延ばすために自己防衛能力を働かせる。つまり、エレメンタルは生き延びるために、あなたからより多くのエネルギーを獲得しようとするのだ。そしてそれを果すための悪賢さを持っている。

自分の人格は、あなたがため込んで表現しているエレメンタルたちのセットで構成されているということを覚えておこう。それらは、あなたの潜在意識や「惑星の潜在意識」（訳注＝惑星はここでは地球のこと）にも貯蔵されている。しかし、「惑星の潜在意識」についてここでは語らないことにしよう。ただ、エレメンタルがその目的を達成すると、それは破壊されずにエネルギーを失い、宇宙の潜在意識の一部である惑星の潜在意識に入る。そのエレメンタルと同じ波動に共振する人が現れてそれを再び呼び覚まし、その人のところに行くまでは不活性の状態でいる。

私たちはどのエレメンタルを目覚めさせ、そして再び活性化するかについて、かなりの注意を払う必要がある。なぜなら、その目的を達成するまでエレメンタルは自動的に「非活性化」されないからだ。現在、自分にとって非常に大切だと思っている欲望について特に注意を払う必要がある。ダスカロスが私たちによく警告したように、現在の最も重要な欲望は、今生において、あるいは来生で大変な障害になるかもしれない。もしかすると、あなたは何か良いことを達成しようと頑張っていた最中にそれが邪魔されたり、達成が遅れたりする出来事を経験したかもしれない。言い換えると、あなたの欲望が達成されるのは確かだが、問題はそれがいつになるかだ。それは、私たちが未来と呼ぶ時間に満たされるのだが、それが今生での未来か来生なのかは分からない。それが実を結ぶ前にあなたが意識的にそのエレメンタルを非活性化しない限り、目的は達成されることになる。

私たちは皆、良質のエレメンタルも悪質のエレメンタルもつくったことがあり、それらは異なった純度の幅を持つ。なかには非常に悪いエレメンタルも、ある程度悪いエレメンタル、そして少しだけ悪いエレメンタルもあるだろう。とても良い高潔なエレメンタルもあれば、まあまあ良いエレメンタル、少しだけ良いエレメンタルもあろう。私たちの人格の中で、常に良いエレメンタルと悪いエレメンタルの争いが繰り広げられている。この争いが激しさを増すと、私たちは非常につらい思いをすることになる。

エレメンタルは肉体のエーテル・ダブルのオーラに見出すことができる。エレメンタルが生じると、それは成長を続けて姿を変えていく。良いエレメンタルも悪いエレメンタルも色がついてくる。エレメンタルは自分を人格の中で表現するときに、色によってその本質と力を示す。エレメンタルたちに私たちが与える力というのは、私たちの感情や欲望の強さ、そして何回繰り返してつくられたかによって決まるのだ。

その力を知るために、私たちは自分の内面に入り、観察力を駆使して自分の人格の構成を理解する必要がある。そして、自分はどのように変わればよいのかを把握し、変わるように決断しなくてはならない。たとえば、何かあるものを所有したいというとても強い欲望があなたの中にあるとする。私たちは皆、何かへの欲望を持っているのだが、欲望自体は悪いことではない。キリストは、私たちが必要なものを神に願う権利があると言った。私たちは、自分の欲望を確認し、その対象が良いもので必要なものか、またはそうでないかを知る必要がある。私たちはその欲望の本質を理解するためにその内容を調べる。エレメンタルたち自身には独自の意識があり、エレメンタルがその欲望の対象に対して強い引力を働かせるとき、あなたの人格に何らかの利益があるように見せる。私たちが、自分の人格を真の「自己」と誤解していると、それが自分のためになると思い込んでそれを受け入れてしまうだろう。

エレメンタルの助長する欲望は、エレメンタル自身の本質や性質と同類のものに対する引力を持っていて、この引力は私たちに影響する。エレメンタルはその本質により、良きアドバイザーでも悪しきアドバイザーでもある。エレメンタルには何らかの特定の目的があり、それを達成すべく生まれてきたのだ。しかし、それはあなたの考えている人生の目的、または「聖なる計画」と必ずしも調和しないかもしれない。

有害なエレメンタルについて、人間の腸内に寄生するサナダムシを比喩にあげよう。寄生虫は腸に取りつき、虫にとって都合のよい食べ物を宿主の人間が欲しがるような物質を分泌する。そうやって虫は継続的に宿主からエネルギーを吸い出す。同じような寄生の方法で、害あるエレメンタルはエーテル・ダブルにくっつき、そのエレメンタルの目的が達成されるようなことを求めたり望んだりするように私たちを仕向ける。そうやってエレメンタルはその宿主からエネルギーを引き出していくのだ。

私たちには皆、良いエレメンタルと悪いエレメンタルが混在している。どちらのエレメンタルも主人であるあなたの注意を引こうとしている。良い理性的なエレメンタルは悪いエレメンタルを妨害するし、その逆の場合もある。すると、内なる争いが生じ、ある時には徹底した戦争にもなる。戦争のコストは誰が払うのだろう。あなただ！　あなたはデリケートな商品を売る店主のようなものだ。喧嘩をしている二人の人間があなたの店になだれ込んできて店内を滅茶苦茶にしてしまう。潜在意識にいて争っているエレメンタル同士にはそのような作用があるのだ。

私たちは「内省」によって内なる抗争について学ぶとき、誰がその学びをしているのだろうか。人格としてのあなただろうか、それとも「インナー・セルフ」だろうか。どちらも可能だ。もしそれがあなたの「インナー・セルフ」であれば、あなたは確実に勝つだろう。しかし、それが人格としてのあなたであるとすると、悲惨な戦いとなるかもしれない。しかし人格としてのあなたが、あなたの真の本質の何かに気付き、戦争に終止符を打つ決心をして良い方向に変われば、それは一歩前進である。その前進の一歩は、あなたの「インナー・セルフ」とあなたの人格を同化させていく一歩となる。この同化は真の喜びを与えてくれるものだ。人格の喜びであり、ついてくれている「大天使たち」の喜びである。「悔い改める[*]人のために天の天使たちは喜ぶ」（訳注＝「悔い改める一人の罪人については、悔い改める必要のない九十九人の正しい人についてよりも大きな喜びが天にある。」（ルカによる福音書15―7）とはマインドや行動の変化、そして聖なる本質に帰ることを意味する。

　オーラにエレメンタルたちを見出すことができると私たちは言った。エレメンタルはあなたのオーラの中で寝ていたり、静止したりしていると思ってはいけない。逆に彼らはとても活発で、あなたの人格に作用している。目的に応じてエレメンタルたちは特定の事柄にあなたの意識を向けさせる。エレメンタルの目的によって、特定の事柄についての知識をあなたに与えることがある。すると、あなたの人格は反応する。それは軽い反応かもしれないし、とても強い反応かもしれない。何かに対して自分が反応したときには注意を払うべきであり、特に自動的に強い反応が起きたときは要注意だ。それはエレメンタルが作用しているからで、あなたのサイキカル体、感情、想念が瞬時に反応する。そうすると他の種類のエレメンタルはこのプロセスに引き込まれ、彼らがあなたの中に起こす衝動は、最初の反応と関連するより多くのエレメンタルたちをつくりだすことになる。

新しくて良性の、または新しくて悪性のエレメンタルに対して、彼らを受け入れ歓迎する、同じようなエレメンタルたちがいる。彼らは同じような波動を持つエレメンタルに自分の力を少し譲る。こうやってエレメンタルたちはさらに増殖していく。良性のエレメンタルも悪性のエレメンタルもともに、である。既存の良いエレメンタルたちも悪いエレメンタルたちも、自分たちの影響力と企てを行使しようと寄ってくる。私たちが潜在意識のレベルで生きていると、それになかなか気付くことができない。だからこそ私たちは集中力と観察力をもって、自分の人格がどのように影響されているか内省する必要があるのだ。何が起きているかに注意を払い、油断してはならない。それには、高い周波数にある「マインド」を使い、客観的な観察姿勢でいることだ。観察姿勢とは油断せずにいるということなのだ。「目を覚ましていなさい！」（マルコによる福音書13―37）と、キリストは警戒するように、そして祈るようにと人びとに伝えた。私たちは誘惑に惑わされることのないように目を配り、そして祈る。私たちは自分の人格が誘惑されないように目を配り、そして祈るのだ。実際、私たちは常に誘惑の真っただ中にいる。私たちは本当に自分たちを取り囲む誘惑に負けないように目を配り、祈る必要があるのだ。

「主の祈り」は多くの異なった言語に繰り返し訳され、神に「わたしたちを誘惑に遭わせず」（マタイによる福音書6―13）と願う1行を含んだものが最終的に私たちの手元に届いた。しかし実際、神が私たちを誘惑にあわせることがありえるのだろうか。その記述は誰か他の手によるものではないのだろうか。アカシック・レコードによると、キリストが５０００人分の食物を物質化したときに、この「主の祈り」と呼ばれる祈りの一節を私たちに与えたという。そして、キリストの言葉は、本当は「誘惑の中にいるとき、私たちを導きたまえ」であった。この方がずっと正確な言い方だ。

この教えは地球にいる私たち全員にとって非常に重要である。なぜなら、誘惑は過去でもそうであったように、そしてまた未来もそうであるように、今は、人類の生活の一部となってしまっているからだ。現在、私たちの手に入る誘惑は量的にどんどん増えている。誘惑は、私たちの体験する状況のことであり、試練がそれに伴う。残念ながら、実際は誘惑であるものを私たちは人生の好機だと取り違えて道に迷ってしまうのだ。

どのように私たちが誘惑されているかを知るためには、まず座り、静寂に入る必要がある。私たちを誘惑して誤った方向に導いているエレメンタルたちを見つけるためには、静かにしてこころを平和にする必要がある。それらを見つけたら、自分の人格を責め、自分の過ちとして罪悪感を持ってはならない。あなたの人格が間違えてしまったことを責める必要はなく、同じ間違えを繰り返さないように修正すればよいだけのことだ。自分に対して否定的になり、「私は悪い人間だ。これこれを間違えたので、自分は罪人だ」と考えたりするのは時間の無駄で、下降する方向にしかあなたを導かない。

これらは実を言えば、あなたのエゴイズムにあるマゾヒスト的な傾向であり、エゴイズムはほめそやしたり、責めたりしてあなたをもてあそぶ傾向がある。このように人の二面性を操ることで、エゴイズムは生き甲斐を感じるのだ。というのも、ほめることも責めることもエゴイズムを活性化するからだ。「ほめるも責めるも同じ」という諺(ことわざ)が古くからあるのはそのせいだろう。そして、あなたの外でも同じ作用が働くので注意しよう。他人をすぐほめる人は、けなすのも同じように早いものだ。

人の言葉や行為がどんなに悪に満ちていても、悪い人間というものは存在しないことを頭に入れておこう。邪悪と私たちが呼ぶところに行動が根を下ろしていても、人間は神によって創造されたのだから邪悪であることは本来ありえないのだ。人間は無知のせいで道を誤り、害をもたらす結果を生み、その行動が邪悪だったと言われることがある。さて、ここからが教えのとても大切な部分だ。キリストは、悪と戦ったり抵抗したりすることをしないようにアドバイスした。火を火で消すことは不可能だからだ。火を消すためには水が必要だ。同様に、憎しみや他の邪悪な気持ちを消すことができるのは愛のみである。

私たちの人格を正すためには、自己という感覚とエレメンタルの衝動を識別しなくてはならない。衝動というのが真の「自己」から生じるものと私たちは誤解する。まずはじめに、この潜在意識の衝動的反応の習慣を断ち切るために、あわてて反応しないと固く決心することが大事だ。すでに存在しているエレメンタルたちの衝動に従うことを即刻やめるのだ。そして次に、既存の良いエレメンタルの助けを借りることだ。彼らは私たちの仲間だ。彼らも常に注意を怠らずに私たちの中で活動している。私たちが学ぶべき術は、自分や家族、そして友人たちのために、いかに良い仲間のエレメンタルたち、つまり良性の想念形態をつくるかということだ。私たちは好ましくないエレメンタルたちには理性をもって意識的に非活性とすることを学ばなくてはならない。するとエレメンタルたちがその色と力を失っていくのが見えるはずだ。同じように、良性のエレメンタルでも悪性のエレメンタルでもその目的を果たすと、その色と力を失って不活性となる。

もしも強い欲望タイプのエレメンタルが満たされないか、意識的にエネルギーが非活性化されないと、何が起きるだろうか。私たちのエゴイズムの悪魔がより頑固になり、とても危険な「なぜ」をセットにして突きつけてくるだろう。なぜ私の欲望は満たされないのだろうとか、なぜ他の人はその欲望を満たすことができるのに私はできないのだろうか、などだ。古代からある妬みのエレメンタルはあなたの中に居場所を見つけ、あなたをより惨めにするだろう。もしも、この危険な問答のコースを歩み続けると、あなたは、「この欲望を満たすことを邪魔しているのは誰だ」と思うかもしれない。あなたの欲望を満たすことを妨害するのはあなたのまわりにいるあなたを愛する人びとかもしれない。そうなると、あなたは彼らに不快感を抱くことにもなるし、極端な場合は彼らに対して復讐を企むかもしれない。

当然ながら、これらの低レベルの習性はみな避けなくてはならない。そのようなエゴイズムから生じる不健全な心持ちでいると、すぐに自分を自分で罰することになる。なぜなら、それらの気持ちは体の中に毒素をつくりだすからだ。だから、私たちは自分の内なる状態や衝動を調べなくてはならない。これらのエゴイズムから来る衝動を見つけることによって得るものが二つある。一つは、過ちや間違った導きが何であるか分かると、私たちはさらなる痛み、苦痛、問題などを回避するために歩みを修正することができる。二つ目には、このプロセスによって「真の自己」が時間をかけて明かされていくだろう。あなたの「真の自己」はあなたの体、感情、想念の支配者であり、エゴイズムが妨害やコントロールをすることがなければ、「真の自己」が支配者として行動しはじめる。「自己性」の最も低いレベル（人格のレベル）にさえ、自由意志という神からの贈り物は生きているのだ。

エレメンタルの創造をコントロールできるようになると、副産物が生じてくる。エレメンタルは自分の命をつなげるために、私たちのエネルギーを吸い取っている。あなたが不健全で不要なエレメンタルたちを除去すると、良性の想念・欲望型のエレメンタルに、より多くの力を与えるエネルギーが増大してくる。想念・欲望型というのは、エレメンタルが欲望よりも想念を多く持っていることを意味し、それはエレメンタルの働きをより効果的にする。良い創造的なエレメンタルはより多くのエネルギーと力を持つことで良い結果をより早く具現化できるようになる。数は少ないが、よりパワフルなエレメンタルをつくることによって、あなたが求めるものがより早く得られるようになる。この地点に到達するためには、私たちはこれらのエレメンタルたちすべてを貯蔵している潜在意識の部分に入る必要がある。そこに入って清掃をし、無数の不健全で不要なエレメンタルを除去していく。あなたが、自分のエレメンタルの主人になると、自分の人生を管理しやすくなる。支配することは本当の満足感をあなたにもたらすだろう。以前のあなたはこれらのエレメンタルたちの奴隷だったのかもしれない。しかし、奴隷では到底満足感は得られない。

よく考えることをせずに自分の欲望の衝動に従ってはならないと、ダスカロスは私たちによく言った。彼は欲望にはきりがないということを個人的な逸話によって説いた。同じ学校に通っていた幼なじみのとても貧しい友人について彼は語りはじめた。ダスカロスはその友人のことがとても好きだった。卒業してダスカロスが職につくと、その友人はダスカロスにその職場で仕事を世話してくれないかと頼んできた。彼は自分が飢えていること、今も母親と小さな家で暮らしていることを伝えた。母親は洗濯の仕事をして自分たちがやっと暮らせるだけのお金を稼いでいた。そこで、ダスカロスは自分の仕事場で彼に仕事を世話してあげた。

仕事場ではその友人はいつもぼんやりしているように見えたが、実際はぼんやりしているわけではなかった。彼は先ほど話した危険な「なぜ」にいつも意識が向かっていたのだ。頭の中で彼は、「なぜ僕はこんなに貧乏なんだろう」、「どうして僕は飢えているんだろう」、「どうして自分のまわりの何人かは、とても金持ちなんだろう」、「自分と同じ年頃の子たちにはすべてがそろっているのに、なぜ僕には何もないんだろう！」と自問していたのだ。当時、彼は18歳で、ダスカロスは17歳だった。17歳という若さでダスカロスはすでにもう10年間これらの教えを伝えていた。

ある日、彼がダスカロスのレッスンに出席していいかと聞きにきた。ダスカロスは、「いいよ」と答えた。彼はエレメンタルについてのレッスンに参加した。そこでは視覚化に関する多くのことが明かされた。そのレッスンを一つだけ受けたあと、彼はダスカロスに「黄金の鍵をもらった」と言ってお礼を述べた。

ダスカロスは、「なんと神よ、それはどういうことだ？」とため息をついた。

友人はとても嬉しそうに答えた。「ここで欲しいものすべてを手に入れる方法を学んだんだよ」

「本当に？」とダスカロスは聞いた。「でも君が欲しいと思うものは本当に君が持つべきものなのだろうか」

「間違いないさ」と友人は力を込めて答えた。

それから間もなく、友人の母親は亡くなり、小さな家が残った。これは１９４０年代の出来事で、当時のそのような家にはまともな風呂もついていなかったようだ。彼はダスカロスに、部屋一つ分の家賃を払って汚れたままでいるのは嫌だと文句を言っていた。

「では、何が欲しいの?」とダスカロスは聞いた。

「部屋が三つと自分の風呂のある家が欲しいんだ」

「そのような家をどうやって手に入れようとしているんだ。視覚化をしているのだろうか?」

友人はそうだと言った。ダスカロスのレッスンで視覚化を通して意識的にエレメンタルをつくる方法を覚えたので、それをやっているのだと言った。

すると、数カ月たったある日、その友人が自分の家にコーヒーを飲みに来ないかと誘いにきた。ダスカロスは承知し、日曜日に友人の新しい家を訪ねると、友人が視覚化していた家を手に入れたことが分かった。彼は欲しい家を頭に描いていたのだが、ある日自転車に乗っていると、イメージしていた家が売りに出されているのを見つけたのだ。住宅購入の月々のローンのために、彼は二つ目の仕事を探したという。

けっきょく、友人はもっといい仕事を見つけ、ダスカロスと一緒に働いていた仕事場を去った。ある日、ダスカロスが彼にまた会うと、今度は昼食を食べに来ないかと誘ってきた。「どこに家があるか知っているから、そこに行くね」とダスカロスが言うと、彼は、「いや、その家はもう売ってしまったんだ。今は新しい家がある。君の家よりもいい家かもしれないよ」と答えた。

ダスカロスが友人の新しくて素敵な家に到着すると、友人はこう言いはじめた。「僕は、君が教えてくれたようにマインドを使ったんだ……」

ダスカロスは彼の言葉をさえぎった。「正直言って、君は馬鹿なことをやっているよ……」

今度は友人がダスカロスの言葉をさえぎって言った。「いや、これは僕の汗と働きで手に入れたんだ。君が何と言ったか覚えているよ」

何年かが過ぎ去り、この友人はとても美しくて裕福な女性と結婚した。彼は地中海に面したリマソールの町に、何件かの家を購入し、そして高層マンションを建てた。彼はいくつもの会社を起業して、以前よりも裕福になっていた。

この時点で、ダスカロスのレッスンに参加して視覚化の鍵を手に入れてからもう50年以上がたっていた。再びダスカロスは彼と会い、再び彼の最新の家を訪ねた。彼はダスカロスに自分のマンションを見せて言った。「これらは僕のものなんだ」

ダスカロスはただ「う～ん」とだけ言った。

自分の成功に対するダスカロスの熱意のない態度を見て、「なぜ、そのように言うんだ」と彼が聞いた。

ダスカロスは、これらのビルは永遠に彼のものにはならないこと、そして、彼が所有の意味を誤解していると伝えた。

友人は抗議した。「いや、違う。私は金持ちなんだ」と。彼は高級車でダスカロスをアパートに連れて来ていた。

ダスカロスは彼が自分のエゴイズムを土台とした欲望を超えて物事が見えるようにと次のように言っ

た。

「もっと安い車でも同じ仕事をしてくれるんじゃないか」

友人はそれに反応して言った。

「私を馬鹿呼ばわりするために、君をここに連れて来たと思っているのか」

ダスカロスは彼を馬鹿呼ばわりなどしていないと諭した。

友人は大声で宣言した。「私は馬鹿ではない」、そして、「お前は私にどうしろと言うんだ」と聞いてきた。

ダスカロスは、「最後に奥さんと子どもたちを連れて海外旅行をしたのはいつだった?」と聞いた。

「おいおい、そんなことをしたらお金がたくさんいるだろう」と友人はうなった。

ダスカロスは愛と理性をもって相手のエゴイズムを取り崩しつづけながら言った。

「でも、もうお金はたくさんあるだろう。そろそろ人生を楽しみはじめたらどうだ?」

「何?　人生を楽しめだって?」

「忙し過ぎて人生なんて楽しめるか!」

この時点でダスカロスは一線を越えて彼を愚か者と呼んだのだ。

「惨めな愚か者だ」

動揺した男は崩れそうなエゴイズムを補強するかのようにこう宣言した。

「いや俺は愚か者なんかじゃない。他に考えがあるんだ。船を持つんだ」

するとダスカロスは大声で笑いはじめた。

「いったい、君はいくつなんだ?」

「やめろ。そんなことを思い出させるな」と彼は文句を言った。

こうなると、もうダスカロスはもう止めようがなかった。

「死んだとき、どうやってそんな物を向こうの世界に持っていくつもりなんだ?」

ひるんだ友人は死の考えに抵抗するかのように、「俺を拷問にかけるためにお前を連れて来たんじゃないぞ」と抗議した。

するとダスカロスは親切にも、友人の必要とするレッスンを伝えた。

「君は自分の欲望を満たす黄金の鍵のレッスンよりも、自分をより良くするためのレッスンを受けたほうがよかったのではないかな」

ダスカロスの視点はこうだった。神への感謝のなさ、そして、人生への不満が冒涜であるということ。神が与えてくれたものに感謝すべきであり、人生を楽しむべきであるともダスカロスは言った。人生を楽しむこと。しかしそれは、彼の友だちがしたように物質的な欲望をつくり、それに仕えるような愚かな行為を意味するものではない。不幸なことに、同じような潜在意識レベルのパターンをたどる生き方をしている人が多過ぎる。彼らは習慣的に同じ過ちを繰り返しつづける。昨日の誤った一歩を今日も明日も取るのだ。多くの場合、文句を言ったり、自分以外の人のせいにしたりする人びとのことだ。この人生という学校でのレッスンから何の恩恵も受けていないのだ。

もちろん、人生で理にかなった前進をするために必要なものを神にお願いするのは良いことだし正しいことかもしれない。しかし、すべての時間を金儲けのために使い、神が与えてくれた人生を楽しまないのは大きな間違いだ。このような生き方は、結果的には欲望のエレメンタルをたくさんつくることになり、それは地上の人生を楽しむ能力を妨害し、ブロックしてしまうのだ。

ダスカロスが提供してくれたこれらの特定の教えは「人生の科学」なのだ。「人生の科学」は、混乱、幻想、そして痛みから私たちを救い出してくれる。神は人生を楽しみ、幸せになれるようにすべてを豊富に与えてくれた。人生を楽しみ、幸せになるために大切なのは、あなたの持っているものの量ではなく、こころの性質なのだ。

✝プラクティス――概観

私たちの人格は自分たちがその中で暮らし、自分を表現するための家のようなものだ。家はレンガを一つずつ積み上げてつくるが、人格はエレメンタルを一つずつ積み上げてつくるものだ。エレメンタルはすべての想念、欲望、言葉、行為によってつくられる。私たちの想念、欲望、言葉、行為には純粋さの土合に幅があり、非常に純粋なものからあまり純粋ではないものまである。それゆえ、私たちの人格の純粋さやその性質にも同じ幅がある。エレメンタルたちは必ず、自分の創造主の元に帰り、その人の顕在意識と「潜在意識」の一部となる。したがって、すべての人間は自らがつくりだした状況にいるということで、おのおのに、その状況が良いものか悪いものなのかについて責任があるということなのだ。

石、木材、鉄やコンクリートを使い、光の入らない牢獄をも私たちは造ることができる。同じ材料を使い、美しく調和した光に満ちた素晴らしい宮殿を造ることもできる。素材は重要ではなく、その素材が宮殿になるか、牢獄になるかを決定するのは建築家なのだ。同じように、私たちは、私たちの人格をつくってきた。それは宮殿に似ているか、牢獄に似ているか、その両方が混ざったものかもしれない。私たちは自分の人格をつくるために、同じ基本的な素材を与えられている。その基本素材を使って私たちはエレメンタル（想念、感情、欲望）をつくっている。それによって、光り輝く宮殿のような光、愛、知恵、そして力に満ちた人格をつくることもできるし、あるいは、負のエネルギー、猜疑心、恐れと怒りによる暗闇に満ちた牢獄に捕われた人格をつくることも可能だ。私たちが想念、感情、欲望として使う素材そのものには何も悪い要素はない。どのようにそれを使うかによって違ってくるのだ。これから、牢獄を壊して宮殿を造る責任が私たちにある。

†プラクティス――瞑想

完全にリラックスしてください。足から始めて肉体をリラックスさせてください。

それから膝から腿へとリラックスさせてください。

太陽神経叢をリラックスさせてください。

胸を完全にリラックスさせてください。

次は両手です。両手が完全にリラックスしているのを感じてください。

力を入れずに、楽に深呼吸をしてください。


あなたは自分の感情を静め、想念や思考も静めます。すべてが静止しています。

あなたの頭の中には、静けさを乱すような想念は入ってきません。

あなたは完全に落ち着いています。精神的に、感情的に、そして肉体的に。

あなたは完全にリラックスしていて、それでも、あなたは**あなた**です。


あなたは誰なのでしょう。

あなたの名前、そしてあなたの性別を忘れてください。

自分に聞いてください。私は生きている永遠の存在。しかし、生命として、**私**は何なのでしょうか。

私は私（アイ・アム・アイ／I AM I）です。私が知りたいのは、私が私であるところの本質「私であるところのもの」（アイ・ネス／I-ness）とは本当は何であるかということです。

私の「聖なる本質」、私の「私であるところのもの」が、今は、名前、想念、感情、そして肉体で覆い隠されていることに気付いています。

今、私は私の「私であるところのもの」を見つけることを望んでいます。私の真の「自己」を、「一次的存在の世界」を超えた「私である（I AM）」を。

今、人格としての私は、この「私である」を感じてみたいのです。では、この円を完成させて、「私は私です（I AM I）」と言いましょう。

しかし、私は誰なのでしょう。このありのまま、永遠に存在しているという感覚は何でしょうか。

この瞬間、あなたは自分が誰であるか理解するように試みてください。

私は肉体にいると感じています。

自分の体の中にいること、それによって、あなたは自分のまわりにある物質の何よりも、価値がある何かを所有しています。

今、私は頭から足のつま先まで、自分の体にいることを感じます。

こう言ってください。「私はこの体に健康でいてほしい！」と。

あなたが今つくっている健康な体というエレメンタルは、あなたの健康を取り戻し維持するために助けてくれます。

そのため、もう一度、言ってください。「私はこの肉体にいつも完璧な健康でいてほしい！」と。

私の肉体に私は力、健康、完全性を求めます。

深呼吸して、自分のハート・センターを感じてください。ただただ自分のハートを感じてください。

声を出さずに言ってください。

私は、私の感情すべて、そして欲望すべてが**自分の**コントロールのもとにあることを願います。

私は、自分の人格を構成しているすべての感情のエレメンタルが静まることを願います。

それらが静まり、私がそれらを形づくり、コントロールし、顕在意識をもって使うことができるようになることを願います。

私は愛情深い、善良で美しい感情をつくることを願います。

今、自分の意識が頭にあることを感じてください。

こう言ってください。私は自分のすべての想念が自分のコントロールのもとにあり、それが感情に仕えていないことを願います。

私は自分の想念を使い、私の人格にとってより良い人生をつくることができるように願います。

私は明晰さと知恵がある想念をつくることを願います。

ここでいちばん重要なお願いをします。

誠実に言いましょう。「私は人格として、そして〈魂〉としての自分についてよりよく知ることを願います」

もう一度言います。「私は人格として、そして〈魂〉としての自分についてよりよく知ることを願います」

私は私を妨害するすべてのネガティブな想念や感情が自分のコントロールのもとにあることを願います。

私は、私に問題を与える自分のエゴイズムの弱点が自分のコントロールのもとにあることを願います。

次に、肉体が光り輝く白い光に包まれているのをイメージしてください。

ハート・センターから美しい薔薇色の光があなたの周囲に広がるのを見てください。

次に、このように言ってください。「他者から敵意のある感情や想念が私の人格に入り、作用することは、もはやありません！」

12章 魚はのどが渇いたと言う、そして私は笑う

「全能」のマインドの表現として、私たちはもう一つの側面を見て取ることができる。それはエネルギーとして、つまりエーテル・バイタリティーとしの側面なのだ。どこでそれを見ることができるのだろうか。私たちの体の中だ。「わたしたちに必要な糧を毎日与えてください。」（ルカによる福音書11―3）。私たちが神に授けてもらえるように祈る日々の糧（パン）、それがエーテル・バイタリティーだ。私たちはそれをどうやって自分の体に取り入れているのだろうか。それには三つの方法がある。最初のものはもう皆が知っているとおり、食べたり、飲んだり、睡眠をとったりすること。二つ目は呼吸を通してエーテル・バイタリティーを取り入れること。いちばん重要なのは3番目で、スピリチュアルな呼吸である。私たちは、どうやってそれを知ることができるのだろうか。練習を通して知ることができる。それでは、それを知ることによって、私たちは何ができるのだろうか。私たちは物質のマスターになれる。私たちはエーテル・バイタリティーを物質化することも、非物質化することもできる。私たちは物質の本質を変えることもできる。これらは作り話でも神話でもなく、現実のものなのだ。

ある時、キリスト、ジョシュア・イマニュエルは一つのかごに小さなパンのかたまりを五つ、そして魚を2匹入れた。キリストは聖霊とロゴスに祈った。彼は魚が2匹とパンのかたまりが五つしか入っていないかごに両手を入れた。左手で小さなパンのかけらを取り出し、もう片方の手で揚げた魚を取り出した。「それぞれの人にパンのかたまりをあげなさい」。そのかごには3匹の魚と五つのパンのかたまりしかないというのに。

キリストはどうやって5000人に食べさせたのだろう。彼はエーテル・バイタリティーを物質化していたのだ。これは神話ではない。これは現実だ。キリストは二度だけではなく何度も何度もそうしたのだ。あなたも「エーテル・ダブル」と呼ばれる存在を見つけるだろう。あなたは「エーテル・ダブル」について知らなくてはならない。あなたは、もちろんそれを持っているのだが、それを使ってみないで、どうしてそれがあると分かるだろうか――ダスカロス

教え

神秘家で詩人のカビルはこう書いている。「水の中にいる魚が、のどが渇いたと言うのを聞いて私は笑ってしまう」と。魚はいつも水の中にいるのに、なぜのどが渇くのか。同じように私たちの惑星とそ

の住人たちは、この惑星と私たちの体を囲んで浸透している豊かなエネルギーの海に浮遊している。この豊かなエネルギーはどこにでも遍在しているので、それにアクセスするのに地域性の問題は生じない。しかし話の魚と同様に、人間はエネルギーについて、まだ渇いている状態なのだ。

このエネルギーは、より洗練されたさまざまな振動数を持つパターンとして存在する。最も低い振動数を持つものは宇宙線であり、対極にあるいちばん高い振動数を持つのは多くの宇宙線と呼ばれるものだ。それが宇宙のあらゆるところで現れたり消えたりしていることを科学者たちは今、発見しつつある。この普遍の尽きることのないエネルギーはいろいろな名前で知られてきた。プラーナ、レイキ、気、チゴン、オルゴン、ヴリル、生命力、ルミニフェロス・エーテル、その他多くの名前がこのエネルギーに与えられてきた。私たちはそれを単にエーテル・バイタリティーと呼んでいる。

前に述べたように「エソテリック・ティーチング」は「一時的存在の世界」における何層もの現実の中の一つの道標となるのだが、「エソテリック・プラクティス」はこの道を歩むための乗り物のようなものだ。エネルギーであるエーテル・バイタリティーは私たちの乗り物が前進するための燃料として働く。教えの本当の力はそれを知ることだけではなく、それを実践して生きるときに明かされる。しかし、私たちがそれを実践するとき、習慣として潜在意識的に行ってはならない。緊張することなく焦点を絞って意識的にそれを行うように最善の努力をすることだ。まずはじめの頃は、自分が何をしているのかを知り、そしてその目的を知る必要がある。そして、時間とともに私たちは、「自己・意識」をもって物事を実践することを学ぶ。「自己」が何であるか知り、自分たちが実践において何を行っているか知ることなのだ。さて、これらのエクササイズをしながら、私たちはいったい何を実践しているのだろうか。実践においてどんな方法を私たちは用いているのだろうか。

どのようなプラクティス（実践）にも構成部分が三つある。1番目はプラクティショナー（実践者）。2番目は実践そのもの。3番目はそのプラクティスにプラクティショナーが用いる方法だ。この方法というのがマインドであり、この点をよく考えてほしい。マインドは私たちの物質的な脳ではない。マインドは私たちの想念でもない。実際、私たちは「マインド・超資質」を使って、私たちの思考を（感情も）形づけ、構成する。「一時的存在の世界」すべて、そして、その中にあるすべてのものはマインドが異なった振動率によって具現化されたものだ。

ノエティカル宇宙とそのエーテル・ダブルは特定の幅の周波数を持ったマインドなのだ。サイキカル宇宙とそのエーテル・ダブルは、より低い振動の周波数を持ったマインドで、物質宇宙は最も低い振動を持っている。物質は固体化されたマインドだ。マインドがどの周波数で振動するかによって、それが固体か液体か気体として見える。科学者によると、私たちが固体と呼ぶものは、ほとんど空間と少量の物質でできているそうだ。どのような物質でもその原子には原子核があり、そのまわりに電子が特定の速度で回っていて、それは私たちの惑星が太陽の軌道を回るのと同じだ。物質の原子が太陽系と同じように動くことは偶然ではないのだ。

もう少し理解を深めるために、次のように考えてみよう。物質の原子1個を大きな競技場として見立てると、原子の原子核はその競技場の一片の塵ほどになる。原子の電子は競技場の外を飛ぶハエほどの大きさになる。競技場の空っぽな空間を想像してみよう。物質宇宙にある固体、液体、気体のすべては原子によって構成されていて、その99パーセントは空間であり、1パーセントが実際の物質なのだ。太陽系も同じで、1パーセントが固体（太陽、惑星と月）で、99パーセントはいわゆる「空っぽ」な空間なのだ。したがって、私たちが固体と思っているものは、実際にはそれほど固まった固体ではない。それが固まっているように感じる理由は、私たちの肉体がその物質宇宙を構成する物質と同じ振動率を持っているからだ。

私たちが肉体の中で生きていると、物質世界は私たちにとっては実体として感じられる。この視点からは、サイキカルやノエティカルな宇宙は抽象的で実質がないように見える。しかし、エクソソマトーシスを行ったり、肉体が死んで向こうの世界に行くと、サイキカル資質が私たちにとって固体として感じられ、物質には実体がないように感じられる。たとえば、私たちが肉体から解放されて、意識の中心がサイコ・ノエティカル体に置かれると、私たちの片手をいともたやすく固体に通すことができる。しかし、他のサイキカル体は手に固体として感じられる。それは私たちのサイキカル体がサイキカル資質と同じ振動率で振動しているからだ。同じことがノエティカル体とノエティカル界を構成するノエティカル資質についても言えるのだ。

肉体から離れてサイコ・ノエティカル体に自分を置いているマスターは、物質としての物体を動かすことが可能なのか。もしも彼が物質界において、肉体の手や体全体を物質化するために自分の振動を落とす方法を知っていれば、答えはイエスである。ダスカロスや他のマスターたちがこれを行った例はいくらでもあるが、それはいつも人を助けるためだ。最も熟練したマスターたちは、人に見せびらかすためにそのような現象を起こすことはない。

小さな分子から大きな惑星、太陽や銀河系まで、どのような物質資質もエーテル・ダブルと呼ばれるエネルギー・フィールドを持っている。どのような生命体であっても、それが単細胞のアメーバでも最大の複雑な生命体でも、光り輝くエーテル・ダブルを持っている。どのような生命体の原子でも、エーテル・ダブルの完璧な鋳型の中につくられ維持されている。同様に、サイキカル体やノエティカル体もその不滅なエーテル・ダブルがある。私たちの肉体がそのすべての原子の総合体であるのと同じように、エーテル・ダブルはそのエーテル原子すべてにより構成されている。透視能力者が、人間のオーラとして見ているのはエーテル・ダブルから発せられる光の放射である。

肉体のエーテル・ダブルにはエーテル・バイタリティーのセンターがある。東洋でこれらのエネルギー・センターは「チャクラ」と呼ばれている。エーテル・バイタリティーはエーテル・ダブルの中を流れて必要なエネルギーを肉体に供給する。エーテル・ダブルは生命力であり、それは拡大されることも凝集されることもある。生命体はエーテル・ダブルがなければ、生きることができないのだ。

ルドルフ・シュタイナーはエーテル・ダブルのことを「エーテル組織」として紹介し、意識的な呼吸法でどうやってそれを引き出すかを伝えた。キリスト誕生の前後千年の時代に使われたアラム語で、エーテル・ダブルは、「ツール・マー」(Tzool-mah)と呼ばれていた。主の祈りの中で、キリストはエーテル・バイタリティーのことを「私たちの日々の糧」、私たちの一日のエネルギーの元と呼んだ。エネルギー・ワークやエネルギー・ヒーリングと称されるすべての癒しの技術は、エーテル・バイタリティーをいろいろな度合いで引き出すことに基づいている。それを何と呼ぶかに関わりなく、このエーテル・バイタリティーは実際に存在し、私たちはそれを意識的に自分の健康維持に、そして他者のために使うことができるのだ。

インド、中国、その他の地域の神秘家、賢者、ヒーラーたちは、数千年の間、エーテル・バイタリティーを表現して使ってきたが、西洋人はどうだろう。古代の人びとは物質の四つの主要な元素について紹介してきた。それは、土、空気、火、そして水だ。西洋で初めて「エーテル」と呼ばれる5番目の元素について語ったのはプラトンだった。彼の話すギリシャ語で、第5元素は「ペンプテ・ウーシア(pempte ousia)」であり、その意味は第5資質。後にその言葉はラテン語の「クィンタ・エッセンシア(Quinta Essentia)」となり、それは第5エッセンス(資質)を意味する。この言葉は現在の英語では「クィンテッセンス(quintessence)」となっている。クィンテッセンスの定義は、「何かの最も純粋な例」なのだ。確かに、物質の対であるエーテルは物質の最も純粋な例として条件にかなう。なぜなら、物質の対であるエーテルは3次元の範囲の中で振動していて、物質世界の一部だからだ。エーテルは空気のように透明だが、空気と同様にその実在を検知できるものなのだ。

私たちは真理の探究者として科学も尊重する。科学者と神秘家、この両者は同じ現実を研究しているが、アプローチが異なっている。伝統的な科学はこの第5元素について何と言っているのだろうか。歴史上、最も偉大な科学者の一人として知られているイギリスの物理学者アイザック・ニュートン卿

（1642年～1727年）は、絶対的宇宙に広がるエーテルを物理学の法則において紹介した。そして、1803年にイギリスの天才物理学者であり技術者だったトマス・ヤングがまだ解明されていない媒介の中を光が波形を描いて移動することを発見した。ここで再び、「エーテル」、「ルミネフェロス・エーテル（光を運ぶエーテル）」という言葉がこの神秘的な媒体の名前として使われた。

エーテルについての科学的理論が紹介されると、当時のトップ頭脳者たちによってエーテルと呼ばれる媒体を特定して測定するための競争が始まった。1887年まで科学者たちはこの解明されていないエーテルの存在を信じていた。1887年に、アルバート・マイケルソンとエドワード・モーリーがその存在を科学的に証明しようとしたが、当時の原始的な計器類ではその量を測定することができず、伝統的な科学はエーテルという概念を捨てたのだ。後に著名な物理学者たち、ニコラ・テスラやアルバート・アインシュタインが宇宙の空っぽな空間は、実は空っぽではないことに気付いた。彼らは電磁波を運ぶ電磁気的な媒体が地球の外気と宇宙を満たしていることを緻密に理論化した。これがあらゆるところに遍在するエーテルなのだ。幸運なことに、他にも先見の明のある研究者たちによってこの分野での研究が続けられ、現在、ゼロ・ポイント・エネルギー、あるいは量子真空のフリー・エネルギーと呼ばれる、すべてに広がっているこのエーテルをどうやって利用できるかの解明にまでたどり着いたのかもしれない。

真理の探究者にとってエーテル・バイタリティーとは、エソテリック・プラクティスにおいてすでに知られていて、そこで用いられる媒体である。練習と少しの時間を要すれば、誰もがこのエーテルの三つの状態または性質に対しての認識を育て、意識的に活用することが可能となる。実際、このエーテルには七つの特徴があり、低次の三つは誰でも使うことが可能だ。あとの四つは熟練の神秘家しか使うことができない。私たちが低次の三つの状態にあるエーテル・バイタリティーを意識的に使いはじめると、瞬時に科学者や他者にその実在を証明してもらう必要がなくなる。私たちはエーテルを直接に扱うことができるので、その実在は確かなものとなるからだ。

私たちのサイキカル体とノエティカル体にはそれぞれのエーテル・ダブルがある。エーテル・バイタリティーの七つの状態または性質は、私たちの三つの体のそれぞれのエーテル・ダブルの異なった機能を実行する。エーテルの高次の三つの状態について今は語らないでおこう。残りの四つの状態について語ろう。それらは、「運動」、「刷り込み」、「感覚」、そして「創造」の状態だ。これらの識別できる状態は、すべての資質を構成するすべてのエーテル原子の中にある。私たちは最初の三つをすでに使っているのだが、それとは知らずに潜在意識的に使っているのだ。ダスカロスはこう説明してそれを示した。エーテル・バイタリティーのこれらの七つの状態を意識的に使える人にとって、「物質はおもちゃのようなものである。彼らは物質化について、そして非物質化について知っている」と。自由自在にエーテルの多様な状態を扱える技を持ったダスカロスは、それによってがん腫瘍を非物質化したり、新しい健康な皮膚の組織や神経などを物質化することができるのだった。

「運動エーテル」、「感覚エーテル」、「刷り込みエーテル」を使うだけで私たち誰もが潜在的に持っている偉大な力や能力を発揮できるのだ。インドではこれらの能力を「シディ」と呼ぶ。一般的にサイキック能力と呼ばれるものは皆エーテルを扱う能力であり、エーテル・バイタリティーの三つの状態によってその能力が発揮できる。本当のサイキカル能力とは、エーテルと関連のある現象のテレパシー、テレキネシズ、サイコメトリー、透視能力、透聴能力などを超えたものなのだ。私たちの人格を浄化することに加えて、エーテルのこの低次の三つの状態をマスターすることは、「創造エーテル」の扱いが許される準備となる。「自己・意識」の高いレベルに到達したのち、真剣な探究者には「創造エーテル」の使い方が示される。これは文字や言葉で説明できることではない。それは練習と直接な体験を要するものだ。

「創造エーテル」について

「創造エーテル」は最も重要なエーテルであり、それは聖霊の権威とコントロールのもとにある。それは生きるものの創造のために使われている。「創造エーテル」の仕事は、一般の人がそれを知る必要がないところで行われている。肉体の細胞の再生や怪我の修復などがその存在の証明だ。このエーテルは、物質の原子と細胞を形成し、生命を維持したり増加したり分解したりする。これらの働きを通して、肉体のすべての臓器を形成して維持するのだ。実践を通して真理の探究者は、聖霊が自分の体の中で行う意識的な働きに注意を向け、それと連携することができる。その仕事はほとんどが感覚エーテルを使い、体のいろいろな臓器に対応するエネルギーのセンターであるチャクラを通して行われる。

はるか昔、人間は「創造エーテル」を使うことが可能であったが、間違った使い方をしてしまった。そのことは聖書や他の古代の聖典から読み取ることができる。ところが、今はその能力はほとんど失われてしまっている。現在、創造エーテルの使用ができるほど聖霊に信頼された段階にまで到達した人間は稀である。将来、この生命を与えるバイタリティーとともに共同創造することが可能となるだろう。しかし、その運用は（簡単ではないが）今日でも可能であり、真理の探究者の熟練したメンバーたちはそのレベルまで到達していると言える。ある日、あなたもサイコセラピストやノエティック・セラピストになることを選び、誠実な働きを通して創造エーテルを扱うことが許されるかもしれない。しかし、サイコセラピストという言葉は、本当は正しいものではない。というのは、その言葉は魂を意味する「サイキ」に語源があるからだ。セラピーの意味は治療とか癒しなので、サイコセラピーは魂を癒すという意味を持つ。しかし、すべての人の魂は純粋であり、汚すことはできないものなので、厳密に言えばセラピーも癒しも不要ということになる。つまり、道を誤ったり迷子になったりする魂も邪悪な魂もないということだ。すべての魂は永遠に自由であり、束縛されることはない。しかし、現在はサイコセラピーという言葉をメンタルとか感情の病の治療について一般的に用いられているので、ここでもそういう意味で使うことにしよう。良いサイコセラピストになるためには聖霊とともに働き、創造エーテルを使えるよう信頼を得なくてはならない。寝ている間または体から抜け出るとき、運動・感覚・刷り込みエーテルは自己認識とともにサイキカル体に移動するが、創造エーテルは肉体とともに残る。仮に「創造エーテル」が肉体から取り除かれると、瞬時に肉体は死ぬことになる。それだけ「創造エーテル」は重要なのだ。

「運動エーテル」について

肉体のエーテル・ダブルの中の「運動エーテル」は複雑で、その役割は多岐にわたっている。「運動エーテル」は、胎児の成長とともに子宮の中とまわりでその働きを始める。運動エーテルは、肉体の中の動きや肉体そのものの動きを可能にする。「キネティック（kinetic／運動の）」という英語の語源は、ギリシャ語の「キネシス（kinesis）」であり、動きを意味する。肉体を動かしはじめると、電気が電線の中を流れるように私たちの体の中にエーテル・エネルギーが流れ、必要な動きを達成するために該当する筋肉すべての収縮を誘導する。あなたは自分の体をどうやって動かしているか考えたことがあるだろうか。立ち上がろうと思ったとき、体を動かすために何が起きているのだろうか。

私たちは動いて何かをしようとするとき、絶え間なしに「運動エーテル」を潜在意識的に使っている。肉体でのその働きは臓器によって異なることになる。心臓の鼓動、呼吸、新陳代謝など、自律的な機能をそれは統御し、歩いたり話したり目を動かしたり、意識を持って行う機能も支配する。何かが物質世界に生きるためには動きが必要であり、運動エーテルがそれを可能にしているのだ。

熟練の芸術家や音楽家は、この「運動エーテル」を潜在意識レベルで用い、両手と指を繊細にコントロールするようになる。練習するごとに、両手の筋肉をよりよく使えるようになるが、彼らはエーテル・ダブルの運動エーテルを使っていることを知らない。エーテル・ダブルのコントロールに熟練するにしたがって、テレパシーのような肉体レベルではない潜在的な力を促進させることになる。練習すれば、私たちのエーテル・ダブルからエーテル・バイタリティーを分けて、意識的にそれを必要とする相手に遠隔で送る遠隔ヒーリングを行うことも可能となる。ヒーラーやサイコセラピストはそれを意識的または潜在意識的に行っている。これが可能なのはエーテル・バイタリティーの運動的性質によるものだ。真理の探究者たちは遠隔ヒーリングの方法を教えている。

どのような意識的または潜在意識的なエレメンタルの投影であっても、それはエーテルの運動的性質を媒介して実現する。肉体ではその運動的性質はとても活発な役割を担う。しかし、私たちのサイキカル体においては、「運動エーテル」はそれほど活発ではない。物質界は時間と空間の世界だ。私たちは地球に存在する間、一つの場所から他の場所へ物理的に移動する必要がある。サイキカル界では、地上のような空間の状態は存在しない。そこでは空間というのは条件付けられた場所の感覚というものに置き換わる。サイキカル界で一つのある状態から別の位置に移動するには、協調（コーディネーション）、アチューンメント（同調）、そしてアト・ワンメント（一体化）によって行われる。例えるなら、ラジオのいろいろな放送局にダイヤルを合わせるのと似ている。ラジオそのものは移動することなく、チャンネルの周波数を合せるだけで瞬時に別の放送を聞くことができる。

サイキカル次元では、私たちはある場所から次の場所に移動する感覚をつくるということになる。歩いたり走ったりするような地上の動きも、飛ぶような動きも行うことができる。しかし、これらは条件付けられた体験で、私たちは本当には移動していない。

「刷り込みエーテル」について

「刷り込みエーテル」によって、私たちはマインドから想念をつくることができる。エーテルの脳にノエティカル・イメージ*を刷り込んだり、体のすべての細胞に私たちのすべての体験を刷り込むためにエーテルが使われている。私たちは視覚化するとき、サイコ・ノエティカル資質に形を与え、想念形態と感情形態をつくるときに「刷り込みエーテル」を使っている。私たちはこうしてエレメンタルを創造するのだ。刷り込みエーテルは、私たちがこれらのイメージを形成することを可能とするだけではなく、マインドに貯蔵して思い出すことも可能にしてくれる。たいてい私たちは潜在意識的にイメージを創造し貯蔵する。「刷り込みエーテル」を使って、クリアで生き生きとした安定したイメージをつくる能力を養うのは探究者にとって必要なことだ。それはヒーリングの仕事に役立つだけでなく、私たちや家族にとって満足のいく良い生活を具現化するために必要となる。内省の練習において、自分たちの人生の状態を観察し勉強するためにもこの「刷り込みエーテル」を使っている。

もちろん、私たちは瞬時にしてこのエーテルを使いこなせるようになるわけではない。これは学ばなくてはならず、私たちは自分の間違いや過ちを通して経験を積んでいく。「刷り込みエーテル」をすぐさま適切に使ってノエティカル・イメージをうまくつくれるようになると期待を抱いてはならない。最初はちょっと疑問を持っただけで、自分の望んでいるものを正しく視覚化することができないだろう。他の思考が集中を邪魔することもあるだろう。クリアで安定したイメージをつくりだすことに成功するまで、粘り強く練習を続けなければならない。

「感覚エーテル」について

「感覚エーテル」とは感覚をもたらすエーテルである。それは肉体的な感覚を可能にする。感覚エーテルにより、足の指や膝など肉体のすべての部分を感じることが可能となる。このエーテルの役割は、肉体よりもサイキカル体でのほうが大きい。幸せな心地、悲しみ、または怒りなどの感情はサイキカルな波動である。これらはサイキカル体のエーテル・ダブルの「感覚エーテル」を通して感じられ、体験される。他者の中に悲しみや幸せを感じることを可能とするのも私たちのサイキカル体のエーテル・ダブルの「感覚エーテル」のおかげなのだ。

肉体において、感覚エーテルは喜びと痛みの感覚を与えてくれる。痛みの体験は「運動エーテル」の欠如および「感覚エーテル」の集中的な活動と強化に関わっている。その目的は患部に注意を向けさせることである。知覚の麻痺とは感覚がないという意味なのだ。麻酔薬は知覚を麻痺させ、無感覚にするためのものである。

ダスカロスは、痛みを取り除くのに麻酔薬を必要としなかった。サークルの集会でダスカロスは特定の機会をとらえては、自身または他の誰かのエーテル・ダブルから感覚エーテルを取り除く方法を実演したのだった。実演のため、「感覚エーテル」を取り除きながら相手の前腕の上を両手でこするようにした。そして、彼は大きなハットピンを相手の前腕に刺すのだが、相手は痛みを感じなかった。この技術を彼は肉体の治療をするときに、患者から痛みを取り除くために実践した。

ある日、ストアのレッスンが終わると、ヨーロッパ大陸出身のお年寄りがダスカロスの助けを求めてやって来た。彼女は左腕にかなりの痛みを感じていた。腕をまっすぐに伸ばすことができず、自分の胸の方に曲げていた。少しでも腕を動かすと激痛が走った。ダスカロスは彼女の腕にやさしく触れ、それが神経へのダメージから起きているものだと一瞬で診断を下した。彼は新しい神経をつくらなくてはならないと言い、治療を始めるために女性の腕を伸ばそうとした。女性は痛めている腕をかばいながら、ひどく痛いし、伸ばすことなど到底できないと抵抗し、離れようとした。ダスカロスはやさしく慰め、痛みがないようにするからと言うのだった。

私はダスカロスの右側に立っていたので女性の顔が見えたが、そのようなことはとうてい信じられないと思っているのが分かった。彼は少し丸めた片手で女性の腕をこすり、腕をまっすぐに伸ばしはじめると、その瞬間彼女は反応し、絶対に来ると確信していた痛みから逃がれようと身を引いた。ダスカロスは、もう「感覚エーテル」を外したので痛みを感じることはないと強く言いながら、腕を伸ばした。私は女性が頭を後ろにのけぞって痛みを覚悟したのを見たが、その痛みは来なかったのだ。そして腕がまっすぐになったのを見て女性の表情は驚きに変わった。ダスカロスが数分の間、巧みに彼女の腕に働きかけて神経を再生しているのを、信じられないという様子でながめるだけだった。

「そらっ」とダスカロスが言い、治療に成功したことを示すように彼女の腕を曲げたり伸ばしたりした。女性は自分の腕の新しい状態に慣れようとするのだが、最初は何が起きたか分からない様子だった。癒しがあまりにも早く起きすぎて、頭が追いつかなかったのだ。女性は動く腕を見ながら困惑した様子で彼のもとを去っていった。

ダスカロスはこの癒しを行うために、エーテルのいろいろな状態を使ったのだった。診断するにあたり、彼女の腕で何か起きているのかを把握し、それを感じ取るために「感覚エーテル」を使った。「刷り込みエーテル」を使って彼は神経の実際の状態を見ることができた。彼は腕から「感覚エーテル」を外して彼女の痛みを取り除くことができた。実際の癒しでは「運動」、「感覚」、「刷り込み」、「創造エーテル」の全部を同時に使った。もちろんダスカロスは聖霊と共同で創造をしているために、彼自身が癒しを起こしたなどとは絶対に言うことはなかった。しかし、彼のこの共同作業は実に巧みなもので「自己・意識」に基づいていた。彼はやみくもに相手をエーテル・バイタリティーで満たし、癒しが起きるように聖霊に祈るようなことはしなかった。彼は自分が何をしているのかよく心得ていた。ダスカロスは外科医が外科用の器具を使うようにエーテルの持つ多様な資質を治療に用いた。彼は自分の治療を観察しつつ、「自己・意識」のコントロールを保って治療に当たった。彼は同時に、その損傷が修復されて腕が完璧な状態に戻るようにと、彼の癒しのエレメンタルにも熱心な祈りを注入したのだった。

✝プラクティス――概観

私たちの瞑想のプラクティスでは、エーテル・バイタリティーの三つの低次の性質を使う。「エソテリック・プラクティス」を行うことにより、私たちは自動的にエーテル・バイタリティーの多様な性質を使う能力を育てることになる。そのために「観察」、「視覚化」、「瞑想」、「内省」、「集中」の練習がある。

私たちはエーテル・バイタリティーの働きをよりよく理解できるようにエーテル・ダブルの働きを四つの状態に分けた。しかし、実際のエーテル・ダブル、またはエーテル・バイタリティーを四つに分けている訳ではない。すべての状態はそれぞれのすべてのエーテル原子に含まれている。私たちはそれらを理論的に理解するのではなく、実際に使うことで理解する必要がある。訓練していない相手にチェロを渡して、即座にその人が熟練の世界的チェロ演奏者、ヨーヨー・マのように弾くのを期待しても無理だ。もしかすると経験のない相手にチェロを渡して訓練でもすれば、相手は一生懸命練習してヨーヨー・マのように弾けるようになるかもしれない。チェロを弾く優れた技術をいったん会得すれば、またはエーテルを使う優れた技術を会得すれば、誰もその技術をあなたから奪うことはできないであろう。

もしもここで紹介しているレッスンまたはエクササイズに本当に深く入ることができ、その意味が感得できたとすれば、いっぺんに1、2年の勉強をしたのと同じくらいのことだと言えるだろう。これが起きるためには、私たちはこれらの教えを読むだけでなく、学んでよく練習しなくてはならない。瞑想やエクササイズについて、私たちは練習するだけではなく、私たちにそれらがどのように影響を及ぼすのか観察する必要がある。「運動エーテル」と「感覚エーテル」の練習を続けると、時間とともに自分の血液と血液の細胞の循環に気付くようになる。自分のすべての臓器を感じて、その中で何が起きているか分かるようにもなる。それは集中した練習を必要とする。自分の人間としての体のマスターになるよう練習しようではないか。

「運動エーテル」と「感覚エーテル」を育てるということは、同時に私たちは自身のサイキカル体も成長させるということだ。私たちのエーテル・ダブルの中で「刷り込みエーテル」を使うと、私たちはノエティカル体と接触することになり、それを成長させることになる。私たちの三つの体はそれぞれのエーテル・ダブルとつながりあっていて、お互いに影響しあっている。「視覚化」を学ぶことによって、あなたはマインドを「刷り込みエーテル」として使っている。時間とともに、あなたは透視能力と呼ばれる「視覚化」の新しい技術の力を得ることになる。

はじめに、私たちは「刷り込みエーテル」を使い、色や形を視覚化する。色は波動であり、特定の色の波動はエネルギーのセンター（チャクラ）に影響を与える。まず、私たちは特定の基本的な色を用いてエーテル・ダブルを満たしていく。それから、特定のセンターの中とまわりに光のディスク（円盤）を動かし、通していく。後に、私たちは色のついた光の球を用いて、特定のセンターの中とまわりにそれを動かし、通していく。

注意：エーテル・ダブルの上と中には、特定のエネルギーのセンターがあり、それらはエーテル・バイタリティーの渦として機能している。他の書物でどのように書かれていても、これらのチャクラやチャクラと関連している肉体の臓器に直接に働きかけることは非常に危険である。私たちは太陽神経叢だけに働きかけても安全だが、肉体の心臓とか他の臓器に働きかけてはならない。血管を収縮させる可能性があり、臓器や神経系に深刻な問題や損傷を起こすことがあるからだ。

先に進むにあたって、教えとともに、私たちは肉体のエーテル・ダブルの上と中でエクササイズを行い、エーテルを意識的に用いる技術を手に入れる必要がある。いったん「運動」、「感覚」、「刷り込み

め る人たちのために、これからのレッスンでさらに多くの情報を提供していくことにしよう。

エーテル」を意識的に使うことができるようになれば、癒しを促進しやすくなる。この分野で学びを進

✝プラクティス――エーテル・バイタリティーとワークする

完全にリラックスしてください。


足から始めます。深く、そして楽に呼吸をしてください。

心臓の4拍の鼓動に合わせて息を吸い込みます。

そして、息を止めずに4拍の鼓動に合わせて息を吐き出します。そして吸う。

吐く……意識を持って、リズムを持って、楽に。そして、吸う。

吐く……吸う……吐く……。


次に足の指を感じましょう。この感覚を与えてくれるのは「感覚エーテル」です。

動かすことで足の指を感じてみてもいいでしょう。足の指を動かすのは「運動エーテル」です。

では、足の裏から始めて、ずっと膝まで感じてみましょう。

今度は膝から始めて、足の底まで感じてみましょう。

次に、膝だけを感じましょう。「運動エーテル」を通して意識が膝に上がっていくはずです。

同時に「感覚エーテル」を使って、足全体を上がり膝まで感じてみましょう。

次に、膝から太ももへ、さらに座っているところまで感じてみましょう。

自分が座っているところを感じてみましょう。足や膝を感じていたときには感じなかったはずです。でも今は感じられます。

次に座っているところから足を感じて、さらに足の底まで感じてみよう。

感じているでしょうか。それはあなたの足です。

あなたはその中に入り、「感覚エーテル」でそれを感じることができる。このようにして「感覚エーテル」を完全に使うことができれば、あなたの体から痛みを取り除くことができます。

次に太陽神経叢の部分を感じてみましょう。太陽神経叢の中にいることを感じてみてください。

それを動かします。太陽神経叢の中から上に移動して肩甲骨を感じることができます。次は腹部全体を感じます。臓器は「運動エーテル」の邪魔にはなりません。

あなたは今、肉体の中で感じて、動いていると思うかもしれませんが、実際、あなたは肉体の少し外側にあるエーテル・ダブルの中を感じて、動いています。

次に何回か深呼吸をして胸の辺りを感じてみましょう。胸から胸骨まで、そして足の指先までを感じましょう。肩を感じましょう。両手を感じましょう。そして指を動かしましょう。あなたは体の中、甲状腺から足の指先まで感じてみることができます。

胸に集中することのほうが簡単にできます。胸のほうに活性化されたセンターがより多くあるからです。

深呼吸をして、腹部や胸の中にいることを感じましょう。次に足の指、足、太陽神経叢、胸、甲状腺、そして頭まで感じてみましょう。頭の中にいるのを感じるのは難しいことではありません。

今、あなたは体の中にいることを感じるのに「感覚エーテル」を使っています。頭も、首も、胸の中も、背中の肩甲骨も感じ、両手の筋肉、指先、腹部、そして椅子に座っているところ、太ももも感じてみましょう。

さて、深呼吸をしてから、「刷り込みエーテル」を使って呼吸をするたびに　エーテル・バイタリティーが体の中に**入ってくる**のを**見て**ください。

あなたがエーテル・ダブルを吸い込むたびに、光があなたの体の中に入ってきます。そしてバイタリティーは残り、空気は吐き出されます。呼吸をしながら、あなたはあなたのエーテル・ダブルにバイタリティーを取り込んでいきます。それが雪のような白い光となってあなたの肺に入り、肉体の隅々に拡大していくのを視覚化してください。肉体は純粋な白い雪のような光で輝いています。

あなたの体に愛情を与えましょう。それはあなたのもので、その中に生き、自分を表現するためにあなたに与えられています。深呼吸をしながら、自分の肉体にいることを感じ、**愛情を注ぎましょう。**

深呼吸をしながら、自分に「この自分の肉体が完全に健康になるように願います」と言いましょう。肉体の中にいることを感じ、エーテル・ダブルの中にいることを感じ、そして、この肉体に完璧な健康がもたらされるように願いましょう。

13章

命の脈

心臓の目的はその脈にあり、心臓のリズミカルな鼓動は運動エーテルの働きによるものである。息を吸ったり吐いたり、血液の循環、エーテルの液体やサイコ・ノエティカル・センターの動きなど、これらすべての仕事やその働きは運動エーテルによるものだ。エーテル・ダブルの一つの性質である創造エーテルは主として「キリスト・ロゴス」*および聖霊の統治下にある。彼らが生命の与え手なのだ。創造エーテルは体を形成し、支え、そして維持するが、それは運動エーテル抜きには不可能である。動きのない命などあるのだろうか。動きがない命や命の現象などを想像できるだろうか。「命の現象」が存在するためには、血液やエーテル的な液体の動きが必要である。動きが必要とされない肉体の他の部位でも、心臓の鼓動は必要だ。

新陳代謝は、動き以外の何でありえるだろうか。それは振動と動きの様態である。したがって、「命」そのものではなく、命の現象が存在するためには動きが必要だ。「命」そのものは特定の条件を必要としない。しかし、肉体にある「命の現象」というものは不可避的に動き、つまり運動エーテルを必要とする。私たちはエクササイズを通してこのエーテルを知ることになる。そして、時間をかけてその能力のマスターになるだろう。肉体における命はどんなものか知る必要がある。「永遠の命」とはそれ以外のものであり、理解するためには、思考、瞑想、集中力、そして自己意識をとても高いレベルに上げる必要がある。人間の形態を持つ命については、自分の問題にしっかりと対面できるようにするために、どの人も知るべきである――ダスカロス

教え

私たちは自分が生きていることを知っている。私たちは肉体の中に生きている。それは誰も疑わない。自分が生きているという感覚はすべての人に共通している。しかし、私たちがどうやって生きているかはそれぞれ異なり、私たちの人格としての人生の質は、どうやって生きているかによって決まるのだ。したがって、ここには二つの異なったものがある。それは「命」と生きることである。

さまざまな聖典や教えの研究で分かることは、「永遠の命」というものがあるということだ。神は永遠と続く命である。「永遠の命」とは、はじまりも終わりもない命である。「自己充足*」にある「永遠の命」とは何も不足せず、何もそれに足すこともできない。「永遠の命」は神の不死の本質であり、私たち自身の「スピリットの存在」の不死の本質でもある。「スピリットの存在」としての私たちは「永遠の命」で

ある。残念なことに、神の本質であり、私たちの聖なる本質である「永遠の命」は私たちの人間の本質や人格には理解不可能なのである。

私たちは物質世界にあるものを観察することで、「永遠の命」がその命を地上やそれを超えたいくつかの世界において、いろいろな姿として表現されているのが分かる。私たちは、最も小さな微生物から最も大きなクジラまで、さまざまな形態で自分を表現している命を研究し、その生命体が持つ「実現性の循環」を多少は理解できる。すべての生命体のそれぞれに、私たちは絶対の愛、知恵、能力の表現を見てとることができる。すべての生命体は「命の現象」としての表現であり、「永遠の命」の一時的な具現化である。

「絶対存在*（神）」は「その命」を「自分自身」の中に表現することによって、私たちのまわりにある命、そして命の現象も表している。神の「意志の喜び」に従って命の顕現は振動として起動され、この振動はすべての生命体に「命の脈（パルス・オブ・ライフ）」を与える。「命の脈」という言葉は、私たちのまわりにあるすべての命あるものに微動や振動をもたらす原因であることを意味している。これらすべての命あるものの主要な特徴は、その「命の脈」である。それはそれぞれが反対方向へ向かうバランスの取れた動きだ。相反する一つの例は、血液を送り出す心臓の拡大と収縮であり、もう一つは呼吸する肺の吸い込みと吐き出しである。相反する動きが絶えずバランスよく働いている。

「運動エーテル」を介して、この「命の脈」は、私たちの肉体にある心臓のリンパ節を点火して、エーテル的／電気的パルスを心臓の筋肉に運び、それが心臓の鼓動を起こさせ、血液を送り込む運動を可能にする。この「命の脈」は動物や人間の心臓の鼓動にも見られ、呼吸にも見られる。私たちはこの命の脈が上下する植物の樹液、そして植物の発芽の原因として働くのを見ることができる。大天使を見たことのある人たちは、彼らの姿にはこの脈打つ輝きがあることに気付いたであろう。

人間の体と動物の体はその構造が似ている。どちらにも皮膚、筋肉、骨、血液、神経，頭蓋骨と脳がある。これらに関して、人間と動物にはたいした差はない。しかし、人間はマインドを直接使うことができ、動物はできない。動物はマインドをその本能として使っている。すべての植物も動物も、大天使の表現である「命の脈」の顕現である。花々、野菜、動物の中に神とこれらの大天使たちの知恵を見ることができる。人間と異なり、動物はマインドを使って自分の生き方を変えることはできない。人間は「スピリット・魂」であり、神であるが、動物はそうではないからだ。「魂・自己」がないと、私たちは人格として存在できない。それは肉体が心臓なしに、または心臓が「命の脈」なしに生きることができないのと同じ道理だからだ。「命の脈」は私たちの聖なる本質である「スピリット・魂・自己」の表現である。

さてここで、「永遠の命」としての「聖なる本質」と、私たちが生きているこの肉体の一時的な命を識別する時が来た。私たちは、「永遠の命」は「在る（is）」と言える。「命」は地上、サイキカル界、ノエティカル界の現象として存在（exist）すると言える。物質界、サイキカル界、ノエティカル界は生命形態の暮らす一時的な世界である。存在するためには形態（形・フォーム）が必要となる。人間がこれらの世界に存在するためには、これらの世界に対応する形態が必要なのだ。「永遠の命」は「永遠の存在」に属して肉体を必要としないが、命の現象は変化する「一時的存在の世界」に属し、存在するためには形態が不可欠である。

あなたの肉体によって、あなたは生き、その命を表現できるが、あなたはあなたの肉体ではない。あなたの感情、あなたが表現する感情や欲望はあなたのものであるが、あなたではない。あなたの顕在意識も潜在意識から上がってくる想念もあなたのものであるが、あなたではない。あなたの表現する想念、感情、行動が「自己」であるという誤解を切り離さなくてはならない。これらの表現の裏にある本当の「自己」を探さなくてはならない。瞑想に深く入り、力強い静けさの状態に入ろう。そこで、あなたは容易に「命の脈」に接触でき、自分の心臓の鼓動にそれを感じることができる。あなたは、あなたの血管をめぐる血の中にそれを感じることができるだろう。あなたの指先にそのエネルギーが脈打っていることに気付くだろう。それが命である。

私たちは私たちの肉体ではなく、私たちの感情ではなく、私たちの想念でもないということが分かった。これらは現在の人格を形成しているだけのものである。では、「永遠の命」としての私たちの「聖なる本質」と、絶えず変化しつづける人格としての人間の本質の関係は何だろう。私たちの「聖なる本質」は完璧であり、完全であり、不変であり、絶えず自由で束縛されることがない。しかし、人格としての私たちの人間の本質は矛盾する考え、概念、欲望、気持ちの集合体を表現する。これらのものは人格の中で、良いまたは悪い素質、能力、長所や短所などとして現れる。「聖なる本質」は私たちが自分の人格を形成するときの背骨または核である。私たちの構築する人格の純度にはかなりの幅がありえる。

あなたの人格は、創造または再び活性化された「エレメンタルたち」の集合体で構成されているが、私たちの人格は私たちの「真の自己」ではない。それを確実に知るために、私たちは時間と場所でつくられた人格というものを分析し、私たちの「スピリット・魂・自己」の本質というものから識別する必要がある。私たちの人格を構成している「エレメンタル」たちが生きていることを私たちは忘れてはならない。それらは「命」と異なるが、「一時的存在の世界」に暮らしている。しかし、それらの存在は一時的存在の世界を超えて生きることはできない。エレメンタルは永遠の存在ではないが、生きた存在であり、目的と力を表現する。マイナスのエレメンタルたちは、私たちの人格、そして私たちの周囲の者たちを拷問にかけ、私たちの人生の質を落とす。善良なエレメンタルたちは、私たちの人生と私たちの周囲の者たちの頼りになる味方なのだ。私たちのエレメンタルたちは、ある種の能力または勢力を持っている。その能力を彼らに与えたのは私たちであり、いつでもそのやり方さえ分かれば、それを取り返すことができる。私たちは、私たちの「命の脈」の一部からエレメンタルたちにエネルギーを供給しているということだ。「命の脈」は私たちに内在する本質であるが、それはエレメンタルに内在する本質ではない。私たちは浄化することにより、そのエネルギーをエレメンタルから取り除くことができるのだ。

私たちは、胸に集中することによって「命の脈」を感じることができる。それは肉体の心臓に直接に行ってはならない。「命の脈」は肉体の中にあるが、その脈自体は物質のものではない。「命の脈」を感じてみよう。「命の脈」は完璧に働き、あなたの心臓に鼓動を打たせ、あなたの血液が流れることを可能とし、そして肉体に命を与えている。人格としての私たちはこの「命の脈」をコントロールしてはいない。では誰がそれをコントロールしているのだろう。誰が肉体から「命の脈」を引き抜き、心臓の鼓動が止まる時を決めるのだろうか。あなたは肉体の心臓の鼓動を打たせる「命の脈」をつくっているのが誰なのか、自分に問いかけたことはあるだろうか。この問いは、あなたが神へ近づく最初の一歩へと導いてくれるかもしれない。

私たちの人格としての人間的存在の核心に汚れを知らない私たちの「スピリット・魂」の光の光線があり、それは私たちの三つの体に「命の脈」を起こしている。この仮の人格の自己の裏にその現実を見つけよう。人格の自己の中にこの「命の脈」を探そう。そして、それをたどって行き、「スピリット・魂・自己」というあなたの本質にある「命の脈」を探し当てるのだ。それが真理の探究者の目的である。その目的を達成するためには、私たちはどこからかスタートしなくてはならない。そのどこかは、私たちが今いる現在の状態である。それは、私たちが自分の人格の自己を分析しはじめ、その中に私たちの「真の自己」である「命の脈」を見つけなくてはならないということを意味する。私たちは何を発見するのだろうか。私たちは、私たちの人格と呼ぶ仮の時間・空間の自己が「命の脈」の上に覆いかぶさって見えなくなっていること、そして、それを取り除く必要があるということに気付くのだ。

観察していくと「命の脈」の顕現は命のどの形態についても一様に同じではないこと、それでいてそこにはただ一つの「命の脈」しかないことが容易に分かる。もし私たちの人格の中に「命の脈」がなければ人格は存在していない。すべては命の中で起きることに気付こう。命はどこにでも遍在しているが、「命の脈」は存在の世界のそれぞれの生命体の持つ目的に応じてきっちりと割り当てられている。したがって、私たちは生命体に応じて「命の脈」の異なる表現方法を学んでいくことになる。

「命の脈」の主たる特徴は「聖なる全知恵*」、「全能*」、「絶対愛*」の表現としてのバランスと秩序の法則である。生命形態を創造するにあたって、「命の脈」は最初に原因としてあり、そしてその結果を得る。結果は命の異なった形態である。ノエティックな状態において、「命の脈」は原型的な「聖なるイデア*」を私たちに与える。それらのイデアには、「一時的存在の世界」にあるすべての生命形態を起動し統御する法則と原因が含まれる。これらの原型的イデアと法則をもとにして、命の形態は安定した定められた方法で形成され、私たちのまわりに見るあらゆる生命形態として「命の脈」によって具現化される。「命の脈」は、調和、バランス、秩序の法則のもとで完全に統御されながら、原因と結果として、すべての生命形態のそれぞれの中にある。

✝プラクティス――「命の脈」の瞑想

最初に完全にリラックスします。

足のつま先から頭まで、自分の肉体にいることを感じてみてください。

自分の肉体の中で完全にリラックスしています。

今も、そしていつも、あなたの心臓はあなたの肉体の中で鼓動しています。

それはあなたが誕生する以前から鼓動していて、それはあなたの肉体と他の身体をつなげている銀色のコードが切れるまで鼓動しつづけます。銀色のコードの片方は肉体につながっていて、そのコードの「命の脈」があなたの心臓を鼓動させています。


自分の体の中に「命の脈」を感じてみましょう。あなたは生きています。あなたの肉体に誰が生きているのでしょうか。あなたはあなたの人格ですが、その中に「命の脈」があります。あなたは「命の脈」であり、そして「命の脈」はあなたの自己性[訳注*]です。あなたは肉体に住む人間としての自分が誰であるか学ぶ必要があります。学びを通して、あなたは他の体に意識を集中して観察をすることができるようになります。あなたは私たちが「自己・意識」と呼ぶものを育てることができます。

心臓の辺りに集中してください。その時、直接に心臓ではなく、胸全体に意識を向けてください。

強いて集中するのではなく、フィーリングで集中するのです。自分の心臓を感じてみて、こう自分に聞きます。「私の心臓を動かして鼓動させているのは誰だろうか。命の脈とは何だろうか。それは、忠実に脈打っています。それは血液を循環させています。しかし、それは私のコントロール下にはありません。誰がコントロールしているのだろうか」

どの寺院にも最も聖なる場所があります。あなたのハートを最も聖なる場所にしましょう。そこには祭壇があります。ハートの中に祭壇をつくりましょう。消えることのない「光の命」が祭壇で燃えています。

次に、あなたの人格からの、神と自分のまわりにいるすべての人びとへの愛で、もう一つのランプに火を灯してください。その炎が消えないようにしましょう。安定した強い炎を保ちましょう。それは完璧な光です。この二つの愛の炎をあなたのハートの祭壇に掲げて生きるようにしましょう。

聖なる大天使たちはあなたのハートの中に生きています。あなたも生きています。あなたの命は「命の脈」です。

訳注＊　自己性（セルフフッド）とは四つの自己を含むものの総称。「スピリット（霊）・エゴ・存在」、「自己認識・魂」、「永遠の自己」、「現在の自己」が含まれる。

14章 天使の声

私たちの三つの体、肉体、サイキカル体、ノエティカル体のエーテル・ダブルの中にいるのは玉座の近くにいる大天使メタトロンだ。[訳注*] これがあなたの守護天使（ガーディアン・エンジェル）である。すべての人間には守護天使がついているが、彼はあなたの「ハイヤーセルフ」とは異なる存在だ。彼は大天使（アークエンジェル）であって、あなたの「スピリット・魂」とも異なる。あなたの守護天使はあなたを愛しているために、自我化[訳注**]（融合）している。自分が何をしているか誰も聞いてくれないし、理解もしてくれない、とあなたが言ったとすれば、それは間違っている。守護大天使はすべてを知っていて、あなたが何かをやりすぎたりすれば、彼は介入してくる。それをあなたは、「良心のとがめ」として感じる。あなたはその良心の痛みを感じるとき、それが何であるかを分析したことがあるだろうか。「それは間違ってはいないか。やってはいけないことではなかったか」と言っている声のことだ。それが彼の声なのだ。

さらに明かすと、あなたは意識をすることなく、常にあなたの守護大天使と対話をしているのだ。

彼はあなたと自我化（融合）している。あなたは、自分がひとり言を言っていると思うかもしれない。気付きなさい。静かに瞑想するとき、この対話を聞きなさい。誰と話しているのか、と私が聞く。あなたは、〈それは自分だ〉と思っている。しかし、あなたは自分自身ではなく、あなたの守護大天使と話しているのだ。だから私はあなたに、自分の内なる声を聞き、あなたを愛しているそのすぐれた知性に相談するようにと言っているのだ――ダスカロス

訳注＊　メタトロンは玉座に近いという意味を持つ。
訳注＊＊　egofy（エゴファイ）の訳。人間の自我を持つこと。

教え

日常の生活の中で、私たちの注意を引こうと多くの声が競合している。外界について言えば、法律や報道、広報や社会的な発言など、社会からの声がある。そして、私たちの家族、友人、職場の同僚たちの声もある。同時に、私たちの感情、欲望、習慣的な想念も私たちに話しかけてくる。これらすべてが毎日私たちの人生で絶え間なく続いている。人格のレベルで私たちは聞こえてくる特定の声に選択的に

耳を傾けたり無視したりし、それによって成功したり失敗したりしている。

あふれかえる声の洪水とともに生きている私たちの中には、もう一つの声がある。その声は、他の声によってかき消されてしまうことの多い、あまりに気付かれない声だ。この声は真の声で、それは私たちを絶対に誤った方向に導くことがなく、私たちを見捨てたりすることもなく、その完璧なる愛を私たちに表現することをやめない。その声は、私たちが人間になったその瞬間からずっとすべての転生を通して、そして私たちが、「テオーシズ」に入るまで一緒にいてくれる。「テオーシズ」とは、多くの転生を伴った私たちの長い旅路の最後にくる神との絶対的な融合のことである。

一般的にこの声は、私たちの守護天使として知られている。私たちの守護天使は人間に近い「大天使」の階級に属している。無数の大天使の一人が、私たちへの偉大な愛に基づいて私たち一人ひとりの「スピリット・魂」に加わり、ずっと付き添って導いてくれているのだ。誰ひとり、ひとりぼっちの者も愛されていない者もいない。守護天使は完全な「アト・ワンメント」を通して私たちとつながりを持ちながらも、自分の大天使としての本質を失うことはない。彼は完璧なガイドであり、欠陥のない教師である。私たちは自分が目覚めるのを助け、スピリチュアルな側面で導いてくれる教師、グルやマスターを自分の外に探すことが多い。しかしその間、いつも一緒にいる守護大天使は、その「超意識」の能力を持って、その役目を果たすべく待機してくれている。自分の人生のチャレンジに直面するとき、多くの人は知恵ある賢人がそばにいてくれたらと思い、それを望む。しかし、私たちの忠実な「守護大天使」は、私たちが彼に気付き、意識的に対話を持とうとするのをどれほど長い年月を待ってくれていたのだろうか。地上の教師といえども、守護大天使ほどあなたを熟知し、あなたが何を最も必要としているか知る者は他にはいないだろう。

しかし、分かってもらいたいのは、大天使たちは些末な事柄に助言をしたり、たいして重要でない物質的な事柄について話したりしないということだ。私たちは理性を使い、聞こえている「声」が大天使からのものなのか、あるいは自分自身のエレメンタル（潜在意識から上がってくる既存の想念や感情）のものなのか、それを識別しなくてはならない。実際、それはそれほど難しいことではない。なぜなら、大天使からのコミュニケーションには、権威と真理と愛が響き渡るからだ。「内省」の黄金の鍵を使えば、その違いがはっきりと分かる。自分自身の想念や感情をコントロールし、静めることができれば、大天使の声を識別することはもっと容易になるが、もし自分の意識を日常の想念や感情以上に上げることができなければ、自分のエゴイズムのものまね、その偽の声を守護大天使のものと取り違えてしまうかもしれない。

ダスカロスは私たちの守護大天使との親密な大事な関係を、私たちがよく知っている例にたとえた。2本の炎のついたロウソクを取ってその炎を合わせると、それは一つの炎のように見える。しかし、2本のロウソクを互いから離すと、それは二つの炎であることが分かる。この炎の融合は私たちと守護大天使の融合関係のようなものである。守護天使と私たちは生まれたときから融合していて、それは彼が犠牲になって行っていることではなく、彼の私たちへの偉大な愛に基づいたものだ。この融合は、私たちが人間となるときから、すべての転生を通して、神と「アト・ワンメント」となって帰郷するまでずっと壊れることなく続く。その時点で私たちはもう守護される必要がなくなる。

残念なことに、私たちの地上における生活があまりにも私たちの注意を引いてしまうために、自分たちの中にいる彼の存在に気付かない。それゆえ、私たちは自分の感情を静め、想念を落ち着かせ、彼の発言に同調すること、つまりアチューンメントが可能になるようにしなくてはならない。守護天使の声はたくさんの言葉で長々と語ることはなく、完璧かつ普遍的な考えであるそのメッセージをとても簡潔に伝えてくれる。私たちがガイダンスを求めて守護大天使に注意を向け、オープンな心で耳を傾ければ、彼は応えてくれる。私たちはこの対話を育て、彼の存在、そしてその知恵あるガイダンスへの気付きを高めていくことができる。なお、大天使はもちろん男性でも女性でもないが、「彼」という代名詞は便宜上使わせていただいた。

私たちの守護天使は彼の知恵を私たちに伝えてくれる意思も用意もある。私たちが道をひどく誤ると、私たちの守護天使は悲しみのような感覚を味わう。私たちがうわさをしたり、怒りや憎しみや否定的な感情を抱いたり、他人を責め、自分が被害者だと思ったりするような誘惑に負けてしまうと、それはあなたのすべての大天使にとって困ったことであるが、特にあなたの守護天使にとってそうである。そのようなとき、守護天使たちはあなたから距離をおき、あなたが落ち着いて、彼らがまたアプローチできるまで後ろに下がっている。一方、私たちが彼らと協力すると彼らは喜びを体験する。キリストは、「一人の罪人が悔い改めれば、神の天使たちの間に喜びがある。」（ルカによる福音書15—10）と言った。「悔い改め」とは、幻惑に背を向けてハートとマインドと行動を切り替え、自分の「聖なる本質」に戻ることを意味している。

私たちの守護大天使は絶えず私たちと交流している。私たちの進化の中での彼の働きはとても大事である。彼の声は混乱したり矛盾したり複雑であったりすることはない。彼の声は込み入った知的な構成や曖昧な概念を表現することはない。その代わりに、彼の声は真の愛の言葉である。最初、彼の声はあなたの注意を引こうとする他の声に比べて小さく、か弱く聞こえるかもしれない。実際にはその声は小さくも弱くもない。それは自分の人格にとって弱く聞こえるだけであり、それは自分たちの気付きの度合いによるものなのだ。

「守護大天使」や私たちの体の中で働いている他の大天使についての知識を私たちはただの仮説として残しておいてはいけない。この知識はこれらの輝く光の存在たちとの直接な体験によって初めて現実的なものになる。個人的でも集合的でも、私たちはスピリチュアルな気付きや理解の成長をなおざりにして、今のように物質的な成長を優先しつづけることはできない。それは賢いことではないし、もたらす結果を到底避けることもできない。これらのスピリットの兄弟たちは、私たちが彼らに近づくこと、そして彼らの偉大な働きに私たちが意識的に参加することを歓迎してくれるのである。

神が「われわれのかたちに、われわれにかたどって人を造り……」（創世記1―26・口語訳）と言ったと聖書に書かれている。その永遠の一瞬において、人間となる運命にある永遠の「スピリット・存在」たちは、人間になるために一筋の光線を投影した。同時に、最も高次の階級の大天使の光線が私たちの「スピリット」の光線と融合し、私たちの転生のサイクルの旅に加わった。一度の転生ではなく、すべての転生を通して同じ「守護大天使」が私たちを愛し導いてくれる。このようにして、ここでも二重の本質を見ることができる。私たちの「永遠の存在」と、私たちに融合した守護大天使の「永遠の存在」である。彼はその融合を通して、私たちと同じ「自己」を持つ。同時に、彼は自分の完璧な純粋さを保っている。彼は私たちと融合している間も神とのワンネスから分離することはない。これは「神の意志の喜び」があるためにそうなっている。ガーディアンはあなたに対する彼の無条件の愛に基づいて、それだけのためにあなたと完全に融合しているのだ。

私たちが人間になる過程については「原型」として「聖なる計画」に入っているが、それは私たちの守護大天使の管轄下にある。「元素の大天使たち」は「人間のイデア」の「原型」に基づいて作業を始める。彼らは私たちの守護大天使の持っている青写真のような計画に沿って構築していく。ダスカロスは彼の人生のある時点で、ある疑問を持った。大天使たちは、私たちのために、どこでこの「人間の形（フォーム）」（訳注＝姿、ありよう）を手に入れるのだろう。すると一人の大天使が彼に答えた。

「最愛の者よ、あなたはいつもそれをあなた自身の中に隠し持っているのです。神と一体化しているときでさえ」。大天使の答えはこうであった。「人間の形」は、いつも私たち「スピリット・存在」の中にあり、私たちは人間になる本質をいつも持っていたということである。私たちが、自分の「聖なる本質」に戻り、転生が完全に止んでも、私たちは「人間の形」を失わないのだ。その時点で、私たちは自分の「人間の形」をつくりなおして、いつでもその中に入ることができる。私たちはカルマ的義務からではなく、自分の喜びのためにそれをすることができるのである。

時にあなたの人格が誤った行為に走って行き過ぎたことをすると、あなたの守護天使が介入してくる。この介入は、あなたの行為に対する不同意の表明であり、あなた自身に対するものではない。それはいわゆる良心のとがめであり、それは罰ではなく、あなたを目覚めさせようとする呼びかけである。これが起きた場合には、あなたは真剣に考え、自分の過ちを見つけるために「内省」をする必要がある。そうすることであなたは真実を知り、そしてその問題の原因を見つけることができる。しかし、警告しておこう。まさにこの時点で、あなたのエゴイズムが飛び込んできて、間違った行為を正当化し、悪いことは人のせいにしようとする。あなたのエゴイズムはあなたが気付いている以上に危険なのである。しっかりと見つめて自分の中にある、この人を惑わす力学に気を付けなければならない。この二元性の世界の一方では、私たちは人格の自己認識を知るために努力していて、他方ではエゴイズムが隠れたり弁解したりごまかしたりし、保身に走るようなことをしている。時間をかけ、誠実さをもって歩めば、あなたは自分がそのエゴイズムではないことを発見してそれを矯正し、コントロールできるようになり、数々の無用な問題や苦労を防ぐことが可能となる。

「守護大天使」の仕事は、私たちの体をつくって維持することではない。それは「元素の大天使たち」の仕事であり、「守護大天使」の仕事は、あなたの人格の面倒を見ることである。彼は私たちに対して寛容であり、非常に辛抱強い。私たちの「守護大天使」は「スピリット・魂・自己」と融合しているだけではなく、私たちの人格・自己とも融合している。あなたが透視能力者だとして「守護大天使」とコンタクトをとるとすると、あなたは自分自身を鏡で見ているように錯覚するだろう。あなたと融合している大天使は、あなたと同じ顔と名前を持つ。ただ彼は、あなたのさまざまな弱さと幻想をいっさい持っていない。彼の一部はあなたと融合しているが、もう一部は「大天使の超意識」の状態にある。

「守護大天使」は完璧に澄みきった鏡のように私たちに関してのすべてを映し出す。鏡は、最も美しい花のアレンジメントでも腐りかかったゴミでも同じように映し出すが、鏡自体はまったく影響を受けない。私たちの守護大天使はそのように働く。彼は私たちの善良な想念も邪悪な欲望や想念、言葉、行為も同じように映し出すが、何を映してもそれによって左右されたり影響を受けたりしないので、私たちの罪や欠陥が映し出された場合には、私たちはそれを見て正すことができる。ただしそのためには、私たちはその反射に注意を向けていなければならない。

この反射は肉体の死によって止まることはない。肉体が死ぬと、人は存在のサイキカル次元に行く。その人は自分の良い行為や悪い行為、自分の感情や想念がはっきりと自分の守護天使の鏡に映し出されているのを見る。しかし、死者は大天使を直接見るのではなく、自分の反射した像を見るかもしれない。とげとげしいマイナスの感情や想念を持つ人びとは、この鏡に映った醜い怪物を見て恐怖におびえ、その怪物は何なのかと思うだろう。すると守護大天使はその死者に答える。「映っているのはあなたであり、私ではない。私は鏡で、あなたが怪物なのだ。もっと良い〈自己〉が映るように、あなたは変わらなくてはならない」。私たちの守護天使の仕事は、私たちの想念、欲望、言葉、行為を私たちがよりよく理解して、必要な修正をするために映し出してくれることだ。

残念ながら、私たちは存在の世界に転生すると、一種の記憶喪失にかかってしまい、私たちの「聖なる本質」を忘れ、制限された人間の本質しか分からなくなる。この条件付きの分離の痛みを和らげるためにも、私たちの守護天使は私たちの時間、空間、場所への旅に付き添い、私たちを守ってくれる。彼はいずれ、私たちが自分の真の「自己」とその根源に気付くように私たちを導いてくれる。私たちを記憶喪失から目覚めさせてくれるのだ。

私たちには分離の感覚があるとはいえ、私たちは見捨てられたり見放されたりされることはいっさいない。私たちは、私たちの守護天使の愛と支えを覆い隠してしまうほど強い寂しさのエレメンタルたちを自分の人格に構築してはいけない。守護大天使の存在に私たちが気付くようになると、それは私たちの想像の産物ではないことが分かってくる。彼は遠くから私たちの人生を無関心に監督する存在ではない。彼の伝える根本の教えは、どうやって真に愛するかであり、それは彼の存在を通して明かされる。彼は私たちを助けることによって、他者の助け方を示してくれる。彼の助け方とは、どんな深刻な過ちを起こしても彼は私たちや他者を非難したり批判したり、責任を負わせたりしないところにある。彼の愛と助けは無条件であり、忍耐強く、親切で揺るぎなく、干渉もしない。彼の導きと守護は曖昧でも主観的でもなく、とても実際的で効果的であることに、私たちはすぐ気付くことになる。

たとえば、アメリカで女性の不動産業者を狙う連続殺人犯がいた。彼の手口は、まず販売に出されている物件を見るために業者に予約を取る。いったん中に入ると、彼は相手に銃を向けて強姦してからATMに連れて行き、相手の口座からお金を引き出させたあとに殺害するというものだ。このような凶行を続けた殺人犯だが一度、業者を強姦して、これから誘拐しようとする直前に小さなミスを犯した。彼はおびえた業者のすぐ前にいて、空き家の外に先に出た。その瞬間、女性の守護天使は大きな声ではっきりと、「一歩下がって家に入り、ドアの鍵をかけるのです」と告げたのだ。躊躇することなく彼女は指示に従い、その一瞬で救われたのだった。殺人犯はもう逃げるしかなかった。このように守護大天使の助言は非常に賢く、十分に効果的であることが分かるだろう。そしてこういった話は枚挙に暇がない。あなた自身にもそのような話が一つや二つあるかもしれない。

もちろん守護天使は、「カルマの主人」が私たちに計画した必要な学びから、私たちを守ってくれるということはしない。しかし、特に私たちが彼との意識的なつながりを育て、彼の導きに意識的に協力すると、彼は私たちに素晴らしい救いの手を差しのべてくれる。私たちは皆ある程度、自分たちの守護天使たちとのコミュニケーションを体験しているが、何が起きているかよく分からないこともある。守護天使の真の声なのか、あるいは潜在意識から自分の想念、感情が上がってきているのか、正確に識別するのには「観察」と「内省」が必要となってくる。

守護大天使が私たち一人ひとりに言い、私たちの多くが共通して聞いているメッセージは、次のことである。「私はいつもあなたと一緒です。私はいつもあなたと一緒でしたし、あなたの旅が終わってもう私を必要としなくなるまで、私はあなたと一緒にいるでしょう」。なんと美しい不滅の愛の誓いだろうか。

✝プラクティス――概観

すべての男性や女性、そして子どもたちは自分の「守護大天使」に一日中守られている。夜あなたが寝て夢を見ているときも、あなたの「守護大天使」は眠ってはいない。彼は愛する子どもを見る母親のようにあなたを見守っている。守護天使はあなたと融合しているので、あなたが彼から離れることは一時もない。あなたが「守護大天使」と対話するためにどこかへ行く必要もない。あなたがどこに行こうが彼はそこにいるからだ。必要なのは彼の存在に気付くだけのことなのだ。

あなたが内省したり、瞑想していると、何かの想念や記憶やイメージが表面に上ってくるかもしれない。それは快いものかもしれないし、あまりそうでもないものかもしれないし、脅威となるものかもしれない。このような事が起きたら何もせずに、何が表面に上ってくるのか観察だけをしなさい。しばらくすると、あなたは内なる対話が起きていることに気付くかもしれない。それは何か示唆を与えてくれる考えかもしれない。あなたはその対話を誰と行っているのだろうか。あなたはそうやって少しずつ、あなたの守護天使と意識を持ったコンタクトをとることができるようになる。

あなたの本当のガイド、あなたの「守護大天使」はあなたの中にいる。そのガイドはあなたが理性を使うように導いてくれている。人がインスピレーションを受けるとき、そのインスピレーションはどこからやって来るのだろうか。作家や音楽家や芸術家は女神ミューズによってインスピレーションを受けたという。ミューズはギリシャ語に由来し、あらゆる詩人や芸術家にインスピレーションを与えた知の源泉の女神のことだ。ほとんどの場合、インスピレーションはあなたの知恵ある兄弟ガイド、あなたの「守護大天使」から来ているが、あなたの成長を見守り、助けている他の知恵者の場合もある。つまり、あなたがガイダンスを必要とするとき、あなたの守護大天使からでも、あるいは、あなたと仕事を同じくする他者から得ることも可能である。

さて、あなたが助けを必要としたとき、守護大天使を呼んでお願いをし、良いタイミングで答えが来るのを待ちなさい。その答えはあなたがお願いをしたその瞬間に来ないかもしれないがそれは必ず来る。あなたはその答えが来たらちゃんと分かるように、受け入れる姿勢を心がけ、自分をオープンにして注意深い状態にいる必要がある。そうやって問いを投げかけ、観察し、祈るのだ。

✝プラクティス――自分の守護天使と対話を始める

完全にリラックスして、あなたは自分の肉体にいることを感じてください。それは神の寺院です。深呼吸をして感情を静め、想念を静めてください。

まず自分に次のように聞きます。「私は呼吸をしています。私は深呼吸をし、それがしっかりできています。私は肉体に生きているのを感じます。しかし、私はいったい、誰なのでしょう。私は何なのでしょうか。

私には名前があり、女性か男性ですが、私はそれなのでしょうか。それともそれ以上なのでしょうか。私は誰なのでしょう。私は何なのでしょう」。真剣に自分に問いかけてください。でも、自分自身でその答えを出そうとしないでください。誰が答えを出してくれるのでしょうか。あなたが理解できると分かれば、「守護天使」が答えてくれます。

時間とともに、「守護大天使」はあなたの直感と目覚めを通して答えてくれます。しかし、まず問いかけなくてはなりません。キリストは約束しました。「求めなさい。そうすれば、与えられる。門をたたきなさい。そうすれば、開かれる」と。ですから、あなたは自分自身に、そして自分の守護天使に尋ねてください。「私は誰なのでしょうか。私は何なのでしょうか」。あなたが理解できる一番のタイミングであなたの守護大天使は答えるでしょう。**「愛する者よ、あなたは神です。私たちは神です。目覚めなさい」**と。

この対話にもっと深く入り、次のように聞いてください。「私は肉体の死を怖がるべきでしょうか。肉体が死ぬと私の自己も存在しなくなるのでしょうか」。答えはこうです。毎晩、あなたが夢のない深い眠りの中で無の状態に入っていると思い、そう感じているとき、あなたはその間、存在しなくなったように見えます。ところが、あなたは毎朝自分を再構成して、肉体に入りなおすのです。そのことをよく考えてみてください。

深い深呼吸をいくつかして、再び肉体に戻ってきたと感じてください。

15章 大天使のキス

人間の自己意識とは異なる「大天使的自己」を持つ大天使の諸階級についてだが、それぞれの階級に違いがあるのだろうか。そこにはむろん大きな違いがある。大天使の階級には「大天使的・自己」というものがある。何十億ものミカエルたちが火と光を司るミカエルの階級を構成している。そして何十億ものガブリエルたちがガブリエルの階級を構成している。そして何十億、さらにまたその何十億ものラファエルたちがラファエルの階級を構成している。そしてそれぞれの大天使には、それぞれの「大天使的・自己・意識」がある。しかし、彼らは互いに少しも異なることはない。彼らは自分たちが同じであると感じている。ある階級の大天使を一人知ることによって、その階級のすべての大天使たちを知ることになる。大天使たちの意識は融合している。したがって、一人のガブリエルはすべてのガブリエルたちを代表していて、一人のミカエルはすべてのミカエルたちを代表している。ところが人間の場合は、一人の人間は他の人間（の人格）を代表することはない――ダスカロス私たちの守護天使が、私たちの人格を見守り、面倒をみてくれる間、「元素の大天使」と呼ばれる階級の大天使たちが私たちの三つの体の面倒をみている。彼らの仕事ぶりは私たちの傷が癒され、骨が修復されていくことで証明されている。自分の体の中では、体温や健康や活力に彼らの存在を感じることもできる。心臓の鼓動や不随意の呼吸の流れに彼らの脈も感じられる。

13世紀、聖トマス・アクィナス（訳注＝イタリアの神学者。ドミニコ会士）はこう表明した。「天使たちは、すべての宗教、すべての哲学、そしてすべての教義を超越している。実際、私たちが知る限り、天使たちには私たちが宗教として知るものは何も持っていない。彼らの存在は地上に存在したすべての宗教的体系以前のものである」。大天使というのは古臭い神話の理論的な抽象的産物ではない。彼らは、私たち一人ひとりを愛し見守り、絶えずともにいる「スピリット・存在」である。ダスカロスと真理の探究者にとって、彼らは私たちがよく知り愛する「スピリット」の真の兄弟である。私たちの三つの体で働く七つの大天使の階級は「元素の大天使たち」と呼ばれている。その名前で呼ばれている理由は、彼らが土、火、水、エーテルの元素を使って私たちの三つの体のほか、すべての宇宙を構築し維持しているからである。これらの階級の中で、ある階級は他のものよりアプローチしやすいものもある。

大天使たちは神と融合した状態から出ることはなく、人類のようにそのワンネス（訳注＝一体となっていること）から分離されて、「一時的存在の世界」を体験することはない。私たちは人間になる過程で、私たちの「永遠のスピリット・存在・自己」である1本の光線が、分離の世界に投影される。「私たちの」と言うが、それは完全に正確な表現とは言えない。人格・自己としての私たちにとって「スピリット」または「魂（ソウル）」も人格に属すのではなく、逆なのである。この投影は仮の表現である。時間、空間、場所での一時的な存在である。これが人間の本質であり、自分が「真の自己」だと信じているものはこの人間の本質である人格の自己のことである。

人間が「分離の世界」（複数）にいるとき、「元素の大天使たち」は絶えず人間の面倒をみている。大天使たちがどのようにマインドの超資質を活用しているかによってその働きは異なる。アプローチしやすいのはこれらの大天使たちである。

・大天使ミカエル。主要な元素は火。ミカエルの振動は光、火、そして赤のすべての色合い。火は太陽の熱であり、地球の核の部分。私たちの体内でミカエルは温かい赤い血を供給してくれる。

・大天使ガブリエル。「地球の魂」。この階級の大天使たちは、私たちの惑星表面の75パーセントを覆い、肉体の75パーセントを構成する水とその他の液体を支配。ガブリエルは私たちのサイキカル体に平和と調和をもたらす。彼の色はスカイブルー、空色。

・大天使ラファエル。ガブリエルとミカエルの協力の結果、ラファエルが存在する。彼の色は薄紫であり、それはエーテル・バイタリティーとその電磁気の力を象徴。エーテル・バイタリティーはラファエルの元素。彼は私たちの体に力と強さをもたらす。

・大天使ウリエル。すべての「元素の大天使たち」の仕事を調整。彼は白銀に振動する。ウリエルは私たちの三つの体それぞれの中、そしてそれぞれの間にも秩序と調和を維持する。マクロ・コスモス、そしてミクロ・コスモスの両方にバランスをもたらす「偉大なバランス調整役」。

これら四つの大天使たちはキリスト教、イスラム教、ユダヤの諸聖典、それ以前にはペルシャやエジプトの文化に登場する。英語のArchangel（アーク・エンジェル、大天使）のarchの語源はギリシャ語で、「主な」または「チーフ」を意味しているのでArchangelは「天使のチーフ」という意味である。大事なことは、人間が大天使たちに名前を与えた訳ではないということだ。彼らの名前はそれぞれの振動する実際の音であり、大天使たちと直接接触した者たちによって報告されたものである。たとえば、古代のエジプト人たちによると、大天使ラファエルはRa—Fa—Elとして知られていた。エジプトの言葉でRaは「太陽」、Faは「振動」、Elは彼らと同様にヘブライやその他の文化でも「神」を意味する。つまりRa—Fa—Elは「太陽の振動の神」を意味する。彼はエーテル・バイタリティーの主で、私たちにエネルギーと力を与えてくれる。

どの階級の大天使たちもその階級で1個のシステムを構成するが、「人間」は何十億もの個人で構成された種族である。ギリシャ正教の教会はこのことを教会の礼拝のときに話すことがあるが、地球上でこの意味の分かる人はどのくらいいるだろうか。このシステムの「大天使の存在たち」のそれぞれが同じクラスの他の者たちと等しく同じであることを意味する。彼らは同じ振動の幅を持つ。無数のミカエルたちはお互いにどこをとってもそっくりだ。無数のガブリエルたちもそれぞれが同じで互いに識別することはできない。

ある大天使たちは人間の姿をとり、肉体を持って地上に現れることがある。それはカトリックの聖書にも記録されているし、他の系譜の聖典にも記載されている。彼らは以前からそうしていたし、現在もそうであり、人間のために、そして「聖なる計画」を遂行するために将来にわたってそのように現れつづけるだろう。彼らを見た者たちによると、彼らは普通、羽根のたくさんある翼を持たない若いハンサムな青年として現れるという。「彼らは鳥ではないからね」とダスカロスはよく冗談で言うのだった。彼らにあるのは両肩から放射される輝く光である。それが芸術家によって翼として描かれてきたのだ。

一度、ストアのレッスンでダスカロスは次のように言った。「他の真面目な宗教について学ぶと、ほとんどが大天使や天使のことを述べているが、〈創造〉における彼らや彼らの働きについてあまり語られていないことが分かる。もしかすると他のマスターたちは、そのことを明かすのを躊躇したのかもしれない。しかし、人びとがその真理をすべて知る時が来たのだ」。

ダスカロスはそこで少し間をとって参加者を見渡し、静かな声でこう言った。「人間も大天使の階級から来ているんだよ」

そして、自分に挑戦しているかのように、とてもしっかりした声で語った。「なぜ、私はそのことを知っているのだろう。本を読んで知ったのだろうか。そうではなく、大天使たちにコンタクトして彼らを直接知っているからだ」

大天使の階級に関するこの啓発的なレッスンの意味をもっとうまく伝えようと、ダスカロスは補足した。

「一つの例をあげてみよう。色のない白い光がある。それがプリズムを通ると白い光はスペクトラムの色になる。光は赤、青、黄色などとなるのだ。同じように〈スピリット・存在〉はロゴスを通り、〈聖なる計画〉による大天使の階級に分類されていくのだ」

スペクトラムという言葉はラテン語であり、「外見」という意味を持つ。私たちはプリズムを通し、白い光から七色の光が現れるのを見る。プリズムが七色をつくったのではない。プリズムは、白い光の中に本来備わっている色が出現することを可能にしただけだ。同じように、「命・光」の光線は、「スピリット・存在」から放射され、「神の意志の喜び」というプリズムを通って七つの大天使の階級が現れる。スペクトラムの光線と同じく、輝かしい階級の大天使たちはつくられたのではない。彼らは輝く光線が「聖なる計画」の中にある「大天使の原型」を通るときに現れるのだ。

大天使たちは神との「アト・ワンメント」を失わずに、自分がつくり、統治する宇宙に自分たちを投影する聖なる「スピリット・存在」なのだ。大天使たちは絶えず「永遠の今」にいるため、私たち人間が理解するように時間を理解していない。逆に、他の「永遠のスピリット・存在」たちは自分の「永遠の自己」の光線を「永遠の存在」の領域から延ばして、時間、空間、場所、つまり「一時的存在の世界」に人間として転生してくる。人間として私たちは神と分離している感覚があるが、大天使たちにはそれはない。人間としての転生を完成すると、大天使たちが永遠と理解することのない形で、私たちはすべての転生の体験によってより豊かになり、「永遠の存在」の領域に帰る。大天使の階級から生まれることによって、人類は他の大天使たちと本当の兄弟になる。

さて、二人の兄弟について想像してみよう。彼らは誕生してからいつも光に満ちた部屋に暮らしてきた。この状況で彼らは光が何であるか理解できない。暗闇を体験しない限り、彼らは光を本当に理解することができない。一人の子どもを一時的に光から出して夜の暗さを見せてやる。するとその子は、暗闇を見たことのない自分の兄弟よりも光をよく理解することになるであろう。

同じことが大天使と人間に当てはまる。大天使たちは、光の領域から二元性の世界に入って暗闇の現象を体験することはない。彼らは「一時的存在の世界」に生きる人間のように、神からの分離を感じることは永遠にない。しかし、人間は光の領域に戻ったときに明らかに有利である。彼らは、創造された「一時的存在の世界」について大天使たちよりも完全に理解しているからだ。すべての転生を通して、大天使たちは過去、現在、未来にわたって私たちの愛情深いコンパニオンであり、ガイドでありつづける。私たちが彼らの仕事や導きに協力すると、大天使たちは喜びを感じる。私たちが彼らを理解し、もっとよく知る時が来ている。

大天使の階級がいくつ存在しているのか知る人はいないかもしれないが、過去のマスターたちが自分の意識を十分に高いレベルに引き上げて、聖なる大天使たちとコンタクトをとったときのことを私たちは知っているし、私たちからコンタクトをとって彼らを直接知ることもできる。人間の知性で理解できるのは、「大天使の存在」には異なった階級があるということである。大天使たちはどのような仕事をするかによってその基本的な地位を得る。他の大天使たちもどのような仕事をしているかによって、二次的、三次的な地位を得る。

人間が最も高い階級の大天使たちについてあまり知らないのは、彼らが自分の本質を変えずに絶えず「絶対存在」という神の中にいるからである。彼らは具現化された現象の中ではなく、その裏にある「法則と原因」の中で働いている。

キリストはこのように言った。「あなたがたは神だ、あなたがたは皆いと高き者の子だ。」（詩編82―6・口語訳）このことで分かるように、私たち人間は「スピリット・存在」として大天使たちに劣ることはない。素晴らしい知性の持ち主である兄弟たちは、私たちに「自己性」が何であるか理解することを手助けしてくれる。「スピリット・魂・自己」は神であって、矛盾した長所と短所によって構成された限定された人格だけではない。「元素の大天使たち」はその偉大な仕事をどこで行っているのだろう。どこでもだ！　彼らには大天使的な「超意識」があり、それによって時間、空間、場所の概念の外での活躍が可能となる。三つの体から自分を解放するために、3回のエクソソマトーシスを行うことによって、やっと大天使と同様の「超意識」を持つことができる人間にとっては、このことを理解するのは容易ではない。

前に述べたように、私たちの守護大天使は絶えず私たちとアチューンメント、そして「アト・ワンメント」の状態にいる。他の大天使たちは、私たちと「アト・ワンメント」にはいないが、私たちは彼らに近づき、アチューンメントすることは可能だ。大天使ミカエルに近づくと、私たちは彼の温かさを感じる。大天使ガブリエルに近づくと、私たちは彼のやさしさを感じることができる。大天使ラファエルの表現はより豊かなので、私たちが彼に近づくと、彼は瞬時に反応するため、私たちは武者震いやエネルギーの急速な流れを感じるかもしれない。

時に大天使たちは私たちにキスをする。彼らがキスをしてくれるとき、彼らは私たちを抱きしめている。それは、彼らが私たちのエーテル・ダブルに入るため、私たちが彼らの愛情と光が自分の中で輝いているのを感じるということを意味する。どうやってそのようなことが起きるのだろうか。大天使たちには大天使の姿があるが、どのような姿でもとることもできる。時々、彼らは「人間の形態（形）」をとることを好む。人間の形態には脳とか心臓とかの臓器が必要とされないが、その同じ場所に脈を打つ放射のセンターがある。彼らが私たちのエーテル・ダブルの中に入って私たちを抱きしめると、彼らのハート・センターの脈打つ放射が私たちのハート・センターと調和する。これが彼らからのキスである。これが起きるとき、あなたは暑い太陽のもとで溶けるバターのようになり、愛しか感じられなくなる。純粋な自我のない愛は、愛以外のすべてを溶かしていく。もしあなたが彼らに自分を委ねることができれば、ダスカロスが「甘い眠り」と呼んだ経験をするかもしれない。これがあなたに送られる完璧な愛のキスである。

✝プラクティス――概観

これらの研究を誠実に行い、鍛錬を受けようと志す者たちは、大天使たちと意識を持ってコンタクトがとれるようになる。彼らと波動を合わせることによって、私たちは彼らに届くことができると彼らは私たちに教えてくれる。自分の感情や想念を静めることができると、私たちは彼らと波動を合わせることができる。

私たちはアチューンメントの異なったレベルを通して大天使たちに近づくことができる。このパワフルな技を学ぶために、私たちは自分が学びたい事柄に波動を合わせることから始める。まず簡単な事柄に波動を合わせることをする。そしてより高次の事柄へと合わせていき、それから聖なる大天使たちに合わせる。大天使に波動を合わせるために、私たちは自分の波動、私たちの意識を彼らのレベルにまで引き上げることが必要となる。彼らに来てもらうことを期待してはいけない。彼らとコンタクトがとれると、彼らは自分独自の元素である、火、水、そしてエネルギーについて進んで教えてくれようとし、教えたいと思ってくれる。

彼らに教えてもらうためには、私たちはその資格を得なくてはならない。そうすれば、彼らは地上のマスターには教えることが許されていないことまで教えることができ、教えてくれる。しかし、そのためには彼らに向き合うこと、彼らの色の振動を通して彼らのオーラに入り、彼らの知恵を味わうことだ。これがアチューンメントである。私たちは色を使って、あるときはそれを光として、あるときには炎として、またはあるときは完全な大天使の姿として、視覚化のプラクティスを行う。彼らとコンタクトをとるために、私たちは視覚化の中で彼らの色や色合いを再現する必要がある。そうしないと、私たちは大天使たちや天使たちのさまざまな地位を知ることができない。階級の大天使たちへの意識を育て、彼らに協力する能力を開発するためにたくさんのエクササイズや瞑想があり、それはダスカロスの『エソテリック・プラクティス』（ナチュラルスピリット）や『光界への門』（エドコム株式会社）の著作で紹介されている。

多くのエクササイズは、視覚化したピラミッドの中で行われるが、そこは特定の瞑想のための私たちの仕事場のようなものだ。私たちはサイコ・ノエティカルな光で構成される四面ピラミッドの中で、私たちは聖なる存在たちと親密にコンタクトをとることになる。ピラミッドの中央にまっすぐに立つと、大天使ミカエルは私たちの右側に現れ、ラファエルは左側、そして後ろにガブリエルが現れる。ウリエルは形をとらずに、ピラミッドの床から生ずる霧の雲のような白銀の光として現れる。目の前の三角形は、父なる神、「キリスト・ロゴス」と聖霊の空間である。

アチューンメントができるようになると、その後は訓練して「アト・ワンメント」に入ることができる。「アト・ワンメント」は彼らと一つになるということで、彼らの「自己・意識」と自分の自己意識が同化することを意味する。私たちと私たちの兄弟である大天使たちを分離させているのは、実際に私たちの無知であり、真理の探究がその無知の霞がかった覆いを焼き払ってくれる。

✝プラクティス――大天使の瞑想入門

体を完全にリラックスしてください。聖なる大天使たちはその体をあなたのものだと言ってくれますが、本当は彼らのものであり、あなたのものではありません。自分のものと呼んでください。あなたはその中に生きています。さあ、呼吸をして、自分が足のつま先から額まで自分の肉体にいるのを感じてください。

あなたは自分が肉体にいるのを感じていますが、あなたは自分が誰であるか、まだ分かっていません。

あなたがいま感じているのは自分が肉体に生きていることだけです。その体は「聖なる元素の大天使たち」が面倒をみてくれています。あなたの頭髪はすべて数えられています。大天使たちが1本ずつそれを育てています。あなたは知らなくても大天使たちは知っています。彼らはあなたの肉体の中で働いています。そして彼らは、あなたがそれを自分のものとして使う権利をあなたに与えています。

この瞬間、大天使たちはあなたの中で働き、あなたを愛し、肉体の臓器がすべてきちんと働くように見届けています。あなたが見ることを可能とするために目の健康を維持してくれています。心の中で彼らに感謝しましょう。彼らは分かってくれ、満足してくれるでしょう。

聖なる大天使たちはあなたのハートの中に生きています。そこであなたは「元素の大天使たち」と呼ばれる偉大な知性の持ち主たちとコンタクトがとれます。彼らはあなたの三つの体の中で休むことなく愛情を持って働いています。あなたは彼らに何をあげることができますか。何もあげられるものはありません。彼らはあなたに何を与えてくれますか。すべてです。彼らはいつも私たちを愛し、いつも私たちが彼ら一緒になることを待ってくれています。

16章
時間と空間を超えて

存在していたもの、発想されたこと、考えたこと、そして惑星地球に生きたものはすべて惑星の「宇宙意識」である「惑星宇宙意識」の中に入っている。それはもちろん太陽系全体の「太陽系宇宙意識」とは別である。そして、さらに多くのものが宇宙（複数）の「宇宙意識」に含まれている。したがって、すべての人の中に個人的かつ共通の「宇宙意識」があるが、同時にすべての事柄は惑星の「宇宙意識」に記録されている。なぜ「宇宙の（コズミック）」と言うのだろうか。それはマインドの「絶対超」資質だからである。

過去の悟りを開いた者たちは、「宇宙意識」の中に何を見たのだろうか。彼らは地球、そしてそのいくつかの状態を見た。初期の頃には火山活動や厳しい大気の状態があり、生息するのに過酷な環境だった。それらをすべて見ることができる。その時代に即したさまざまな生命現象をそこに見ることができる。巨大な蛇のような動物同士が攻撃しあっている姿などだ。それから、人間が洞穴にいるのが見える。彼らは周囲の野生動物から身を守り、小動物を殺して食料とするためのこん棒を手に握っているのが見

教え

物質宇宙の創造に関するダスカロスの描写を理解するためには、彼がどこでどうやって研究を行ったかを知ることが重要である。ダスカロスは彼のレッスンで、何かについて一番の確かな情報は「宇宙意識」や「宇宙の記憶」、いわゆる「アカクック・レコード」と呼ばれるものの中にあると頻繁に強調した。

現在、そして過去において、高いレベルに意識を引き上げることのできた神秘家たちは「宇宙意識」にアクセスすることができた。私たちは神の記憶としてそれを考えることができる。そして神はすべてを覚えている。文字通り、地球または太陽系や銀河系、そしてそれを超えたところのすべてが完璧に「宇宙意識」の「聖なる記憶」に記録されている。そこに記録されているのは、物質宇宙の事柄だけでなく、そのサイキカルやノエティカル世界で起きたことも含まれる。このようにして、神秘家または誠実な真理の探究者は「宇宙意識」とコンタクトをとり探究することができる。

この聖なるアーカイブ（保管庫）の中で、過去に起きたどのようなことでも生（なま）の光景として見ることができる。平な映画のスクリーンに映し出される二次元的な光景ではなく、神秘家はその出来事が起きている瞬間に三次元的な光景として直接に体験する。その光景は出来事に関連したすべての詳細を含むものだ。人びとが動いたり、働いたり、話している姿をあなたは見ることができる。その時にいた鳥やその他の動物、虫までがそこにいる。別の神秘家が同じ記録された光景を見るとしたら、まったく同じ記録を見ることになる。なぜなら、それは記録だからだ。すべての人の行為、想念、欲望や言葉はこの記録に完璧に保存されている。私たちは自分たちがこころに抱き、表現する想念、欲望や感情によって、絶えず「宇宙意識」の質に貢献している。

すべての人は、心理学でいうところの潜在意識というものを持っている。ここに私たちが一生の間、見たり、聞いたり、感じたり、考えたり、行なってきたことのすべてが永久に記録されているが、それはほとんどの場合、アクセス不可能となっている。私たちが見ても注意を払わなかった事柄も完璧な正確さをもって記録されている。したがって、私たちの良い想念も、あまり良くない想念や気持ちも同時に「宇宙意識」と自分の潜在意識に記録されている。その願望あるいは想念が行動となったかどうかに関係なく、それはとてもリアルである。それゆえ、それは心と頭に永久に誠実に記録されている。

古代の頃から、神秘家やヨガ行者、聖者、マスターたちは、「宇宙意識」の驚くべき記録能力について語ってきた。この宇宙の記憶の中には、創造されたもののすべての記録が保存されているのだ。マインドの刷り込みの性質によって、私たち個人の記憶と同じように「宇宙の記憶」の中に記録されていくのだ。

私たちのそれぞれの転生は生きた記録として永遠に宇宙の記憶に刻まれている。すべての人の転生についてのすべての詳細がそこに記録されている。しかし他の記録と同様に、それにコンタクトするマスターは、その元の刷り込まれた記録を変えることはできない。私たちは皆、新しい人生のたびに新しい記録を刻んでいく。新しい転生のたびに私たちの記録している内容の質がより洗練されていくことが理想だが、宇宙の記憶に一度貯蔵された記録は修正することはできない。フィクション作家が未来を変えるために過去に戻って過去の出来事を変更したりするのはフィクション以外の何ものでもない。

何十億年も前、私たちの太陽系が創造されたときに何が起きたか見るために、神秘家は遍在する「宇宙意識」に入る必要がある。この「宇宙の記憶」に入るためにどこか特定の場所に行かなくてはいけないということではない。それにコンタクトするためには意識を十分高いレベルまで上げ、それができれば今度は実際に生起したときまで時間をさかのぼらなくてはならない。パワフルな集中力を持つマスターなら、はるか昔の文明のエーテルの記録に入り、起きたことすべてを見ることができる。

物質世界全体はマインドの「超資質」の中にあり、それは常にすべて起きていることを記録している。ダスカロスの創造の説明は、彼が宇宙の記録を直接に読んだことから発している。彼は「超意識」の状態の中でそれを行う。ダスカロスは、「遠い昔の記録を見つけるためにはその能力を開発し、時間と遊ぶことだ。何世紀もかかったことを数分で見るのだよ」と説明した。神秘家が過去の出来事すべてを見ることができるのは、過去でさえも「永遠の現在*」にあるからだ。「宇宙意識」に記録されている何千年にもわたる出来事は数分で見ることができるのだ。

神の表現の主たる特徴の一つは運動、振動である。ダスカロスは、物質宇宙の創造のとき、まず「マインド・超資質」が運動の中にあったと描写する。ダスカロスは自分のリーディングで、「マインド・超資質」の塊が自転をしながら、はじめに炎の光の元素として現れるのを見た。それが物質宇宙とすべての銀河系、太陽系、そして惑星のはじまりだった。この時点で、物質宇宙は拡大しはじめたのだ。

この巨大な炎の光のボールは想像を絶する勢力と軸回転を持っていた。それは回転しながら、たくさんの光と火の玉をあらゆる方向に飛ばしていった。これらは中央の太陽や何十億もの3次元宇宙の銀河系の核となっていった。再びこれらの燃える太陽は同じプロセスを繰り返し、驚くべき速度で回転しながら、もっと小さな火の玉を大量に飛ばしていき、それらは一つの銀河系を構成する個別の太陽系の何十億もの太陽となった。私たちの太陽はその一つなのだ。そして、これらの燃える太陽はその軸回転をしながら、さらに小さな火の玉を飛ばしつづけ、数千世紀もかけて冷えていくとそれは惑星となる。これらも一つかそれ以上の燃える火の玉を飛ばして、それは冷えていくと惑星の月となる。これらの天体は、それらを飛ばした燃える球体からある程度の距離を保って安定していった。それぞれが、そのサイズ、速度、質量にあった回転を見つける。すべてはバランスと秩序の普遍的な法則のもとで、求心性と遠心性の物理的な法則に従っている。

古代のヒンズーの創造神話においては、創造の神ブラフマンは息を吐き出すときにすべての創造物を具現化する。この物語では、ブラフマンがそのうち息を吐き出すのをやめて息を吸い込みはじめ、宇宙が元に戻るプロセスに入るまで、宇宙は拡大しつづけることになっている。息を吸い込むと宇宙は破滅する。ブラフマンはもう一度息を吐き出し、それによって宇宙はまた再生される。宇宙のこの創造と破滅は大変な時間をかけて続いていく。この創造の神話は、何千年も前のものでありながら、その基本は現在の科学的説明と、偶然にも同じである。

さて、ダスカロスの説とヒンズーの神話に基づく創造の物語、そして現代科学の見地を比べてみよう。スティーヴン・ホーキング（イギリスの理論物理学者。数学者）はヒンズー神話に似たシナリオの、「高温ビッグバン（ホットビッグバン）」という説を紹介している。その理論によると、最初にプラズマ（超高温に熱したガス）がとても小さい容量に凝縮されていた。小さな空間の中で、このプラズマを重力で圧縮したところ、想像を絶する高温に達した。この超圧縮された高温ガスの状態はエネルギーに満ちて、「高温ビッグ・バン」と科学者が呼ぶ爆発を起こした。この広大な爆発により、銀河系や太陽や惑星が生まれ、長い年月をかけて固まっていった。最初のビッグバンを発端として宇宙は拡大しはじめた。現在、それはまだ拡大しつづけていて、宇宙が冷えていく間も、銀河系間の距離や銀河系の中のすべてのもの同士の距離が増大している。これはダスカロスや別の神秘家たちが、自分たちの探究に基づいて話していた内容に対応している。これは驚くようなことではない。科学的な研究は神秘家がすでに述べたことを検証していることが多いからだ。科学が血液の循環系や神経系を発見する何百年も前から、インドや中国やその他の神秘家たちがそれらを詳細に描写していた。

伝統的科学によると、この拡張する宇宙はいつの日かその限界に達して推進力を失い、ゆっくりと元の姿に崩壊していくと理論立てている。科学者たちは、宇宙の惑星や太陽や銀河系がすべてその原点に戻っていくと推測している。ヒンズー教で比喩的にそう呼ばれているブラフマンの息のことである。宇宙のすべてのものが原点に戻ったところで、創造を絶する重力がすべての物質を圧縮して高温ビッグバンが再び生じるのだ。そして再び新しい物質宇宙は外へ拡張しはじめ、限界に到達すると再び崩壊するのだ。この3次元の創造の科学的理論は、古代ヒンズーの神話にある創造物語に驚くほどよく似ている。

ダスカロスの説に戻るが、はじめの頃、これらの光の燃える球体は火の元素しか具現化していない。しかしこの炎の光の中に、まだ具現化していない状態で他の元素たちが含まれている。太陽系の太陽から一つの燃える玉が絶対零度の宇宙に回転をしながら飛ばされ、長い時間をかけて冷えていき、私たちの仮の住まいである地球となる。それはうまくバランスのいい位置を見つけ、私たちの根源である太陽から特定の距離を保ってその軌道をまわっている。何千年もの月日をかけ、この火の玉の表面は冷えてくる。その表面が冷えてくると地殻が形成されそれがひび割れして、解けた溶岩が放出されそれが冷えていき、また地殻が形成されるとまたひび割れ、再び多くの溶岩と息の詰まるようなガス雲が放出される。この時期には文字通り何百万もの活火山が存在していた。

このプロセスは数百世紀も続いた。このプロセスの間に放出されたガスは重力によって新しく形成された惑星の周囲にとどまった。水の元素は火山から上がってきた煙とともに、雲の輪をいくつも形成していった。七つの雲の輪が形成され、それは地球の3分の1ほどの面積を覆った。これらの巨大な雲堤は動きながら互いにつながりあって地球を包み込む覆いとなり、そしてあまりに厚くなったために太陽の光線がそれを貫くことが不可能となった。当時、地球の地殻はとても熱かったが、水蒸気を重く含んだ雲が地上何千キロにもわたってかかっていたため冷えはじめた。これらのガスは地球と雲の間に原始的な大気を形成した。そのうち雲に含まれた水蒸気は凝結して何回もの大雨を降らせ、雨は熱い地上に降り注いだ。これは地上に新しい状況をもたらした。雨は地球の熱い表面に当たって地球を冷やし、そして水蒸気となって大気に戻り、再び雨になる。こうして繰り返し雨が降り注ぎ、このサイクルがずっと続いたのだ。このプロセスによって、海、湖、河川が形成され、地球に生命が誕生するための必要な化学的条件が整った。最後の大雨が降るまでに、新しい環境が整えられていた。こうして形成された地球は、その軌道が太陽から9300万から9500万マイルとなっている。これは生命をサポートするのに適した完璧な距離だったのである。この距離から少しでもずれると、この惑星は生命が住めないものになる。

聖書で「エデン」と呼ばれるもっと上等な環境からやって来た人間は、地球に個体として生きることになった。旧約聖書によると、大天使ミカエルは回転する火の剣を持ち、神の命令に従わなかったという理由でアダムとイヴをエデンの園から追放してしまう。なぜ人間が地球に住むようになったかという説明として、「人間の堕落」を語る神話について、ダスカロスははっきりとこう言っていた。「ナンセンスだ！ これは〈聖なる計画〉なので「堕落」などは存在しない。それはユダヤ人の創作だ。違う！ これは〈聖なる計画〉なのだ」

聖書を見ると、大天使ミカエルがエデンの園からアダムとイヴを追放すると、彼らは「皮の服」を着ていたと書かれているが、それは肌のある肉体を持って転生したことを象徴的に語っている。物質宇宙に何千億という銀河系の数、そして何千億もの太陽系があり、それらの太陽系にも数多くの惑星があるので、私たちの惑星だけに人間や動物という生物がいると考えるのは目先のことしか見えない自己中心的なスタンスではないだろうか。同じ物語は3次元の宇宙で繰り返し起きているのだ。

したがって、「宇宙意識」の中で創造というのは、まず最初に、火の元素から始まり、それから他の元素がそこから具現化する。古代ギリシャの哲学者ヘラクレイトス（紀元前約540年〜475年）は、すべての物質の原初的根源が火であると考えていた。火の元素が熱や光として表現されることを私たちは知っている。光とはいったい何だろうか。私たちが光と呼ぶものは、肉眼によって感知できる小さな範囲のエーテル波動であり、電磁放射である。その範囲の上や下のものを私たちは黒と呼び、それは単に私たちの知覚では感知できないものである。私たちは学校で、私たちの見ているものより少し低域にある光の周波数を赤外線と呼び、それより高域のものを紫外線と呼ぶことを学ぶ。私たちには黒として見えるが、実際は光である。音も同じであることを私たちは学ぶ。人間の耳は比較的に狭い幅の音をとらえることができる（110～880ヘルツ）。肉体の耳が聞こえない音を静けさと呼ぶ。同じように、私たちが個体と呼ぶものは、私たちの触る感覚で感知できる狭い振動の周波数である。私たちは触ることによって固体の物質を理解している。物体が私たちの手と同じ周波数で振動していれば、それは私たちにとっては固体である。サイキカルやノエティカルの世界を構成するそれぞれの資質は、私たちの肉体よりも高い周波数を持つので、私たちの手などの感覚では感知できないものである。

もう一つ別の観点から見ると、最も高い周波数が私たちの理解を深めてくれる。マインドは光であり、この光は人間が感情や気持ちとして理解しているような低い状態の光とは異なる。これらの低い周波数は、引かれたり反発したりする感覚を私たちに与える。より低い状態として、光は物質の世界では火や太陽から来るエーテル波動としてである。このレベルでも光には大きな違いがある。燃えている丸太からの光もある。その光は、私たちが太陽と呼ぶ核融合炉から来る光と同じなのだろうか。すべては光と暗闇に分けられるだろうか。本当の暗闇は存在しない。すべてはマインドであり、この「マインド・超資質」は光である。マインドによって創造されるすべては、異なった振動率を持って現れた光だということだ。「一時的存在の世界」のすべての次元、ノエティカル次元からサイキカル次元、物質次元、そしてそれらのエーテル・ダブルが存在するのは、それらの中に光があるからだ。「スピリット・魂」として私たちは「永遠の聖なる光」であるが、「一時的存在の世界」に生まれる人間として私たちが暗闇として経験する光とは、私たちが感知できない光である。私たちは感知不可能な光を暗闇として誤って解釈しているのだ。

光はその強さ、または光の度合いによって七つに分類できる。私たちにこの七つの光の度合いがあるように、私たちには光の七つのベールまたは影がある。影が存在するため、まず現実である光がなくてはならない。そして影が落ちるところの表面が必要になる。光と影の中間には、影を生じさせる何かが必要なのだ。暗闇と影は現実ではない。たとえばエジプトの王家の谷には、もうはるか昔に封印された墳墓が数多くある。何千年もの間、この墓の中に光が入ることはなかった。墓の壁と天井が光を遮断していたので、砂漠の太陽が周囲を光で焼きつけるように照らしている間、墓は「暗闇」に閉ざされていた。考古学者によって墓が開けられ、太陽の光にさらされたときに暗闇は散った。もしも影や暗闇が現実に存在するものであれば、光が入った瞬間、それはどこに行ったのだろう。影や暗闇は本物ではない。何が本物かというと、それは光であり、暗闇との中にあって影をつくるものだ。

過去にも現在でも影を超えて、「自己への目覚め」の光を得た者たちも多くいる。しかし、人類の大半は、光り輝く「スピリット・魂・自己」の影でしかない、時間、空間、場所に生きる人格・自己に意識を集中させている。現在、そして過去に、彼らは幻想を信じ、真の「自己」の影が表現しているもの（想念、気持ち、欲望や行為）が自分であると誤解している。「スピリット・魂」として、私たちは影に役を与えている「生命・光」なのである。

光の作用とはどんなものなのだろう。もしあなたが月のない夜の暗闇にいたら、あなたはまわりに何があるか見えないだろう。それは肉眼の視覚を刺激する十分な光がないからだ。しかし、大量の可視光線を放つ太陽が昇ると、あなたは自分のまわりに何があるか「見える」と言う。この光はどのような仕組みで視覚を可能にしているのだろう。物質的な太陽光線が地球に到達するのには13分ほどかかるが、それは個体を通り抜けることができないので、光は物体の表面に当たってあらゆる方向に反射する。反射するこれらの光はその物体の形、質感や色を運ぶ。これらの反射した光は、その物体の小型の印象を運んで私たちの目の瞳孔に入り、視神経に刺激を与える。この時点まで、物体に当たったり視神経を刺激したりしていた太陽から来た光は目に見える物質の光だった。刺激は脳に伝達され、見ているという感覚や、私たちが見ているすべての物体のある環境に私がいるという感覚として解釈される。視神経から脳に届く刺激は単なる振動である。視神経に物質的な光は入らないし、脳にも届かない。しかし私たちはその目に見えない振動を、太陽に照らし出されている物体を見ているという感覚としてとらえている。脳に見える光はない。それなら、どのような光が私たちの視覚を可能にしているのだろう。脳に伝達されているのはエーテルの振動であって、私たちはそれを視覚として解釈している。

両目を閉じると、両目を開いていたときのイメージを思い出すことができる。ある物体の形、質感、色や他の物体との位置的関係など、物質の光のもとで見ているように見える。これを私たちは記憶と呼ぶ。繰り返すが、脳に光はない。だとすれば、記憶したイメージはどのような光の中で見ているのだろう。あなたの体が完全に寝ているときに見る光り輝くイメージがある。これらのイメージは本物なのだろうか。両目を閉じて思い出すイメージは本物なのだろうか。それとも両目を開けているときに見ているイメージが本物なのだろうか。あなたの脳には光がない。あなたが目を閉じて見たイメージも、目を開けて見たものも、すべてがエーテルの振動の解釈である。本当の質問は、「これらのエーテルの振動を誰が解釈しているのだろう」というものなのだ。光、影、視覚の意味に入っていくためには深い黙想や瞑想が必要となる。

「宇宙意識」はどこにでも遍在している。ということは、私たちはその中にいて、それは私たちの中にもある。「宇宙意識」の中には、私たちの惑星地球の成長を見ることができるだけではなく、私たちが続けてきた転生すべての中の私たちの長い成長の段階をも見ることができる。過去の転生を自分の著書として例えることができる。今生で私たちは、現在の転生の新しい本を書いている最中で、いま私たちのすべての注意を引くものである。過去の転生で書いてきた良いページや悪いページについて私たちの記憶はないが、それらすべては宇宙意識に書き込まれている。

これらを書いているのは誰または何なのか。それは私たちが絶えず創造して表現しているエレメント（元素）によって書かれている。私たちの過去の想念や感情、行為はエレメンタルたちであり、彼らは「宇宙意識」に正確に記録され、生きた記憶として保持されている。その中に私たちのすべての体験が記録されているが、それ自体が生きているマインド・バイタリティーによって構成されているので記録も生きたものである。あなたの人格の自己があなたの「インナー・セルフ」と同化すると、過去にあなたが書いたすべての本にアクセスできるようになる。比喩的に言えば、「宇宙意識」を図書館に例えることができる。本棚にはあなたが書いた過去生の本がたくさん並んでいるのだ

あなたがこのレベルに到達すると、過去の転生の本を手に取ってみることを妨げる人も物も存在しない。過去生の本を読んで、楽しかった体験を再び味わうことができる。では、過去生で苦労した部分はどうか。これらはいまだに苦痛として味わうことになるのだろうか。過去の記録をアクセスできるだけのレベルに成長すると、これらの部分はあなたに痛みを与えることはない。それは罪悪感とか恥などとして感じられる悪習を、すでにあなたが取り払っているからだ。

したがって、あなたが最も高次の意識に到達すると、あなたは何も失っていないことに気付く。あなたは過去の転生でとても大事にしていた短命の人格さえ失うことはないのだ。過去の転生についての本すべてが完璧に保存されていることが分かるだろう。したがって「自己への目覚め」に到達すると、失うものは何もなく、得るものだけなのだ。あなたはその状態において、どの過去の転生にも波動を合わせ、それを知ることができる。そして、あなたがそう望めば「アト・ワンメント」によって、過去生の人格の生きたエレメンタルの中に入ることもできる。しかし、「自己への目覚め」の素晴らしい解放にたどり着いたあなたが、はたして昔の人格の、その制約された殻に入りたいと望むだろうか。

†プラクティス――概観

影から光へと向かう道、このスピリチュアルな旅について多くの人びとが数多くの異なった情報源から書かれた本をたくさん読む。こういった比較研究には問題ないが、ある時点であなたは自分にこう問うだろう。「スピリチュアルな事柄についてたくさんの本を読むことで、私は**実際**何を得ているのだろうか」と。もちろん、あなたはたくさんの知識を獲得できるだろうが、それを活用できなければ意味がないのではなかろうか。この知識を役立てることができればそれは良いことで、持続的な効果を得ることができる。そこが肝心なのだ。私たちが集めたスピリチュアルな情報を実際に活用することを学ぶことが不可欠である。それをあなたの人生の土壌に種として蒔き、育てなければならない。そうでなければ、美しい押し花のままになってしまう。本にはさんだ押し花は美しいが、生きている花の美しさと生気に欠けているのだ。

神秘学の教えについて何か分かっているからといって自分が神秘家だと公言しても、深くて持続する効果は期待できないだろう。昔のキプロスでのことだが、ある人がダスカロスのもとを訪れ、自分は熟練の神秘家であり、バラ十字、秘教学派、そして神知学の神秘的な教えを学び、霊的に高いレベルに達したのだと言った。しかし、ダスカロスが指摘したように、「これらすべての知識から彼が得たのはふくれあがったエゴイズム」だった。自分が神秘的な教えについてすべてを知っていると信じていた彼は、スピリチュアルな事柄について何も知らない人びとを自分より劣る虫けら同然に思っていたのだ。これはとても自己破滅的な考えだ。というのは実際には、真理の探究に深く入るほどプライドが高くなることや、自分は他者より上位にいるとは思えなくなってくるからだ。むしろ、どんどん謙虚になっていくのだ。

その男性はダスカロスに自分はバラ十字のすべてのレベルを通過したと言った。バラ十字も神知学も秘教学派も皆、教えの中に真理を内包しているので、彼は他者より自分が優れていると思ってしまってもしかたがないかもしれない。この年配の男性は、ダスカロスがまだ子どもだった頃から勉強していて、チャクラやクンダリニのエネルギーについて理論的な知識をたくさん持っていた。そのことをダスカロスに話したところ、ダスカロスは彼に聞いた。「あなたは意識を持ったままの〈エクソソマトーシス〉に成功したことはありますか」。この男性はあるエクササイズを一度経験し、自分が肉体の外に出たと感じたが、そこで怖くなってしまって肉体に戻り、二度と試していないと言った。

ダスカロスは人と会話しながら、相手が必要とする学びをその中に取り入れるのだった。時に彼は相手のエゴイズムを釣り上げるための餌を出す。そうやって相手のエゴイズムがどれほど活発かを明かすのだった。この男性は自分が正しいと思ったことを明かし、ダスカロスはそれに反応したかのように演じた。たちどころに男性は自制心を失い、ダスカロスに向かって見下した言い方をした。「みんなあんたを偉大だと思っているのは残念なことだ」と言い、そしてダスカロスに悪態をついて、「取るに足らない奴だな」と呼んだ。ダスカロスは親しみを込めて応じた。「友よ、あなたは自制心を失い、怒り、ののしった。何年もの勉強から本当に何かを学んだのかね」。会話のある時点で、この男性は自分の職場の人たちが彼の物を盗んだり、陰口を言っていると苦言をもらし、彼らを非難した。ダスカロスはここでも、「友よ、あなたの知識はあなたを全然助けてくれてはいない」と学びを促した。

ダスカロスのポイントは、真の霊的な進化とは、私たちが学んでいる知識を実際に取り入れることによってもたらされるということだった。怒りを殺すというのは真理の探究者の最初の行である。探究者は最初からこの知識を使い、学びが進むにつれて、それを生活にどんどん取り入れていかなくてはいけない。理論的な知識に並行して、私たちはそれを実際に活用しなくてはならない。私たちは学んだことを実践して生きなくてはならないのだ。能力を得ても、それらを良いことに使うことなく、またはできない人びとには注意する必要がある。真理の探究の体系の中でさえ、道を進んでいながら新しく得た能力を誤って使う人たちがいる。この体系の熟練の師たちはそのようなことに気付いていて、師たちは仕方なくこれらの人びとの能力をブロックせざるをえなくなる。このことは、私たちが知識や能力を獲得していく際に、同時に純粋で愛情深いハートを育てることがいかに大切であるかを伝えてくれている。愛と思いやりがなければ、人は自分の神秘的知識と能力を何に使うというのだろうか。

私たちの潜在意識と「宇宙意識」にはつながりがあるが、早まって「宇宙意識」の御殿に入る前に、自分の潜在意識の家を整理したほうがよいだろう。まず、私たちの五感を通してどのような印象が入って来るのか、そして私たちがそれらをどのように解釈し、または誤解をして潜在意識に貯蔵していくかを確認する習慣を身につける。どのような印象や交流が私たちの人格を創造しているのか知る必要があるのだ。怒りだろうか？　平和？　不満足？　私たちのすべての体験はいろいろな程度の楽しい印象もしくはつらい印象をもたらす。私たちに苦しみを与える体験や楽しみを与える体験について学んでいくほど、自分の人格や性格のあり方について知ることができる。私たちの体験をその苦しみや楽しみの程度で分類するとき、その理由も問う必要がある。特定の体験が楽しく、そして他のものは苦しみを与えるのはなぜか。過去に苦しみをもたらした体験が、今、苦しみをもたらさないのはなぜか。過去に楽しかった体験でも今は楽しくないのはなぜか。これはより大きな疑問に私たちを導いてくれる。苦しみとは何か、楽しみとは何か。

私たちが勇気をもって自分の潜在意識、意識的な行為、人生の体験への反応を分析するとき、この「なぜ」という問いを忘れてはならない。真理を知るためにすべての「なぜ」を問うのは私たちでなくてはならないからだ。この種類の自己分析をするのは、私たちが人生経験によってどのように影響を受けているか知るだけではなく、「魂・自己」を見つけてその静かな本質を味わうためには、「自己」という感覚をこれらの反応から切り離す必要があるからだ。潜在意識に何が貯蔵されているか調べることによって、他者との不愉快な体験を記憶の表面に持ってきて、それを冷静に見つめ、自分の態度を正すことができる。そして、私たちは相手に適切なエネルギーを送ることで、相手との緊張感を相手に実際に何も言わずに解くことができる。これは高等教育を受けているとかに関係なく、誰にもできる方法であり、このようにして問題に対峙し、静かに対立を解消する作業を行うのである。

✝プラクティス――エクササイズ

肉体全体に意識を持っていきます。すべての筋肉がリラックスしているのを感じてください。

足のつま先から頭のてっぺんまで、体全体に自分がいることを意識してください。

あなたは肉体全体を感じていますが、それを感じているあなたは誰でしょうか？

あなたは肉体の中で生きている人格です。この人格を感情、欲望、想念を使って再構成してください。

今、肉体に意識を集中させ、それが自分のものだと思っている存在、これが人格としてのあなたです。


さあ、自分にこれらの質問をしてください。

この肉体の中に生きていて、その体に意識を集中させ、その中にいるという感覚を持っている自分とは誰だろうか。

自分のサイキカル体やノエティカル体にいると感じられるようになるために、どうやって自分の自己意識を育てたらいいのだろうか。

私はどうやって自分の感情や欲望をコントロールしたり、人生の体験への反応をコントロールできるのだろうか。

マインドのマスターになるために、どうやって自分の想念をコントロールできるのだろうか。


次に、何らかの問題があった相手の人を意識に入れてください。あなたの潜在意識にこの人に対するマイナスの感情または憎しみがあるかもしれません。また、相手もあなたに対して同じように感じているかもしれません。

あなたたちはどちらも弱さや欠点のある人間です。

あなたのこころにこの人を視覚化してください。

彼らが怒っているのではなく、とても幸せで微笑んでいるのを視覚化してください。

呼吸を深く、そして楽にしてください。そして、あなたのハート・センターを透明な薔薇色にしてください。

これがあなたのハート・センターの太陽です。これが光の光線をすべての方向に放射しています。

相手の顔があなたのハートの薔薇色の光に照らされて、微笑んでいるのを見てください。

こころの中で、相手に愛していることを伝えてください。対立したときのことを忘れましょう。

対立というのは人格に関わる問題です。実際には、二人の「インナー・セルフ」というのは神なのです。相手の人格にではなく、内なる神に話しかけましょう。より高次のレベルから働きかけましょう。

その相手に愛を送り、彼らが幸せそうにしているところを見ましょう。そしてまわりにあるマイナスのエネルギーは取り去ってしまいましょう。

これによってバランスが戻ります。もし、これからその人とコンタクトしたくなければ、それもオーケーです。相手を祝福して、その人の行くべき道に行ってもらいましょう。

もし、その人とコンタクトしたければ、今までよりずっといい関係となるようにしましょう。

私たちの家族、友人、知り合い、そして特に敵だと思う人たちは、私たちの文句や憎しみではなく、愛を必要とします。文句や憎しみは、私たちのハート、マインド、そして肉体にまでも害を与える強力な毒素です。

17章

高次の世界の命

物質界はマインド物質である。固体化したマインドは物質だ。サイキカル界にはマインド資質がある。マインドの資質は、物質界の物質よりも人間や大天使の想念によってずっと簡単に形成することができる。もちろん、私たち（人間）も物質を形成することができる。私たちは石や土や水で（マインドに従って）建築物を創造することはできる。しかし、マインドや想念、手や機械を使って自分の求めているものをつくりだすのはいとも簡単にできるというものではない。ところが、サイキカル次元にいるとすべてがずっと簡単にできる。想念が創造するのだ！

サイキカル体を使って自分の自己意識を育てると、サイキカル界が物質界よりずっとリアルであることが分かる。なぜなら肉体の脳を通すときよりずっと容易に集中力と観察力を使うことができるからだ。聖なる大天使たちがつくったサイキカル界は、言葉にできないほど美しい環境である。私たちが地獄と呼ぶ場所でさえ美しいものだ。地獄とは何だろうか。それは物質次元にある地獄ととても似ている。美しい風景をあるがままにしておくより、人はそれに毒をまき散らす。それは人にも同じであって、人は

自分の想念の中に、自分独特の地獄の中に自身を閉じ込めてしまっているのだ——ダスカロス

教え

地上での「実現性の循環」を終えると、私たちの肉体は死ぬ。私たちの知っている人にこのことが起きると私たちは愛している人を失ったと感じる。私たちの愛する人たち、子どもたちや両親について実際に何を知っているのだろうか。肉体に宿っていた真の存在について何を知っていると言えるのだろう。そして同じように、真の自分のことをあなたは何を知っているのだろうか。肉体を見ているが、それが死ぬと見えなくなり、多くの人は愛する者はただの肉体だったと間違った考えでいるために、愛する者を失ったと思う。

肉体を去るとき、私たちは愛する者たちを失ったと思うが、彼らも毎晩、寝たときに肉体から去っていく。翌朝、彼らは戻って再び体に入る。それは24時間ごとに私たち全員に起きている。私たちは肉体に戻ったとき、寝ている間に訪ねていたサイキカル界で何が起きたかは何も思い出せない。覚えているとしても夢の状態で残ったわずかな印象しかないだろう。これは肉体の脳とサイキカル体の間に少しすき間があるからだ。朝起きたときには何があったか覚えていないが、人格は寝る前と同じままである。同じ生き方、考え方、感じ方をしている。

特定のエクササイズを実践しはじめると、あなたは自分の肉体ではないことがはっきりと分かるようにな

る。私たちは自分の生き方によって、よくそれを妨げるようなことをしてしまうが、大天使たちは私たちの肉体の面倒をみてくれている。あなたとは誰だろう。私があなたは誰なの、と聞くと、あなたは自分の名前を言うだろう。名前はあなたの両親がその時の思いつきでつけたものかもしれない。あなたは他者から与えられた名前を出すが、あなたはその名前でもないし、あなたが使っている肉体でもない。あなたが亡くなっても、あなたの人格はそのまま継続する。あなたが創造したその人格は肉体がなくなってもそのまま残る。死という変化の中で失われるのは肉体だけである。でも大丈夫だ。あなたにはもう一つの体がある。サイキカル界に生きているサイキカル体があり、それは肉体と同じ姿を持っている。物質界で腕に傷跡があれば、それは人格の形であるあなたのサイコ・ノエティカル体にもある。あなたは死ぬと、人格とその姿を継続することになるのだ。

あなたはその人格であろうか。多くの人が自分は自分の肉体だと間違って思い込んでいるが、同じように人は自分が自分の人格だと思い込んでいる。あなたは、いずれあなたという人格ではないことを発見するのだが、亡くなるとまずはサイキカル界で今まで通りの生き方を続けることになる。地上であなたは肉体に生き、その中にはサイキカル体とノエティカル体で構成された人格が入っている。肉体を持って物質界に生きるとはどういうことか、私たちは少し分かっている。私たちは空間の中で動き、光や湖や山々を見て自分の環境を理解する。物質次元の素材を選んで家やその他の建築物を造る。サイキカル次元はこの惑星地球のサイキカル体である。私たち（人間）にサイキカル体やノエティカル体があるように、地球にはサイキカル体とノエティカル体がある。地球は生きていて呼吸もしている。それは死んだものではないのだ。

亡くなった後、人びとはサイキカル次元で自分を再構成している。自己意識を持って生きている人たちはそれを知っている。地球上で環境について学び、楽しむことができるのと同じように、私たちはサイキカル界の環境について学び、楽しむことができる。サイキカル界を知る者たちはそこには七つの次元があり、七つのサブ次元があることを知っている。つまり全部で49のサブ次元がある。そしてこれらの次元のすべてが惑星地球内にあり、地球の表面と地球の周囲数千キロに渡って存在している。ということは、サイキカル次元は物質次元よりずっと大きいということだ。そしてこの4次元の現実の諸条件はこれらの世界をより限定されていないものにしている。サイキカル次元で私たちは「実現性の循環」を続けることになり、それが短いか長いかはそこで取り込む必要のある学びの量によって異なる。

サイキカル次元には家もあるので、人びとはそこの家に住み続ける。その家をどうやって手に入れるのだろう。物質世界ではそれを、亡くなった両親や親戚から相続したりすることもある。でなければ、依頼して造ってもらうこともある。亡くなってもそれは同じだ。亡くなって、向こうの世界の家に一緒に住む愛する者や家族がいたりする。

通常、亡くなったあと、死者はすぐには地球の物質的な環境を去らない。持家か借家か、住んでいた同じ家に自分がいることに気付く。地球上で住んでいた家や家の中に何があるか知っているので、肉体の死のあともそこにいることになる。もっといい家を欲しいと思い、想念を使って視覚化の能力でつくることができるならば、想念でつくった家にいることになるだろう。

物質界で持っているすべてのものも想念の産物である。自分のまわりをながめてみると、すべてはアイデアとして始まり、想念によって構築されている。家、車、コンピューター、携帯電話など、すべては想念の産物だ。地球で想念を使って物事を3次元の現実とするためには時間とお金と多くの労力を要するが、すべては想念の結果である。サイキカル界はそうではない。想念は瞬時にものを生み出す。なぜなら、サイキカル界の資質は私たちの想念にはるかに順応しやすいからだ。

サイキカル界で起こった関連の体験について語ろう。1980年代に、私は独自のデザインの太陽エネルギーの家を考案したがそれを建てることはなかった。このデザインを私はとても気に入っていて、いつか必ず建てたいと思っていた。私はそれを創造する願望を持ち続けていたのだ。ある時、私はサイキカル次元に行き、その家を建てることに決めた。私は集中してその家を視覚化しはじめると、それは瞬時に形をとりはじめた。それは大きな建築物だったので形をつくるには、気をそらすことなく安定した集中力を要した。

これは他の事柄も明らかにしてくれる。私たちの満たされない願望は夜私たちが寝たとき、あちらに移行してもついてくる。もし建築家になりたいとか、芸術家やダンサーか何かになりたいという強い願望があり、地球上でそれが全うできないと、それはサイキカル界に入ったときもついてくる。高次の世界ではそのような願望を満たすことはずっと容易なのだ。それはやはりサイキカル資質の方が想念によって形づけられやすいからである。あなたたちは、視覚化の能力を身につけなくてはならない。地上にいる間、ほとんどの人はこの能力を意識的に育てることをしていない。

ダスカロスには地球上では直接に会ったことのない上級者の生徒がいた。この男性は亡くなり、ダスカロスは彼と会うためにサイキカル界に行った。この男性は向こうの世界にとても美しい大理石のマンションを建設していた。ダスカロスによると、それは良質の大理石で建設されていた。生徒はダスカロスが亡くなったらそこに住めるように建てたと言ったが、ダスカロスは笑って向こう側で暮らすための家は必要ないと言った。ダスカロスがサイコ・ノエティカル界に生きるために家は必要ではなかったが普通の人だったその生徒は、まだそのニーズがあると感じていたのだった。

そうすると普通の人が亡くなるとどうなるのだろう。すぐに視覚化の能力が身につくのだろうか。すぐ自分の家を建てられるのだろうか。いや、もちろんそうではない。学ぶための訓練が必要となる。向こう側には、亡くなった人に視覚化を教える人びとがいる。地球上で大工やコンピューター・プログラマーや科学者になるために教えてくれる人がいるように、向こうでは新参者たちに関心があれば視覚化を教えてくれる人たちがいる。何かを求めていたり、必要な物をつくるために視覚化をしてサイキカル資質に形をつける方法を教えるのだ。

サイキカル次元は光がわずかに少なめの低いサブ次元であっても、暮らすにはとても良い場所だ。49のサブ次元にはいろいろな程度の光があり、光が少ない環境を好む人たちも、多めの環境を好む人たちもいる。神はその絶対の知恵をもってすべての物や人を見守る。私たちが地獄と呼ぶサブ次元には地上の日没後と似た光がある。すべての次元とサブ次元には光、美しい光、平和な光、青色、エメラルドグリーン、そして黄金の光がある。低いサブ次元から高い次元へ上昇するにしたがって光と輝きは増していく。天国は光に満ちていて完璧である。

私たちが繰り返し言ってきたように、地球を超えた世界（複数）には多くの地獄と多くの天国がある。そして地上にも人それぞれの地獄と天国がある。それはそのままあちらでも続く。あちらでは地上ですでに体験している地獄や天国以外のところに置かれることはない。私たちが自分の想念や感情でこれらの条件付けられた地獄や天国を常にこちらでもあちらでも創造しているからだ。

神とか大天使とかが私たちを裁いてサイキカル界の特定のサブ次元に送るというようなこともない。死者は自動的に自分にとって適切な居心地の良いサブ次元に現れるのだ。あちらの世界の適切な場所に自分を置くのは私たちの状態であり、感情や想念や欲望である。ある低いサブ次元を去りたいと思ったら、誰も止める者はいない。

これらの世界での透明のヘルパーたちの仕事は、自分の創造した地獄にいる人びとに対し、比較することができるように二つの場所、人生の二つの異なった状況を見せることにある。人びとは現状よりも良い場所と良い生き方を見せられ、そして選択させられる。残念なことに、自分の地獄に慣れてしまうので、変わることを選ぶ人は少ない。地獄と天国の境界線はないので、ある人の地獄は他の人の天国にもなりうる。

地上ではその通りになっている。ある人はアメリカ南部の湿地帯や沼地を選んで住み、そこが彼らの天国なのだ。沼地を好む人間をホワイトハウスの晩餐会に連れて行ったら、それは彼らにとって地獄となろう。晩餐会に参加する高級官僚を蛇がたくさん生息する沼地の厳しい環境に連れて行ったら、それは彼らにとって地獄となる。

すでに述べたように、サイキカル界にはヘルパーたちがいて、新しく到着した人びとにそこの人生の状況について教えている。到着したばかりの頃は、たいていの人は混乱した状態にある。自分のサイキカル体で物質世界にまだとどまり、物質次元の家にまだ自分がいたりするとひどく混乱する。より高い洗練された波動を持つサイキカル体にいる場合、彼らは物質の家のドアを開けずにそこを通ってしまう。そのサイキカル体の手の波動が物質界の波動より高すぎてドアを開けることができないために混乱を招く。ほとんどの人はこれらのことを学ぶ努力をしてこなかったため、何が起きているのか理解する土台がないのだ。しかし、ありがたいことに、いずれは慈悲の存在たちがこういった不安を引き起こす物質次元から、亡くなった者たちを連れ去ってくれる。

物質界でサイキカル、そしてノエティカルな対がないものは存在しないので、物質界からサイキカル次元に移行したとき、人は置いてきたものすべてがそこにあるのを発見する。それは彼らのハートやマインドにそれを保持しているからである。物資的な所有物に関しては、「あっちには持っていけないぞ」と、よく言われるがそれは本当で、持っていくが必要がないのだ。自動的にそれらはあちらにもあるからだ。

サイキカル界の家は、地上にあった物がすべてそろっているので非常に現実感がある。それらに彼らのサイキカル体と同じ固体の感覚がある。ただ、彼らはドアや壁を通り抜けることはできない。部屋から部屋に移動するにはドアを開けなくてはならない。もし彼らが本当にサイキカル界の新しい状況を理解していたら、彼らが望めば壁を通り抜けることも可能だ。しかし彼らは、物質次元とサイキカル次元の違いが分からないので、その可能性を思いつくことさえできないのだ。

彼らは生前にこのような事柄を学んだことがなく、以前地上でやっていた同じやり方でサイキカル界の中で活動する。自分がサイキカル次元にいることを知っていて、自分の波動を上げ下げする能力を育てた人は、そう望めば自分のサイキカル体の波動を上げてドアや壁を通り抜けることができるが、それは誰もができるようなことではない。私たちの真理の探究の教えの体系に属する者たちで、訓練をたくさん受けた者にはそれができる。

サイキカル次元に行く透明なヘルパーは、サイキカル次元のサブ次元のすべてで美しい環境を目にする。そして彼は自分の殻の中に生きている人びとを見る。彼は助けようとする相手の殻に入らなければならないが、その中にいろいろなことを見る。ヘルパーはその相手が自ら創造した環境をはっきりと見ることができる。それは地獄のような環境であったり、天国のようであったり、少しずつ両方を含んでいたりもする。その殻がその人の環境に合うものだったり、あるいは全然合っていないこともある。

サイキカル次元にいる普通の人びとはそこで自分なりの世界、自分のバージョンの世界をつくって暮らしている。サイキカルな状況について何も知らない彼らは物質界にいると考えているのだ。水に溺れると思い、食べたいと思えば何でも創造して食べている。どうやっているかには気付かずに、想念と意図で自分の食べ物を創造しているのだ。それをやるために意識の焦点を十分に合わせることができない場合は、助けてくれる大天使たちがいる。地上にいるときに彼の肉体に働きかけてくれていた同じ大天使たちであり、サイキカル次元にいるときも一緒にいて、彼のサイキカル体に働きかけ、必要なものを用意してくれている。

低いサイキカル次元では人びとが動物たちを殺し、それらを料理して食べている姿を見ることもある。動物は地上で知っていた動物のエレメンタルであり、サイキカル次元ではもっと簡単に具現化できる。人びとは地上にいたときと同じように生活を楽しんでいるが、これらはすべて彼らの殻の中で起きているのだ。私たちはこの条件付けられた殻について何回も話してきた。「殻はどれほどの大きさなのだろう」と思ったことはあるだろうか。それは無制限に大きいものなのだ。

サイキカル次元で殻に入っている人は、殻に入っている他の者を訪ねることはできるだろうか。他者というのはその人がつくりあげたエレメンタルのことではない。他者を自分の殻に呼ぶことは、誰かを自分の家に招待するのと同じようにできる。同じような波動の振動率を持っていれば、相手を自分の殻に呼ぶことができる。それは互いに地上で知っているかどうかには関係がない。物質世界と同じようにサイキカル界でも新しい知り合いができる。波動が調和する人たちを見つけ、彼らとつながることができるのである。

人びとは物質界しか知らないのでこれが本物の世界で、サイキカル界は抽象的で実質があまりないと解釈するが、それは逆だ。サイキカル界のほうが物質界よりも耐久力に富み。物事はサイキカル界よりも物質界の方が早く変化する。物資界で花を花瓶に飾るとそれは1週間ももたないうちに枯れてしまう。しかしサイキカル界で花を花瓶にさすとそれは無限の時間、生き生きと美しく咲き続けるのだ。そのために、サイキカル界のほうが物質界よりもっとリアルなのだ。

子どもの頃、ダスカロスは自己意識を持った状態でサイキカル界に旅をすることができ、そこには彼が愛し愛されている友人たちがいた。ダスカロスはレッスンの味付けに個人的な体験談を加えることを好んだ。私たちも皆、彼の物語を聞くのが大好きだった。彼は熟練の語り部として情熱をもって教えに命を与えるのだった。

「このような体験をしたよ」と、彼は椅子に深々と座りなおして語りはじめるのだった。「それを伝えよう。

これは自分の体験だ。私は6歳で、サイキカル次元でも物質次元と同じに自己意識を持っていられた。そこにはドミニコ修道僧の友人がいた」。その修道僧は少年ダスカロスに美しい修道院を見せ、ストアの2倍ほどの部屋に連れて行った。そこはヨーロッパの教会のようにアーチ型のステンドグラスの窓があり、ベッドの前に十字架が飾られた祭壇があった。ダスカロスの友人だった修道僧はダスカロスに、ここはあなたの場所だから、こちらに来たときはここで休んでもいいと説明した。

ダスカロスは修道院の外に美しく香しいニワシロユリが咲いているのに気付いていた。それはこちらの復活祭の頃に咲く6枚の花弁を持つユリだった。彼は修道僧に、それを1本切り取って修道院の十字架の前の祭壇に飾ってもいいか聞いた。修道僧は笑いだし、「いいですよ。誰も止める人はいません。他の人のものだけでなく、あなたのユリでもあるのですからね」。ダスカロスはユリを取って来ると、花瓶を頼んだ。修道僧は水の入った素敵なエメラルドグリーンの花瓶を物質化した。ダスカロスが地上でそういうことに慣れていたので、修道僧はそうしたのだ。ダスカロスは花を花瓶にさした。この話を語ってくれたとき、彼は76歳で、最近またその修道院に行ったのだと言う。花は70年経ってもいまだにそのままの完璧な状態にあったそうだ。サイキカル界では自分の気質が変わるときにだけ変化が起きる。あちらの世界はそのような生き方をしたい者にとってはとても生きやすい。滋養を与えてくれるのは光なので食べる必要もない。自分の状態によって、必要な分の光がいくらでも与えられるのだ。

高次の世界では光を呼吸するので、空気も必要としない。空気を吸っていると想像することも可能だが、必要ないのだ。実際に吸っているのは光なのだが、それを空気だと感じる。時間が経つと、呼吸が必要ではないと分かってくる。もし湖の底に何があるのか見に行きたいと思ったら、そのようにしていつまででもそこにいることができる。それはもちろん、自分が溺れるのではないかという恐れをつくらなければの話だが。サイキカル体には肺はないが、肺が欲しいと思ったら想念でつくることができるのでサイキカル体に肺を備えることは可能である。それは心臓でもどの臓器にも同じことが言える。血液を送り出している心臓はないが、もしも必要があると思えば、それはそこにある。もし普通の人が腕に怪我をしたと思い、出血すると思えば出血するのを見ることになる。

地上で移動するために私たちは歩いたり、移動のための手段を利用し、もっと遠い距離を行く場合は飛行機にも乗る。しかしサイキカル界を旅するのにこうしたことは必要ない。それはサイキカル界に車がないということであろうか。必要になるか、欲しいと思えば素晴らしい車がある。低いサブ次元ではまだ車なしで移動する方法を覚えていないので、よく運転しているのを見かけることがある。しかし、行きたい場所や会いたい人にしっかり集中すれば、あなたはすでにそこにいることになる。あるいは、その場所なり人なりが現れるといった感じかもしれない。

ほとんどの人はあちらに行くと地上の通りの暮らしを再生するが、それは彼らにとってはごく自然なことだ。あちらの世界の新しい状況に慣れてくると、飛行機や電車、自動車は必要ないことが分かっていく。そして行きたい場所に集中することでそこに行くのが自然になる。私たちがよく言うように、それは4次元では地上のような測れる空間というものが存在しないからだ。これらは場所の世界であって空間の世界ではないので、どこかへ行きたいときは場所に焦点を合わせることになる。

場所とは自分がそこで生きていると考えている条件的なものである。そこにあるすべてはあなたの想念によって創造されている。私たちが視覚化を重視する理由がこれで理解してもらえるかもしれない。まだ、あなたは気付いていないかもしれないが、はっきりと安定した視覚化の能力を獲得することは、裕福になるようなものである。あちらの世界では、視覚化できるということは所有できるということを意味する。あちらに行く前にそれを学ぶことがベストである。地上に生まれてくるたいていの人は、裕福な家庭に生まれたいと思っている。高次の世界に移行したときに視覚化の能力を持っていると、それはあちらにおいて裕福な家庭に生まれることと似ている。

視覚化できるということは、光をコントロールしているということだ。時間をかけて練習する必要がある。うまく視覚化できるというのはお金を手に入れることよりすごいことなのだ。物質的な富はあちらに行くと必要とされないのであまり意味がない。しかし、視覚化の能力はすべての「一時的存在の世界」へあなたを伴って行くことができる。それがあなたのものになると、誰もそれをあなたから奪うことはできない。地上とそれを超えた世界において視覚化を学ぶことはたいへん重要なことである。

視覚化の能力を開発するためには、意識をうまく集中させることが基本となる。そして視覚化の適切な能力を育てるための正しい瞑想を学ぶ必要がある。瞑想と視覚化を使えば、自分の夢や空想ではなく、まさに物事の現実の中に入ることが可能になる。視覚化によって私たちはマインドを「創造的な想念」として高次な方法で使うことができるようになる。それはとてもパワフルなことである。あちらの世界で想念はよりパワフルになり、想念の力を利用するのが視覚化なのだ。特定の周波数の幅を持つさまざまな色の光を視覚化することを覚えるのは大事で、視覚化はこれらのエネルギーを自分たちや他者を助けるために使う方法を与えてくれる。

光、色、形を視覚化することを学ぶのは「自己への目覚め」に導いてくれる。まず私たちは潜在意識のレベルでそれを行い、次に「自己・意識」を持って行い、いつかは「超意識」を持って行うことができるようになる。最初の頃はこのような視覚化をできる私は誰だろうと潜在意識のレベルで思いはじめ、時間が経つにつれてその探究の流れが「自己への目覚め」に導いてくれるのだ。「自己への目覚め」とは、自分の「自己」を人格として理解することだけではなく、「魂・自己」、そしてさらに「スピリット・魂・自己」として理解することである。

最初、多くの人はサイキカル界が現実ではないように感じる。ある日、ダスカロスの透明なヘルパーの一人は、地上ほどサイキカル界が現実として感じられない、とダスカロスに伝えた。これらの世界を支配している条件や法則は地上のものとかなり異なると彼は言った。地上の状態を知らずにサイキカル次元の状態を知っていたとすると、地上が現実として感じられず、サイキカル界が現実として感じられるだろうとダスカロスは答えた。人びとは地上の状態に慣れきっているために、サイキカル界の状況があまり現実のものとして感じられないということだ。

肉体が死ぬと、人はサイキカル界に行く。そこでは生きるためにお金を稼ぐ必要がない。肉体が必要としたものは、サイキカル体では必要としない。サイキカル体を食べさせたり、洗ったり、医者に連れて行ったりなどといった面倒をみる必要はない。そして汚れた感情を持たない限り、この体は汚れを知らない。サイキカル体に対する必要な仕事は、純粋でない感情があればそれを浄化することにある。仕事がないので不満足な人びとを見かけることもある。ではサイキカル次元の人びとは何をして忙しくなるのだろう。人はそれを知ってか知らずか、自分の関心や理解の仕方によってサイキカルの世界に生きている。私たちはサイキカル界に行くと、新しい現実のレベルを支配する諸条件や法則と調和して生きるために自分を再訓練する必要がある。

次のことにあなた自身は気付いたのかもしれない。夢を見ると、だいたいの人はあまり考えもせずにそれを受け入れる。肉体が死んであちらの世界に行くときに同じようなことが起きる。寝ているとき、肉体を持ったまま飛んでいるような夢を見るかもしれない。そこであなたは止まって、なぜ肉体が飛べるのかと考えたりはしないだろう。あるいは、いま飛んでいるのは夢を見ているということだろうと普通は考えない。肉体を持って飛んでいるのだから、もう物質世界にはいないのだろうと推しはかることもないだろう。もちろん、ほとんどの人が夢は現実ではないと考えている。しかし夢というのはサイキカル界での本当の体験であり、ほとんどは既存の想念、欲望、感情によって形成されている、あなたのサイコ・ノエティカルな殻に基づいているのだ。

しかし、時にあなたは悪夢を見て、ショックで目覚めることになるかもしれない。現実ではないと思っていても、その不安な体験をそのあと何日も引きずるかもしれない。それに対して目覚めているときの体験はそれほど長く大きな影響を与えないかもしれない。するとどっちがよりリアルなのだろう。地上では大人になるためには正しく頭を使い、五感を通して入ってくるもろもろの印象を解釈して、物事を遂行するためにそれらをうまく使えるように自分を訓練しなくてはならない。サイキカルの世界でも同様にして自分を訓練する必要がある。サイキカル界では五感以上のものがある。そこでは第六感といえる透視能力を育てることが比較的楽にできる。

普通の人でさえ、時間とともにあちらの新しい状況に慣れてくると地上より居心地がよくなり、より幸せに感じるようになる。徐々にそこが自分の居場所だと感じるようになる。サイキカル次元での人生の長さはどのくらい早くそこでの学びを吸収し、自分の幻想から抜け出せるかに左右される。地上の人生は影の世界である。サイキカル次元での人生は、より多くの光に満ちているが、それでもそこは影の世界である。ノエティカルの世界ももっと素晴らしい光に満ちているが、そこも影の世界である。これらの影をつくる「スピリット・魂・自己」の光を見つけるには、これらの世界を超えて行かなくてはならない。すると影と幻想の世界を超えてその裏の現実へと前進することになる。

今日の自分の人格の自己を「スピリット・魂・自己」と比べるのは幼児を宇宙科学者と比べるようなものであり。そこには大きな差がある。私たちは自分の肉体が成長するのと同じように意識のレベルでも成長して、「魂・自己・意識」まで成長し、さらに「スピリット・魂・自己・意識」まで成長する必要がある。意識を高次の状態まで成長させる必要がある。これらの高次の世界について話すと、今いる世界とあまりにかけ離れているため、何か遠くの惑星の話をしているかのように感じるかもしれないが、実はそうではない。これらの世界は地球の中とその周囲に存在している。実際はサイキカルとノエティカルの世界の物質は、同じ家の中の違う部屋のようなものである。それらはすべて「一時的存在の世界」に属していて、いつか私たちはたくさんの部屋のあるこの家から出て「絶対存在」の無限の領域へ入って行かねばならない。すると、部屋のたくさんある家はもはや不要だということに気付く。あなたに必要なのは自分の真の「自己」だけなのである。

✞プラクティス——概観

真理の探究者の意図はマインドを正しい方法で用いて瞑想をして、自ずと明らかになる結果を得ることである。ここの最終目的は、意識をより偉大な次元まで引き上げていき、いつか「自己への目覚め」を達成することである。このレベルに達すると、私たちは私たちが思っていた存在ではないということが確実に分かることになる。私たちは年をとっていく肉体ではないということが分かるのだ。私たちはもろもろの感情や反応や欲望によって構成されているサイキカル体でもない。私たちは想念によって構成されているノエティカル体でもない。

どうやって私たちはそれを知ることができるのだろう。私たちは自分の感情や想念をチェックして、それらを変え、コントロールすることができるのだから、自分がサイキカル体やノエティカル体だけではないと知るのだ。特定の願望をつくるためにどうやって私たちはマインドを使っているのかを調べると、私たちは自分たちの欲望や感情や誤った概念の奴隷になっている時間が多すぎるということが分かってくる。自分の低次の必要のない感情や想念を掃除して取り除いていくと、自分がそれらではないことに気付きはじめる。

なぜなら、あなたがそれらを変化させて除去している人だからだ。あなたが人格と呼ぶこの存在をつくっているのはあなたであるが、それ自体があなたなのではない。するとあなたは誰なのだろう。「自己への目覚め」を達成してもあなたは人格なのだろうか。私たちは「自己」を人格として表現することも魂として表現することもできる。私たちは自己に目覚めることで人格を消すわけではない。人格は魂によって大事にされていて、最終的に「魂・自己」と融合できるまで転生を通じて愛と忍耐をもって導かれていく。

自分の潜在意識の中で何が起きているかを調べることで、何が起きているかを理解し、知り、働きかけ、分かったことをスピリチュアルな開花に使うことであなたは自動的に自分の人格の意識を高め、これらの高次の世界を楽しむことができるようになる。ちょうど、地上にある自然な世界を知り、楽しむことができるようにだ。建築家である「元素の大天使たち」がすべての世界、物質、サイキカル、そしてノエティカルの世界を構成してきた。地上を超えた世界で、あなたは彼らの創造をもっとよく楽しむことができる。あなたは彼らと自己意識を伴った接触ができるようになるので、地上を超えた世界で彼らがどのように働いているかがもっと分かるようになる。

✝プラクティス――高次の身体のワーク

深く、楽な呼吸をしてください。

肉体に完全な落ち着きを感じて、人格・自己には平和を感じてください。

周囲に空色の光が輝いているのを見てください。

この光は完全に空色でもなく、白くもありません。

この光を特定な青色にする必要はなく、そのままで見てください。

それは空色より白いのですが、真っ白でもありません。

この輝く光を吸い込み、美しいこの光で自分の体が満たされていくのを感じてください。

今、私たちは肉体の中よりもサイキカル体のほうにもっと入っています。

空色と白の光はサイキカル資質を落ち着かせてくれて、人格・自己の良い道具となってくれます。この光の中にいるとき、ゆっくりと心がさらに静まり、落ち着いていくことを願ってください。

必要のない何千もの想念が頭の中で広がっています。

これらの想念を捨て去って、マインドの掃除をしてください。


あなたはこの光の中に一人でいると感じてください。このことに注意を払ってください。

あなたは一人でこの光の中にいて、自分を乱すような想念とか感情はありません。

深呼吸をしながら、自分のサイキカル体を平和が支配していることを願ってください。

最愛なるキリストの祝福があなた、そしてあなたの家族と世界すべてに与えられます。

自分の振動を遅くして、ゆっくりと自分の肉体を感じはじめてください。

18章

変化するものは本物ではない

「命」について学ぶとき、見なくてはいけないものが二つある。「絶対無限の」である「永遠の命」と「絶対無限の存在」になっていく具現化したもの「命」である。つまり、ここに「命」が具現化したものがある。そして一方、「絶対無限の命」は、人間の知性では理解不可能であり、分かるのはただそれが永遠であるということだけだ。私たちが知っているのはそれだけである。私たちは「命」として、「スピリット・存在」として、鏡映しにすること、「一時的存在の世界」の鏡に自分を映し出すことで自分を理解する。したがって、私たちは人間として「一時的存在の世界」に属す。聖なる神として、私たちは「絶対無限の」の中に「スピリット・存在」としてある。そして私たちは「絶対無限の存在」の中に、「一時的存在の世界」の影を映し出している「魂」、つまり人間として存在しているのだ――ダスカロス

教え

実際のところ、変化するものは本物ではなく、本物は変わらない。「絶対無限の存在」、神はそれ自身の中に体の細胞のごとく多様な変化を知らない永遠の「スピリット・存在」を擁している。「絶対無限の現実」としての神の複数性を海と比べて考えてみよう。つまり、神を海にたとえるとすると、命のすべての現象はその海の雫のようなものだ。命はすべてであり、宇宙に命のない部分はない。同様に、「絶対無限の存在」の一部でない存在はない。これは神の遍在である。「絶対無限の存在」は命であり、命のすべての部分に「絶対無限の存在」、神を見ることになる。私たちが命の現象と呼ぶこれらの部分は異なった次元（複数）に見ることができるが、常に形態（形、フォーム）がある。私たちは命の現象を地球の植物、動物、樹木に見ることができるが、もっとたくさんの生命の現象は現実のより高次の次元にあり、それらを私たちの肉眼でとらえることはできない。それらはすべてのサイキカル界（複数）から低次のノエティカル界（複数）に見ることができる。これらも生命体のいる世界ではあるが、気付かなくてはいけないのは、形態が命の現象をもたらすのではなく、命自身がすべての無数の生命の現象をもたらすのである。これらの生命体すべては特定の形態をとった愛、エネルギー、そして動きである。

すべての生命体は「絶対的存在の神」の聖なる計画にある原型のイデアの表現なのだ。人間という形態はこれらの原型の一つである。70億の人びとが現在地上に生きて、これらの人間の体はみな同じ構成物でできている。これらの体はみな筋肉系としての動き、神経系としての動きを有する。私たちの体の臓器は重要な目的を果すべく調和的に機能している。私たちはそれを血液の循環、そして肺から入ったり出たりする空気の動きにも見てとることができる。

「調和と美」と呼ばれる上級者向けの瞑想があり、ダスカロスがこのテーマについて大天使たちからの教えを中継してくれる。この瞑想の中で大天使は私たちの呼吸、そして血液の循環の調和的な動きがいかに美しいものであるか、そして調和のない美は考えられないと伝えてくれる。私たち人間のすべての臓器の中には調和的な動きがある。人間の身体の形態は原型のイデア、「人間のイデア」にある。私たちの身体は聖霊のケアのもとにあり、それ自身に命がある。私たちは肉体に別な表現を見るが、これが人格である。以前述べたように、私たちの人格というのは私たちが心に抱き、表現するすべてのエレメンタルで構成されている。私たちが自身のエレメンタルや他者のエレメンタルの本質を調べていくと、その80パーセントが感情、気分、欲望だけによってつくられていることが分かる。エレメンタルたちは人間からあまりに多くのエネルギーを得ることができるので、相手の人格を潰すことさえ可能なのだ。心理学ではそれを恐怖症、固定観念、あるいは強迫性障害と呼ぶ。

精神科医や製薬会社はこれらの本質や扱い方を知らずに名前だけつけている。現代では製薬会社がそういった病の種類が拡大しつづけていることを認識している。彼らは宣伝によって、見つけた病を治癒するというよりも対処するための薬品を提供し、その種類も増えつづけている。心理的な病の多くはダスカロスが教えた方法によって解決できるものだが、先に述べた事態は人びとに薬を優先させるような姿勢を植えつけることになるだろう。ほとんどの合法的な薬品には潜在的な副作用のえらく長いリストがついてきて、ともすれば対処しようとしている症状よりも副作用の方がひどかったりする。最近利益を上げている製薬会社は、過剰な買物をやめられない買物中毒の人のための薬を出した。これらの心理的な病気は薬などによっては分解されず除去されないエレメンタルによって動かされている。エレメンタルの作用は薬によって一時的に抑えられるものの、薬をやめたとたんに戻ってきてしまう。

残念ながら、創造される多くのエレメンタルたちは人間の本質を持つ悪魔であり、それらは破壊的だったり、惑わせたり、あるいは幻想を生むものである。つくられたエレメンタルの5分の1ほどが人間の本質を持った天使である。その理由は、ほとんどが欲望や執着のような人間の弱さから生まれるエレメンタルたちだからである。ブッダが「崇高の真理」（訳注＝四諦）を説いた理由はここにある。ブッダの最初の真理は、「人生は苦である」というものだ。次の真理は、「私たちの苦の原因は私たちの執着にある」。これは真実で、私たちの一番強い欲望が個人的な執着となっていることが分かる。私たちの一番強い執着は、土地、お金、人、場所、物、経験に対するものであり、それらは苦の原因になる。欲望の対象がすべて手に入ったとしても、ある程度は苦を感じる。というのは、これらのすべての物も絶えず変化する存在の世界に属し、時間とともにそれらはなくなるからだ。こうして悟りを開いたブッダは私たちの苦しみを減らすために執着を手放すことを優先順位のトップにあげたのだった。

エレメンタルたちは二つのはっきりした形で働く。エレメンタルの通常のサイズには関わりなく、はじめは粗塩一粒くらいの大きさしかない。それは人の第三の目の辺りから投影され、そして通常のサイズとなって仕事をしてから投影した人に戻ってくる。その時、その大きさは粗塩一粒ほどに戻り、同じ本質を持った七つの他のエレメンタルたちを連れてきて、投影した人の中に戻ってくるのだ。私たちが創造して投影したエレメンタルたちに私たちは感染し、影響を受けるということが分かるが、同時にそのことは、自分のつくったそのエレメンタルと類似の性質を持った、まわりにあるエレメンタルたちに私たちは感染したり、影響されるということも意味する。

エレメンタルたちが私たちに影響を与える方法の一つは直接的なものである。直接というのは、エレメンタルが特定の欲望を満たすためにつくられると、それを達成するように私たちが考え、直接的な行動に出るように私たちを刺激することだ。二つ目は、間接的な影響力である。エレメンタルたちは、自由に動けるように放っておかれると、自分のパワーを駆使して、彼らは間接的に欲望が達成されるような状況をつくっていくことになる。こうして遅かれ早かれ欲望がすべて満たされることになる。

私たちもしょっちゅう聞かされ、あなた自身も気付いたことがあるかもしれないが、何かを強烈に望んで何カ月もあれこれ思案しても、なかなかそれが達成されないことがある。ところがそれを忘れかけて関心が他の事柄に移る頃になってその望みが達成されたりする。そこに秘密がある。人は何かを求めることをやめると、それが自分のもとにやってくるように感じることがある。それは、「求めることをやめる」ことによってエレメンタルがその仕事をする時間を与えることになるからである。しかし、その事柄を思い続け、求め続けていると、思い出すことでエレメンタルを繰り返し自分のほうに引き戻してしまうことになる。良い建設的なエレメンタルが成功するためには、一度エレメンタルをつくったならば、その仕事が成就できるようにそれを忘れる必要があるのだ。エレメンタルが人の人生よりも長く生きられることを忘れてはならない。私たちは欲望のエレメンタルをあまりにたくさんつくるので、それらは一生涯で全部達成することができない。したがって、過去生でつくられた多くのエレメンタルたちが、未来の人生でそれらを達成していくのを見ることになる。

このプロセスに関して大きな問題がここにある。霊的に意識を高めはじめると、過去生でつくった願望や欲望には関心がなくなっていくかもしれない。霊的に開花していくと、以前持っていた特定の欲望を成就する必要がなくなることもある。過去に満たされなかった欲望が現在のスピリチュアルな進化の一番の壁になることもある。今生ではこの欲望がないほうがいいと正しく考えることもある。昔この強い欲望をつくったのはあなただった。人びとが今生、裕福だったり貧乏だったり、健康だったり不健康だったり、幸せだったり惨めである理由の一つはそこにある。それは過去と現在の転生において自分の人格を形成してきたエレメンタルたちよる直接的な結果なのである。

私たちは転生について語ったが、転生してくるのは誰なのだろう。転生するのはあなたの人格なのだろうか。もし前生でジョンとして転生したあなたが、次には違う国でマルコという名前で生まれたとする。ジョンがマルコとして転生したのだろうか。

あなたの人格は違った国で、異なった状況に生まれ、新しい名前で呼ばれるようになるのだろうか。言い換えると、将来生まれてくる新しい人格は今のあなたの人格と同じなのだろうか。

しかし、今生で自分の意識を完全な「自己への目覚め」の状態である「スピリット・魂」のレベルまで上げることができたとすると、過去生と未来の人生はあなたのものとなる。しかし、それは人格としてのあなたのものではなく、「スピリット・魂」としてのあなたのものである。それぞれの転生は本の一つの章にたとえることができる。第1章は、第2章や第3章や他の章とは異なる。しかし本全体としては、すべての章が自分のものだと言うことができる。同じように、私たちは「スピリット・魂」としてすべての転生は自分のものだと間違いなく言える。しかし、ある転生の特定の人格が他の転生の特定の人格であると言うことはできない。では過去生の人格はどうなってしまうのだろうか。それらは「宇宙意識」の中の生きているホログラム的な記録になる。東洋では人間が動物に生まれ変わったり、動物が人間に生まれ変わったりするという誤った観念がある。動物と人間の間には魂の輪廻転生はないのでそれは間違っている。人間には動物とは完全に異なった成長の過程がある。転生に関する真理の探究者の理解と経験と、一般的な考え方との主な違いはそこにある。

では過去生と今生の関係はどうなっているのだろう。答えはカルマにある。しかし、それはその絶対的な意味とは違う。新しく転生するたびに私たちは過去の重荷を下ろして新しいスタートを切る機会が与えられるからだ。しかし、過去生からの20パーセントほどのカルマが持ち越され、そして80パーセントは今生でつくられる。過去生のどれをとっても、あなたの「自己性」の一部が現在の人格と魂の間に立つ。その間にあるのが「永遠の自己」と私たちが呼ぶもので、それは「一時的存在の世界」における私たちの魂の表現なのである。「永遠の自己」はすべてを知っている。それは「魂」を表現する部分であり、同時にそれはすべての前生を正しく蒸留したエッセンスも含んでいる。過去生で学ぶことができなかった重要な学びを新しく転生した人格の前に差し出してくれる。つまり、私たちがカルマと呼ぶものが罰ではなく、学び、知り、霊的に成長する方法であるということを私たちに示してくれている。

現実は、私たちは過去に生きたことがあり、現在に生きていて、未来も生きていくということである。では、なぜ私たちは過去を覚えていないのだろうか。それは今生の人格がほとんどの時間、自分の外に焦点を置いているからだ。人格は現在の人生の関心事だけに集中しているので過去を忘れているのだ。この過去生の記憶が失われていることは、過去の深刻な過ちや問題を思い出さないための神の慈悲でもある。これによって現在の人格は前に進む道に集中することができ、現在において、良いステップを踏むことが可能となる。思い出が良いものでも悪いものでも、それが現在の人生の目的に向かう私たちに害を加えたり遅らせたり、そこから気をそらせることがないとなれば、私たちは過去生を思い出しはじめる。それは私たちが「スピリット・魂・自己」の愛情ある手に私たちの人格を委ねることができるようになったときに自動的に起きる。すると過去生の記憶が洪水のように私たちに戻ってくる。私たちは自分の過去生を思い出せないからといって、神の慈悲のせいにしてはならない。先週の水曜に何を食べたか思い出せないからといって、食べなかったというわけではないのだ。

思い出すためには、自分の人格をその「聖なる本質」へ開花する必要があり、それはとても大きな益をもたらしてくれる。そうすることで力も得ることができる。人格としてのあなたは弱いが、「スピリット・魂」として、そして神としてのあなたはパワフルである。あなたの得るものは誠の「自己・意識」であり、あなたは自分の感情や想念と人生の支配者になる。するとあなたは人格の自己意識よりもずっと視野の広い高次の位置に到達する。あなたは今までの自分が自分の人格の行為をいかに深刻に考えていたか笑い飛ばすことさえできるかもしれない。ダスカロスがまだ幼い頃、彼は自分の父親に伝えた言葉があり、それを生涯にわたってよく繰り返して言っていた。それは、「何もあまりたいしたことではなく、ほとんどのことは、まったくどうでもいいことなのだ」と。ダスカロスは、彼の父はダスカロスのことも、その子どもの頃の能力についてもあまり理解していなかったと言っていた。この言葉だけは理解できたようで、それを書き留めて深くこころに刻んでいたという。

私たちは皆、人生のレッスンを学ぶ必要があり、それをするには二つの方法がある。一つ目は理性の道で、行動する前に考えることと、理性をもって行動をすることだ。二つ目の方法はダスカロスが運命のムチと呼ぶもので、つらい痛みを伴う道である。どちらも同じ結果に導いてくれるが、その道の体験はどちらの方法で学ぶかによってまるっきり違ってくる。運命のムチの場合、普遍的な法則のバランスが崩れるので、バランスが戻るまで肉体的、感情的、あるいは精神的に苦悩するか、そのどれかの組み合わせで苦悩することになる。

その時に苦悩するのは誰なのか。あなたの「スピリット・魂」だろうか。いや、「スピリット・魂・自己」はあなたの人格の過ちによって苦悩することは絶対にない。苦悩してそのカルマの代償を払うのはいつも人格の自己である。東洋ではこの道を「カルマヨガ」と呼ぶ。私たちはそれを試行錯誤のヨガとでも呼ぼうか。それがそのものなのだ。何と呼ぼうが、それは人生を進むのに一番長く険しい道である。

ここでもこのプロセスを動かしているのは自分たちのエレメンタルたちである。エレメンタルがその目的を達成するとそれはエネルギーを失い、「宇宙意識」に戻る。もし私たち自身がエレメンタルをその目的を達成する前に非エネルギー化するとそれは去り、やはり「宇宙意識」に戻っていく。しかし、もしそれが深刻な事態を招くエレメンタルであり、私たちがそのエネルギーを抜くことができない場合、珍しいことではあるが、たまにあなたの守護大天使がそのエネルギーをあなたの代わりに抜いてくれることもある。彼がそうしてくれる場合、相当につらい良心のとがめを体験する覚悟が必要である。まれに守護大天使があなたの犯している深刻な過ちにあなたを目覚めさせようと、平手打ちのようなものを与える場合もある。それは愛情から行うものであり、あなたがボーッとして同じ間違えを幾度も繰り返し、好ましくない同じような結果を招かないようにと警告しているのである。

人間は互いに助け合うべきであり、それは特に「慈悲の兄弟」という真理の探究者の特定の階級の仕事である。これらの慈悲ある者たちは、他者が聖なる遺産を取り戻すのを助けている。過去に悟りを開いたマスターたちが来てくれていた理由、そして今ここに来てくれていて、ずっと未来にも続けて来てくれる理由がそこにある。彼らの偉大な導きに続くことで人類の「共通の自己性」を少し理解できるようになる。しだいに私たちは皆、他者の中にいて、他者が私たちの中に存在することに気付くようになる。地上で一人でも苦悩していると、私たちも皆、何らかの程度苦悩する。人が他人に対して冷酷な扱いをしているのを見ると、あなたも苦しむのではないだろうか。自然災害が起きて人びとが亡くなり、戦争が起きて人びとが苦しみ、怪我や死の体験をテレビのニュースで見たときに、あなたの一部も痛みを感じるのではないだろうか。こういったことは自分たちの中に「共通の自己性」があることを示す小さなはかりのようなものだ。人類の「共通の自己性」の一つの細胞として永遠に存在する私たちは、他者を決して批判してはならない。すべての人は私たちでもあるからだ。自分の人生において困難を強いる人間を罪人として見てはいけない。もし彼らの罪というものが自分のものと似ていると感じられるなら、あなたは人類の「共通の自己性」に近づいている。

私たちはエレメンタルたちについて多くの情報を伝えてきた。良いエレメンタル、悪いエレメンタル、そして役に立たないエレメンタルについてである。破壊的なものや、かなりの害を及ぼすエレメンタルたちが自分たちの中にいるのをあなたは理解していると思うが、場所に存在していて問題を起こす者もいる。特定の交差点で、事故が他よりたくさん起きる場所がある。それは道路の設計が悪かったせいもあるが、そういったところに恐ろしいエレメンタルたちが関わるようになり、事故を発生させつづけることもある。暴力犯罪が行われた場所に、その事件に関わるエレメンタルたちが居残ることもある。

そのような場所を人が通れば何が起きるだろうか。破壊的なエレメンタルは誰でも攻撃するのだろうか。純粋なこころを持った善良で愛情深い人であったなら、破壊的なエレメンタルたちがたくさん集まっているところでも安全に通り抜けることが可能であり、彼らはあなたに害を加えることはない。透視能力のある人が見ていたら、良いこころの強い人間が通るとエレメンタルたちは彼に道をあけ彼から離れる。そして彼が通り過ぎるとまた、元の位置に戻ってくるのだ。しかし、もしあなたが破滅的なエレメンタルと類似の波動を持っていたり、喧嘩をして悪意を持ったままその場所を通ろうとすると、その類似のエレメンタルたちが攻撃してきて事故を起こすかもしれない。それは、邪悪は邪悪を攻撃するという原理があるからだ。キリストが「悪人に手向かってはならない。」（マタイによる福音書5―39）と言った理由は当然そこにある。他者について文句を言い、戦うことによってあなたは自分の肉体に毒を生じることになる。害あるエレメンタルたちをこころに抱き、表現すると、それらは自分の人格・自己の一部となり、あなたの性格を形づけ、あなたの運命を意のままに描くようになる。

あなたが愛情深い心を持ち、純粋な思いを持っていれば、害あるエレメンタルについて心配する必要はいっさいない。マイナスのエレメンタルたちと同じような波動で振動している場合、あなた自身のマイナスの部分が罰のようなマイナスの結果を招くことになる。神や大天使は罰を与えたりしないことを理解しておいてほしい。大天使たちは悪を知らない。愛しか知らないのだ。神は遍在しているのですべての場所にいるし、すべての人間の中にもいるので、もし罰を下すような神であれば、自分自身を罰する神になってしまうだとしたら、神は最高のマゾヒストになってしまうが、神はマゾヒストではない。神は最も慈悲深い存在である。

私たちは善良、そして邪悪なエレメンタルたちの海の中で日常の日々を送っている。日常の環境の中にいる邪悪なエレメンタルたちというのは他者から送られたり、自分の潜在意識から現れるのであるが、自分を守る盾があるといいかもしれない。一番良い守護の盾は何だろう。それは純粋で愛情深いこころである。また、私たちは大天使たちや神に守護を頼むこともできる。しかし、私たち自身が自分を守ることが最も重要なことである。

†プラクティス――概観

周囲を観察すると、神の「全知恵」によってすべての動物と植物が守られていることが分かる。さまざまなサボテンを見ると、それぞれが自分を守ろうとしている。鳥や他の動物から自分を守る必要があり、守るためにトゲというとても効果的なシステムを開発した。亀も自分を守るための甲羅があり、ウサギはスピードがある。カメレオンは環境に溶け込むために色を変化させる能力があり、それによって守られている。自然界では生き物はどれも自分を守る方法を身につけている。それをすべて決めるのは誰なのか。それは神の「全知恵」である。

では人間は他の動物のように守られているのだろうか。私たちの重要な臓器は肋骨によって守られ、脳は頭蓋骨によって守られている。しかし「全知恵」が人間に与えた最も強力な保護策はマインドを使う権利と能力である。初期にマインドを原始的に使った石器時代の人間たちは、まわりにいる野生の動物から身を守るためにこん棒や槍を作った。それ以来、人はあらゆる種類の防御の方法をマインドを駆使してつくってきた。ここでマインドを使って害あるエレメンタルたちから身を守る方法にたどり着く。恐れるばかりではマイナスの破壊的なエレメンタルから身を守ることはできない。自分を浄化することによって守護を得ることができる。そのエレメンタルと同じように振動していない相手に対して、マイナスのエレメンタルは危害を加えることはできない。同じように振動しているということは、同じようなマイナスの欲望、感情、想念を抱いていたり、表現しているということである。善良できれいな想念や感情があれば、私たちは他者や自分を守ることができる。

の「潜在意識」から害のあるエレメンタルを引き寄せるということはない。このようにして、私たちは自分

そこで、今から私たちは小さな守護天使や善の守護スピリットとして働くエレメンタルを送る方法を学んでいこう。この種のエレメンタルを信じる心をもってつくることを学ぶと、それはとても強力な守護となる。私たちはマイナスのエレメンタルを非力化することによっても自分を守ることができる。それは自分の注意をそこから完全にそらしてしまうことによってである。永遠に持続する盾のエレメンタルをどうやってつくるかを知ることで、私たちは自分の家族、友人、そして自分自身を守ることができる。このプラクティスを行うことによって、私たちはマインドを使って自分自身の守護をつくりだす。

私たちは毎日、呼吸や飲食でエーテル・バイタリティーを受け取っているが、このバイタリティーを直接に引き寄せ、視覚化を通して、善良な守護エレメンタルをつくることができる。このプラクティスは毎朝、または必要に応じていつでも行うことができる。ここでは、純粋な白い光で構成された三角形の形で守護の盾のエレメンタルをつくることにしよう。

✝プラクティス——守護の盾をつくる

肉体をリラックスさせて、完全に静けさを感じてください。
感情や想念を落ち着かせて、平和を感じてください。

足に集中して、意識が両足にあるのを感じてください。

意識を膝まで上げてください。膝をしっかりと感じてください。

太陽神経叢まで上がり、焦点をこのセンターに当ててください。

深呼吸をして、息を吸い込むときにあなたの太陽神経叢の中から美しい空色の光が輝いているのを見てください。

このエネルギーの光が体中に流れていくのを見て感じてください。

それぞれの肩の上のエーテル・ダブルに二つのパワフルなエネルギーのセンターがあります。

この二つのセンターからのエネルギーを使って3次元の下向きの三角を描きます。

三角の底辺の線は肩の上にあり、それは15センチほどそれぞれの肩から横に伸びていて、のどの甲状腺を通り抜けています。

肩の両方のセンターから2本の純粋の白い光の線が生殖器まで降りてきて、一つの点で出会い、下向きの正三角形をつくるのを視覚化してください。

胸と骨盤はその三角形の中ですが腰は三角形の外にあります。

すべてを3次元で見てください。あなたの肩と背中は三角形の中にあります。

楽に深い呼吸をして、胸をエーテル・バイタリティーで満たしてください。

そしてゆっくりと息を吐き出すと、空気が肺から出ていきますが、エーテル・バイタリティーは残ります。

また息を吸い込み、白い光の三角形が入ってきて、胸に広がっていくのを見てください。

この部分を何回か繰り返し、そのたびにエーテル・バイタリティーの量を増やしていきましょう。

三角形を消さないで、守護の生きた盾として保ちましょう。いつでもそうしたいと思ったときに、意識を集中させてそれを見て、感じてみてください。

このエクササイズを行うたびにそれはより強くなり、光が増していきます。

19章

実現性、蓋然性、そして計画

「全知恵」と「全能」は、命の具現化のすべてを統治している。そして私たちはすべて命あるものの「実現性の循環」について学ぶことにより、それを理解する。命あるものは、一つの「実現性の循環」から他の「実現性の循環」に切り替わることは不可能である。それは確かなことだ。深い瞑想、観察、集中を通して「実現性の循環」の法則を知る神秘家たちは、その真実を理解している。動物の状態から他の状態に飛び移ったというダーウィンの進化論ほど神を冒涜するものはない。それは確かなことだ。聖なる「絶対存在」、神は彼の宇宙（複数）を安定した法のもとで統治している。人間はいつまでも人間であり、それは変わらない。動物であったことはないし、なることもない。したがって、その論は却下されることになるだろう――ダスカロス

教え

単細胞の有機体から巨大なクジラ、さらには太陽系、そして銀河系のすべてにおいて、私たちは完璧な秩序とバランスを見ることができる。すべてには秩序とバランスがある。私たちは命の現象のすべて、命あるすべての形態はその特定の種の命の「実現性の循環」の偉大な法則に従っているのが分かる。私たちは「全知恵」としての聖なる知性を含む「実現性の循環」を逃れる生命体がないことが分かる。どのような生命体の形態であろうと、その存在のサイクルを決めるのはこの「全知恵」である。

すべての「実現性の循環」は「聖なる計画」によって支配され、大天使の階級によって仕事が行われる。彼らは「実現性の循環」のすべてのポイントに同時に働きかけることによってそれをこなす。彼らが同時にすべてのポイントに働きかけるのが可能なのは、彼らが過去、現在、未来に直線的ではなく、「永遠の今」の中で働くからである。彼らは偉大な仕事をしながら、すべての王国、鉱物、植物、動物、そして人間の王国のそれぞれの仕事も行っている。それは大天使の階級すべてが持つ「超意識」の状態によって可能なのである。

特定の「実現性の循環」から逃れることはできないが、生命体それぞれが、本質は変えないまま姿を変えるのを見ることができる。猿は幼い姿の猿として生まれ、その姿は若い猿、大人の猿へと成長して年老いた猿になり、最後には猿の体は死ぬ。つまり、外見は変わるが本質は変わらない。猿はいつまでも猿なのである。

ここにダーウィンの誤りがある。彼は、彼自身が進化と呼ぶものの証拠を特定の種に見た。彼はガラパゴス諸島のフィンチ（訳注＝小鳥の一種）が適応したのを見つけ、人類と猿が共通の霊長類の先祖から「進化した」可能性があるという論を立てた。ダーウィンは人類と猿の間をつなげる「失われたリンク」さえ見つかれば、その考えは理論として成立するとまで述べた。しかしながら、そのリンクはけっきょく見つからなかったのだ。

科学はダーウィンの名著『種の起源』が発表される以前から生物進化論について考察していた。実際、インドネシアで研究を進めていた科学者アルフレッド・ウォレスがダーウィンとは別個にその考えを提示した。彼とダーウィンはそのことについて手紙でやりとりを交わし、１８５８年にウォレスは自分の進化論全体をダーウィンに送っている。その1年後にダーウィンは、彼の進化論を出版した。ダーウィンは裕福で有名になるが、ウォレスはならなかった。そして、ここでなぜか人間の「魂」が猿の体から人間に転生したという誤った観念が生まれた。

ウォレスとダーウィンが正しく観察したのは、変化する環境に対して動物が肉体的に適応することだったが、初期の現世人類の頭蓋容量について、そしてその年代表については何も知識を持ち合わせていなかった。ダーウィンは「自然淘汰」という表現を使い、人類は猿と同じ祖先から進化したという仮説を立てた。それは実際の猿の研究や確固とした証拠を土台にした結論ではなく、完全に理論的な飛躍があった。ところが、ウォレスは人類の起源を説明する「自然淘汰」の考えに同意しなかった。ウォレスはスピリチュアル（霊的）な視点からとらえていた。彼は、「目に見えない創造的なスピリットが働きかけて」地上に動物という生命を最初に創造し、さらに働きかけて人類を創造したと信じていた。

現生人類以前には24種類ものヒト族がいたとされていて、同じ場所に2、3の異なった種類が同時に暮らしていたこともある。彼らは異なった霊長類だ。進化論によると、これらの原始種族は６００万年ほどほとんど変化がなく生息していたと推測されている。そして5万年ほど前に、彼らの脳は急速に増大し、質も変化して初期の人類が生まれたとする。これはゆっくりとした進化とは言いがたい。なぜなら、それによると短期間に脳のサイズが3倍ほどになったことになるからだ。

論理的に考えても、人間と猿が共通の祖先を持つということも道理にかなわない。初期の現生人類は厳しい気候と環境から身を守るために毛で覆われていた。進化論によると、毛深い先人たちは皆、急にその保護してくれていた毛を喪失し、脳が大きく育ち、抽象的に物事を考えるようになったとする。そして真新しい遺伝子（ＦＯＸＰ２）が現れ、言語の発達が可能となった。初期の霊長類にはこの言語の遺伝子はなかった。この初期の人類たちは毛を失った体を寒さから守るために毛皮を着る目的で動物を急に殺しはじめたということで、そうだとすればそれは進化ではなく退化である。

５万年前からの頭蓋容量の急激な成長は「脳のビッグバン」と呼ばれていて、人類が石の道具、火や車輪を使いはじめるまで、あと4万年かかっている。そのまた1万年後に印刷機が発明された。この１００年ほどで人類は、最初のT型フォードから現代を定義付ける怒涛のごとき先端ハイテク技術の波を経験している。技術が私たちにどのような影響を与えていくかのスタートを切ったばかりだ。それは、技術情報は2年ごとに倍になっているからだ。その飛躍的成長からして、これからの20年間どれほどの技術変化が起き、あなたの暮らしを方向付けていくかあなたは想像できるだろうか。猿はこのように生活様式を変えることはできないし、このような飛躍的な割合で進化するなどとは考えられない。人類は明らかに猿とは別の創造物である。もしダーウィンの理論が真実だとすれば、霊長類が人間を産んだり、部分的に人間で部分的に猿という霊長類を産むというような証拠があってもいいはずだ。これは今まで生じたことがないし、今後も生じることは絶対にない。猿は必ず猿を産む。人間は人間を産む。そしてライオンはライオンの子しか産まない。猿や他の動物たちはこの何千年もの間、行動がいっさい変わっていない。動物の本質に進化は見られないし、野生の中での行動の変化もない。保護した野生動物を訓練していろいろなことをやらせることはできるが、訓練した動物を野生に戻すと、3カ月以内に訓練された行動をやめることが観察されている。

どのような生命体においても、その「実現性の循環」について勉強すると、その成長を理解することができる。たとえばキュウリの種子にそっくりな巨木のセコイアの種子を見てみよう。キュウリは夏の間だけ蔦を這わせ、その実をつける。同じくらいの大きさのセコイアの木の種子は、高さ300フィート、直径50フィートの木になり、300件の家を建築する木材となるし、3500年ほど生きることができる。同じ大きさの種子からどうしてこれだけ異なった結果が出るのだろう。「実現性の循環」はそれぞれの種子にコード化して組み込んでいるものすべてを支配している。リンゴの木の種を植えると、オレンジの木に育つことはない。「実現性の循環」はどのような生命体に関してでも固定され不変である。

それは動物に対しても同じことが言える。どの動物の命でも、永遠の法則であるそれぞれの「実現性の循環」に従うしかない。アヒルの卵を取り、それをニワトリの卵と一緒にニワトリの巣に置くと、ニワトリはそれが孵化するまで温める。孵化したのが水の近くにあると、アヒルの雛はすぐ水に向かって走っていき、泳ぐだろう。ヒヨコは水には近づかない。誰がアヒルの雛に水辺に言って泳ぐようにと教えたのだろう。アヒルの生き方のすべての情報は、アヒルの「実現性の循環」の中にコードとして入っている。ニワトリがアヒルの赤ちゃんを育ててもそれは関係がない。アヒルの「実現性の循環」通りに、いつもアヒルらしく行動するのである。

　人間の場合はどうだろう。人間も「実現性の循環」によってコード化された種があるのだろうか。それは確かにあり、神秘家には「永遠の原子」[*]として知られていて、エーテルのハートに位置している。この原子には私たちの転生についてのコード化された情報とともに、私たちの良いカルマや悪いカルマの影響を形作る想念、欲望、言動や行動が完璧に貯蔵されている。新しく転生するたびに、「永遠の原子」にコード化された前生からのカルマを、その人の気質、性格、才能、そして良きにつけ悪しきにつけ、興味関心の方向性といったような形で持ってくる。これらは新しい人格や次の転生に影響を及ぼしていくものだ。

　私たちは意識のある時点までくると、これらの過去生の影響を受け入れるか拒絶するか決められる。新しい人生で、私たちは過去のマイナスの影響に屈服して同じ性質の影響をつくりだし、同じ結果を繰り返すという機会がもたらされる。あるいは逆に、過去のプラスの影響を強化して、より良い人生を築いていくこともできる。良い種を育てるか悪い種を育てるかを決め、その稲を刈り取るのは私たちである。

　人間にとして、「実現性の循環」は精子に始まり、受胎、そして子宮の中でいくつかの細胞が育ち、倍々に増えていき、胎児になる。胎児は母のおなかで育ち、男の子か女の子の赤ちゃんとして誕生する。子どもは思春期へ向かい、青年として成長し、年を重ねてやがて肉体は死に、彼らは自己認識として（訳注＝自己認識という存在として）旅立っていく。肉体としての「実現性の循環」は今生で終了する。それから彼らの命はサイキカル界でより高次の存在として続いていく。

肉体の「実現性の循環」が完結すると、今度はサイキカル界、そしてノエティカル界において人間の「実現性の循環」が果たされるように続いていく。これらの世界では、私たちは自分のサイキカルやノエティカルの世界で生き続ける。そこでは、私たちの肉体はすでに大天使たちによって完璧につくられ、準備されている。私たちのやることは少なく、食べさせたり、洗ったりするだけでいい。しかし、サイキカル体は私たちの感情の体で、それは私たちのために完璧にはつくられていない。用意されているのはサイキカルな資質であって、私たちは知らずして自分が抱いたり、表現したりする感情や欲望によってそれを絶えず形作り、あるいは歪ませたりする。

その時点で私たちの「守護大天使」が助けてくれる。彼は私たちのサイキカル体、そしてノエティカル体の完璧な原型（アーケタイプ）を私たちのために持っていてくれる。私たちが、自分のサイキカル体やノエティカル体を彼が持っている青写真と合わせることができるように原型を持っていてくれるのだ。これは何を意味するのだろうか。あなたが自分と自分の「守護大天使」の間に起きている対話に気付きはじめると、たくさんのことを学ぶことができる。彼があなたを無条件に愛し、面倒をみてくれることから、あなたも無条件の愛について学ぶことができる。愛がどんなものか知っているつもりでも、実際にはほとんどの人が知らないのだ。人は鏡映しになった人それぞれの愛を本物と間違えるが、無条件の本当の愛を知らない。鏡映しの愛とは、相手が自分を愛してくれるからという理由で相手を愛することだ。もし相手があなたの中に気に入らない何かを見つけたらどうだろう。相手はあなたを批判し、欠点を見つけて文句を言う。これが起きると、それに対する一般的な反応は欠点を見つけた相手に対して文句を言い、言い返すことで、互いに二極化していく。すると鏡映しの愛は、今度は鏡映しの反感に覆われる。これが続くと、互いに相手を憎しみあうことになる。憎しみとは何だろうか。ダスカロスは「憎しみとは、傷ついた愛」だと言う。もし、そのような体験に直面して相手に文句を言いたくなったら、真理の探究者の4番目の約束を思い出してほしい。「不平を言わずにあらゆる形の艱難辛苦に我慢強く耐えること。そうすれば最も知恵のある聖なる法を授かるだろう」。

この約束は、ただ忍従して他者による攻撃の犠牲者になれということではない。不健康な状態に居つづけたり、状況を改善する努力をしないとか、完全に超越したりする努力をしないということでもない。この約束は自己をマスターすることを意味する。それは自分たちの想念、言動、欲望や行動をコントロールするということで、どのような種類の困難でも耐えてうまく乗り越えていくということを意味する。そして6番目と7番目の約束を通して、どのようにそれをマスターするかを学ぶことになる。

自己統治するということは人間の「実現性の循環」の一部分である。成長の現時点では、あなたは三つの体のマスターになっていない一肉体とあなたの行動、あなたの感情・欲望・動機が構成するサイキカル体、そしてあなたの想念と意図が構成するノエティカル体のことである。しかし、「聖なる本質」と同化するために、私たちが人格をマスターするということは「聖なる計画」に含まれている。私たちが集中と瞑想のエクササイズを始めると、私たちは自分自身のマインドのマスターになるだけでなく、マインドの「超資質」のマスターにもなれる。これはすべての人間にとっての可能性ではあるが、おのおのの人間は、まず自分の自己を神の中に開花する必要がある。これができる猿はまずいない。自分が神だと考えたり、神の子だと思っている動物はいないのである。

動物には「魂」がないが、人間にはある。東洋の特定の宗派が想定したように人間の魂が動物のものとして生まれ変わるということは絶対にありえない。人間の遺伝子構造が特定の霊長類に近いとしても、人間はその肉体以上のものである。私たちの体は私たちのものであり、自分たちを表現するためのものである。私たちの体は私たちのものではあるが、それは私たちではない。私たちというのは自分たちが住処(すみか)としている物質的な体ではない。キリストは「体は殺しても、魂を殺すことのできない者どもを恐れるな。」(マタイによる福音書10―28・口語訳)と言ったとき、このことを指しているのである。

人間の完全な「実現性の循環」は肉体の一生よりもずっと長い。肉体の転生が終わった後に、私たちには亡くなる前まで持っていた感情、想念や生き方がそのまま残っている。これらのものは波動をつくりだし、その波動は私たちと調和しているサイキカル界(複数)のサブ次元に私たちを自動的に置いてくれる。サイキカル次元において、私たちは4次元世界(複数)の中で自分たちの「実現性の循環」を続けていく。

やがて私たちは黙示録に「第二の死」(ヨハネの黙示録20―14・口語訳)と書かれている変化を迎える。そして自己認識として、5次元のノエティカル界(複数)に移行する。私たちと調和のするノエティカルのサブ次元に導いてくれるのは私たちの波動である。ここで再び人間のための「実現性の循環」を続ける。

最終的には、私たちは現在の輪廻転生の終わりに来る。「第三の死」を迎えてノエティックな状態に入る。予想していたかもしれないが、私たちはノエティックな形を取らない。このレベルでは体と呼ぶものはないのだ。このレベルで、私たちは原型なイデア――「天なる人間」[*]の原型、換言すれば「人間の形（ヒューマン・フォーム）」になる。三つの体、肉体、サイキカル、ノエティカルな身体というのは、この「人間の形」の物質化した延長である。第二の死も第三の死にも痛みはない。これらの死は光のより高次の領域へ気持ちよく移行することである。ノエティックの状態に到達する私たちは、永遠の光と宗教では呼ばれ、科学ではスーパー・ライトと呼ばれるものに到達する。

私たちはノエティックな「超資質」の鏡にはっきりと自分を見ることになる。このレベルでは、自分を人格としては見ない。ここでは、私たちは自分が本当に誰なのか、誰だったのか、そして未来は誰になるのかを見る。それは波動を持つ「スピリット・魂・自己」であり、そのトーンは自分独自のものである。これこそ過去生の時代からずっと私たちの転生を特徴付けてきた波動のトーンであり、未来の転生にも続くものである。

創造された「一時的存在の世界」には、従うべき「聖なる計画」があり、それはすべてそこで存在するものを支配していると私たちは知る。その「聖なる計画」と協力することは、自分たちにとって一番の得策となる。これは真理の探究者にとっての2番目の約束である「聖なる計画にいつでもどこでも従う用意があること」だ。痛みや苦しみは私たちの国、そして世界のどこにでも存在する。私たちの惑星は、自分のバランスを見出し、「聖なる計画」に基づいて世の苦しみを軽減する人びとを必要としている。キリストはこの点を、「収穫は多いが、働き手が少ない」（マタイによる福音書9―37）と表現した。「聖なる計画」に奉仕すること、「聖なる計画」のもとに機能している一部分であると感じられることは大きな名誉である。「聖なる計画」に奉仕するというのは、小さな子どもに微笑んだり、友だちを助けたりするというようなシンプルな事柄だったりする。いちばん大事なのは奉仕の量ではなく、その質なのだ。本当の愛を持って行われることは、それが些細なことに見えても、些細なことではない。

「実現性の循環」は「聖なる計画」が表現されたものである。どの生命体の「実現性の循環」であっても、それらのすべての裏には超越した知性があるという結論に私たちは至る。私たちは小さな植物から大きなクジラまで、自分のまわりの生命体を深く見ると、そこにはそれを積極的に支配している超越した知性があることは否定できない。知性という言葉は何を意味しているのだろう。それには形があるのだろうか。形を知性として見ることはできないが、それを勢力として察知することはできる。集中と瞑想によって私たちは神と呼ぶ超越した知性について知ることができる。その明らかな特性の一つは「全能」である。それにとって不可能なことはなく、その能力を超えたものはない。

創造的エーテルはこの超越した知性のもとで働き、大天使たちは私たちの肉体を原子のレベルから構築し、そして維持する。彼らは「天のイデア」の原型を鋳型として私たちの肉体を形成する。彼らは時間、空間、場所において、このイデアを使い、「実現性の循環」のすべての段階を含む「人間の形」を私たちに与えてくれる。命の現象のすべては「聖なる計画」の中の特定のサイクルを刻み込み、それが「神の全知」であるために、このサイクルから外れるものはいっさいない。創造されるものはすべて神と神の使者である天使のコントロールのもとにあるということだ。

真理の探究者や神秘家が人間や動物の「実現性の循環」について学ぶとき、彼らは何を発見するのか。彼らは過去の神秘家たちがみな到達した同じ結論に至る。彼らは絶対の真理に導く相対的な真理の糸を見つけたのだ。彼らは私たちがいずれ見つけるものと同じもの、そして将来の人びとが見つけるものと同じものを見つけたのだ。彼らは皆「命は在り（Life Is）」、そして命は永遠であることを発見するのだ。しかし、しばらく彼らは「一時的分離の世界」に生きることになる。そして、彼らは物質、サイキカル、そしてノエティカル界の本質を学ぶ。さらに、「スピリット・魂」としての自分の「聖なる本質」を最終的に発見する。心の中で自ら目を閉じてしまう人間は「命」の超越した知性を見ることはできない。

その理由は神が「命」であり、神をそれ以外の場所で探す必要がないからである。神は「命」であり、私たちは生きていて、私たちのまわりのすべては生きている。神は遍在していて、神自身をそのすべての創造において表現している。創造を具体化するという神の初期の「意志の喜び」は瞬時に「聖なる計画」となる。それは、すべてがその「法則・原因」の下で創造され、それぞれの「実現性の循環」を持つことを意味する。

人間には「聖なる計画」を完全に理解する知性はあるだろうか。いや、それは可能ではない。大天使たちは完全に理解しているだろうか。大天使たちでさえ完全に「聖なる計画」を理解していない。大天使たちでさえ知らないことがあり、それでも彼らは完璧に創造の中で「聖なる計画」に仕えている。私たちが理解できるのは、「一時的存在の世界」に関わる「聖なる計画」の特定の部分だけである。探究者か神秘家が自分の意識を最も高次のレベルに引き上げることができれば、7番目の天国の存在までも理解することができ、それは神として、神の娘や息子としての人間にとってはそれで十分と言うべきである。

私たち人間の体は人間の「実現性の循環」の「聖なる計画」に従って構築されている。しかし、それは銅像のように静止した状態でつくられてはいない。それは私たちの自己認識を持つ人格なので、それは生き、成長し、変化している。「聖なる計画」によると、永遠の「スピリット・存在・自己」として、私たちは人間の「実現性の循環」に入る。言い換えると、もともと人間になる運命にあったということだ。「スピリット・魂・自己」の光線が小さな時間、場所の人格・自己を提供する。人格の本質は「聖なるもの」であるが、その表現は人間的である。そこで人間化した自己は、創造の神秘について体験し、知ることができ、そしていつの日か、真の「自己への目覚め」において「魂」を知ることになる。

まず、私たちは三つの存在の世界での学びを会得する。私たちはただ神の気まぐれで生まれてきたわけではない。「聖なる計画」の裏には大きな理由がある。私たち一人ひとりが、運命の「法則」により特定の国、地域、コミュニティーや家族に配置された。それは偶然起きたのではなく、「聖なる計画」によって起きた。神の意志でない限り、何も起きない。したがって、私たちはすべてをあるがままに受け入れ、現在の状況の中でできる限りのことを成し、より良い生活を築く必要がある。自分たち、そして他者の状況に含まれる学びはみな同じで、より幸せで健康な人生を創造するためにマインドをより理性的に使うことにある。

私たちは自分を人格として、そして「魂」として表現するための「実現性の循環」を持ち、かつ、多くの「蓋然性の循環*」を持っている。私たちの人格の関心や表現とは別に、私たちは意志も表現できる。私たちの本当の意志力は「魂」から来るもので、本当の意志力のふりをする人格のエゴイズムや、そこから来る頑迷さと混乱してはならない。

ここで、私たちは一つの法則である「蓋然性の循環」について学びはじめよう。私たちは、私たちのまわりにあるすべての生命体について研究することによってそれを学んでいる。どのような命の「蓋然性の循環」であっても、そこに「因果の法則*」が働いているのを見る。それぞれの生命の形態に、全なる力がそれぞれにふさわしく表現されている。大きなクジラは海深く２マイルほど潜り、２時間ほど潜水することができる。それはこの形態の生命体にとっての十全なる力なのだ。小さなアリは自分の体重の４００倍の重さを持ち上げることができ、この生命体にとってそれが十全なる力である。

「実現性の循環」は少ないが、その中に実に多くの「蓋然性の循環」が含まれている。それが「一時的存在の世界」の決まりである。これら世界の生命体は、変化のない「実現性の循環」そして、同時に多くの「蓋然性の循環」のもとに置かれている。それらはすべて元素の聖なる大天使たちと神の慈悲による適切な判断によって定められている。これらのすべての仕事にバランスを与えるのは大天使ウリエルなのだ。それはウリエルがこのすべてを司っているということを意味する。

「蓋然性の循環」は、成長のどの段階であろうとそれを止めることを許す。たとえば、種子を植えてもそれは発芽しないかもしれない。若い木が大きくなる前に枯れるかもしれない。幼い子どもの肉体の命が断ち切られ、彼は向こうの世界にいるかもしれない。地上にいる生命体には、この二つの「実現性の循環」と「蓋然性の循環」がある。「蓋然性の循環」は生命体の成長をどの時点でも止めることが可能である。「実現性の循環」は不変であるため、それを止めることはできない。どちらの循環も目に見えて理解可能である。

私たちは「実現性の循環」と「蓋然性の循環」を勉強する努力をすると、私たちを囲む自然とそこにある生命体について正しく理解することができる。そして、私たちは自分の人格の中で何が起きているか理解でき、人格の力も弱さも理解できるだろう。この努力を、人格として、そして「インナー・セルフ」として行う必要があるが、そのように言うと、私たちは二重にできているように聞こえるかもしれない。本当は二重ではなく、一つの中に二つがあるのだ。私たちには二つの本質があり、それは「聖なる本質」と人間としての本質だが、一つの「自己性」しかない。それは1個のコインのようなものである。コインは一つだが、二つの側面を持っている。一つの側面は私たちの「聖なる本質」であり、私たちの本当の価値はそこにある。もう一つの側面は私たちの人格だ。問題は、皆がコインの一つの側面、つまり私たちの人格だけに注意を向けていることだ。しかし、私たちはこれからこの「自己性」のコインの両側を見て感じなければならない。

前に述べたように、人間の「実現性の循環」は一つの精子からスタートして、受精、誕生そして死に至るまで続く。肉体の死は人間の道の終わりではなく、それは存在のより高次の命、輪廻転生や意識の拡大などの「実現性の循環」のより幅広い範囲を明かしてくれる。

もし「蓋然性の循環」によって子どもが短命で7歳で亡くなり、サイキカル界で5年後に会いに行くと、彼は12歳になっている。こういったケースでは、子どもは「実現性の循環」の成長を続けて、地上で育つのととても近い形で、サイキカル界やノエティカル界で育つ。地上で始めたことは、サイキカルやノエティカルな世界でその進化を続けていく。キリストが次のように言ったとき、そのことを教えていたのだ。「あなたがたが地上でつなぐことは、天上でもつながれ、あなたがたが地上で解くことは、天上でも解かれる。」

（マタイによる福音書18―18）。

この言葉は、地上において持っていた良い習慣も悪い習慣も、そして考え方や感じ方も向こうに行くときにすべて一緒に運ばれていくということを意味している。今生の私たちは未来を知ることが可能なのだろうか。未来は私たちが見るためにあるのではなく、生きるためにある。なぜなら、私たちが未来と呼ぶものは、蓋然性の世界でしかないのだ――過去と現在における私たちの行為に基づく起こりうる結果のことである。「実現性の循環」および「蓋然性の循環」は私たちの過去、現在、未来における旅の貴重な知識の地図である。

私たちの過去の想念、願望、言動、行為は私たちの現在と未来の転生に影響を与える。人格として、いま私たちは自由に何かを変えたり、より良い選択をしたりすることができる。それは未来の起こりうる結果を変えることになるだろう。自由意志のもと、自分のスピリチュアルな成長を早めることもできるし、それがゆっくりと開花するように放っておくこともできる。人間のための「実現性の循環」を勉強し、自分が今その循環の中のどこにいるか知ることが必要なのだ。そしてマインドを使うことによって、ある日、「自己への目覚め」という「実現性」の大きな節目に到達するために、私たちの人格を成長させることができるのだ。

私たちのハートには神が置いた鍵がある。その鍵は私たちの愛のハート・センターである。このマスターキーは、地上の栄光とともに天国の神秘への扉を開くことができる。そうしたいのであれば、この鍵を使って扉を開き、地球を超えた世界を見ることができる。私たちの肉体は聖なる愛の最も高次な波動に耐えられないため、私たちはスピリットとしてしかそれができない。「愛の聖なる法」はスピリットの世界を支配する。私たちが自分の小さな人格であるという思いから離れることができれば、真の「魂・自己」に意識を移動させ、普遍的な調和を得る。そうすると、私たちは意識的に大天使たちと神の聖なる波動と一つになる。

この状態において、私たちの「スピリット・魂・自己」は人格の自己を通してはっきりと光り輝く。人格は真理を知り、自由になる。私たちが自分の「永遠の存在」の中心に達するやいなや自分の生の核に到達する。私たちは自分を表現する真の方法は愛することだと、疑うことなく知ることになる。

✝プラクティス――概観

「ロゴス」と「聖霊」とその使者である大天使たちは、生命体の「実現性の循環」に働きかけて、それぞれの生命体をつくり、育てる。「実現性の循環」はそれぞれの生命体の潜在的な諸体験の配列を決める原型的な原理である。「人間の形」（人間という形態）のために、「実現性の循環」は、聖なるところからの下降でスタートして、転生の過程を通り、聖なるところへ戻るまでの表現の循環全体の輪郭を描く。言い換えると、私たちの「実現性の循環」は放蕩息子の旅なのだ。それは意識が拡大して浄化していく間、続いてきたすべての転生を一つに編み込む完璧なサイクルなのだ。個々の転生は人間のための最大限で、かつ、完璧な「実現性の循環」の中の小さな循環のようなものである。片や、莫大な数の「蓋然性の循環」があり、物質レベルで循環を妨害して、そこから撤退させる機会もたくさんあるが、それも「聖なる計画」の摂理の中において起きることなのだ。

今よりシンプルな時代や文化の頃、人間は現在よりも命の自然なリズムにチューニングしていた。それは自然界のサイクルとより調和する生活をしていたからだ。現在、私たちが自分の意識をより高次のレベルに向上させることを求めるとき、これらの偉大な「実現性や蓋然性の循環」を意識することが必要となっている。一つの花や1本の樹木などにはよりシンプルな「実現性の循環」があり、それらを追うのはより容易である。私たちは練習で、このような種類の「実現性の循環」の瞑想から始める。これは時間とともにどのようにして「実現性の循環」が働くか、私たちの意識を拡大するためのエクササイズの例である。これは麦の種子を使ってみてもいいし、トウモロコシでも、どのような種子でも使える。このエクササイズを行うために、実際の種を手に取ってみることが助けになるかもしれない。

†プラクティス――麦の種の瞑想

まず、体、マインド、そして感情をリラックスさせてください。一日の心配事を穏やかに手放していきましょう。

目を閉じ、気持ちの良い暖かい日差しのもとで大きな草原の端に座っている自分をイメージしてください。

草原は刈られたばかりで、呼吸をすると新鮮な土の香りが肺いっぱいに入ってきます。

創造的な想念を使い、エーテルの手の平に麦の種を持っているのを見てください。

その麦の種がエーテル体の手に乗っているのを見て、それが固体であると感じてください。

私たちは集中力を使っています。そしてその種を感じるのに4次元の感覚エーテルを使っています。その種を固体として感じてみてください。さあ、創造的なタイプの瞑想を始めましょう。豊かな土地を見てください。そして手にしている種のために、小さな穴を掘ります。その中に種を入れて、土をかけましょう。

次に、あなたがその小さな種に水をかけているところ、そして太陽の光線が土と小さな種を温めているところを見てください。

そこに座ってそれが成長していくのを見てみましょう。まず種が小さな白い根を土の中にたくさん伸ばしていきます。

種が小さな緑の芽を土の中から出していき、その芽が太陽のもとで勢いよく飛び出しました。

これは集中する瞑想なので、他の想念やイメージが頭に入ってこないように気を付けてください。

緑の芽が出て、ゆっくりと育っていきます。急ぐ必要はありません。

小さな植物が少しずつ大きく成長していきます。

小さな植物が1本の生長した麦となり、黄金の穂が実をつけています。もう刈り取る時期がきています。

刈り取りました。この収穫から種を取り、それを手に取って触り、固体として感じてみましょう。

さあ瞑想を終わりにしましょう。

この瞑想は、麦が生長するのを実際に見たことのない人でもでき、アチューンメントを使い、種の本質に入り、生長の段階をうまく追うことができます。

これは本当に創造的な瞑想なのです。

20章 あなたの兄弟は生き返る

私たちは「自己性」の多様なレベルを知り、自分が実際どこに立っているのかを知る必要がある。すべての人が進化のはしごのトップの7段目に立っているわけではない。なぜ、すべての人間が同じレベルにいないのだろうか。それは、彼らがそれを求めないからである。もし彼らがそう望めば、それは可能である。神は「自己性」の主であり、私たちが使えるようにマインドを豊富に与えてくれるのだから。そして、私たちはそのマインドを使い「自己性」を成長させ、何種類かの意識を育てなくてはならない。観察の能力によって私たちには何が見えるだろうか。この意識は「自己性」に仕えるためだけではなく、それは私たちのまわりにあるすべての生の現象に仕えるためにある。ここで、私が言うことを理解してほしい。私たちは「スピリット・魂・自己」としての神である（私たちの個人性）。そして私たちは私たちの「スピリット・魂・自己」の不滅の光線を「一時的存在の世界」に投影し、不滅の人格の自己を提示しているのである。しかし、「スピリット・魂・自己」として、私たちは「絶対無限の存在」から離れたことはない。それを心得ていてほしい——ダスカロス

教え

私たちは、「一時的存在の世界」を冒険する旅に出ていて、それは時間、空間、場所への長期にわたる旅である。私たちは「永遠の存在」の家から、「スピリット・魂」として神の創造を存分に経験するために、「一時的存在の世界」に輝く光線を投影している。幸いなことに私たちは往復切符を持っているので、いつか私たちは本当の家――「永遠の今」の中の私たちの「聖なる本質」――に帰ることが定められている。

この旅の間、私たちは人格として、これらの「一時的存在の世界」で仮の生活をしている。しかし、私たちは「スピリット・存在」として、今も昔も将来も「永遠の存在」の中に居つづける。投影されているこのスピリットの「命・光」の光線は人格としての私たちの存在の核の部分でありながら、存在に投影されている「スピリット・魂・自己」の一筋の光線でしかない。存在の中で私たちはこの「スピリット・魂」の光線に私たちの感情、欲望、想念、行為といった衣を着せて私たちの人格と呼ぶ仮の自己認識をつくっているのだ。この自己認識の性格の質は、この人生で培った感情や想念の質によって決まる。

したがって、私たちには二つの状態がある。それは「一時的存在の世界」の絶えず変化する相対的な現実と、「永遠の存在」の「絶対的現実」である。「一時的存在」にははっきりとしたはじめと終わりがある。しかし、「永遠の存在」は永続的だ。それにははじまりもなく、終わりもない。一時的存在の世界に生まれると、私たちは特定の空間、場所に特定の瞬間にいるが、数時間後には異なった空間、場所に移動しているかもしれない。「永遠の存在」は違う。「永遠の存在」はいつも今であり、「永遠の現在」しかない。

私たちの「自己性」は、現実のこれら両方の状態に参加して楽しんでいる――「一時的存在」の変化する状態と「永遠の存在」の不変の領域である。私たちは「スピリット・魂・自己」として永遠であるが、私たちには人格として仮の姿もある。同じく、「命」は永遠でありながら、地球や高次元の世界であらゆる命の形態をとって一時的存在を表現している。すべての命の形態は絶えず変化している。命を表現している形態は栄ては去っていくが、形態を生かしている「命」を破壊することはできない。その「命」は私たちの知覚能力を超えることがあるかもしれないが、それが無くなるということではない。

私たちの「自己性」を人間の本質としてのいちばん低い表現である「一時的存在の世界」から永遠の根源までたどるとき、1本の線というイメージによって表現することができる。線にたとえるということは、「自己性」という点を線に伸ばすことで「自己性」を示そうとすることである。どの線をとっても、そこには3つの識別できる点がある。それは線の終わる両端と、線の真ん中にある見えない点なのだ。仮に1本の線が左から右へ伸びているとすると、中央から右側に伸びている線は一時的な時間、空間、場所に存在する現在の人格である。中央から左はスピリットとしての私たちの「自己」である。中央の点は、「魂」／「永遠の人格*」としての「自己」である。

次ページの図のように、線の中央から左は不死の「スピリット・自己」の光線であり、それは光り輝き、不変である。中央から右側は「スピリット・魂・自己」の光線であるが、それは不滅ではない人格の自己としての服をまとう。そして、その部分の線には三つのグラデーション（色の推移）が見てとれる。これらの三つの部分は、肉体、サイキカル体、ノエティカル体である。表現としてとらえると、この人格の自己とい

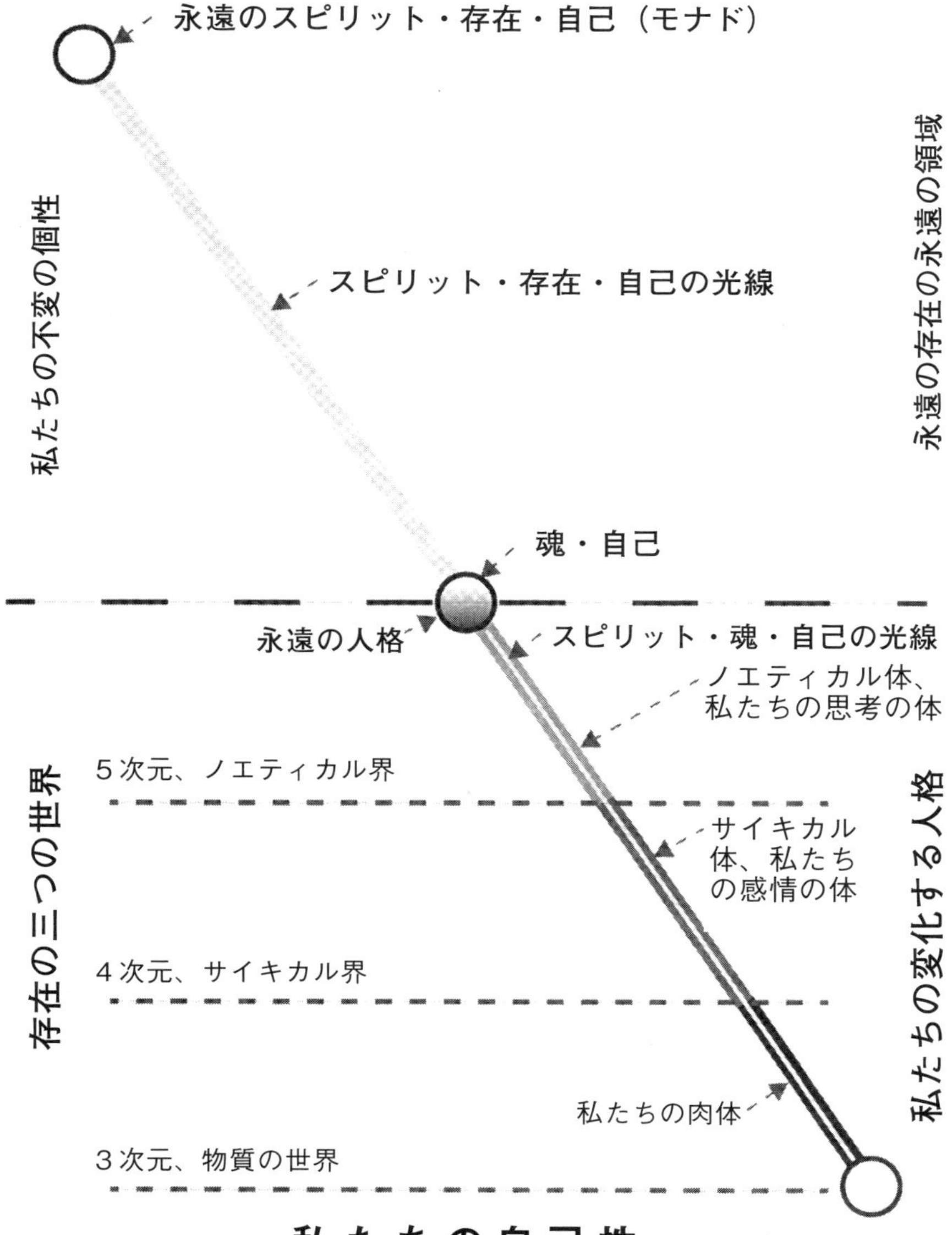
永遠のスピリット・存在・自己（モナド）
私たちの不変の個性
スピリット・存在・自己の光線
永遠の存在の永遠の領域
魂・自己
永遠の人格
スピリット・魂・自己の光線
ノエティカル体、
私たちの思考の体
5次元、ノエティカル界
存在の三つの世界
サイキカル
体、私たち
の感情の体
私たちの変化する人格
4次元、サイキカル界
私たちの肉体
3次元、物質の世界

私たちの自己性

うのは、本当の「自己」が一時的世界の時間、空間、場所に反射された姿である。この三つの世界での人格の表現は聖者かもしれないし、罪人またはその中間なのかもしれない。しかし、これらすべての人格の核には、純粋な、汚れを知らない「スピリット・魂」の光線がある。

前掲図では、左上の線は私たちの「個人性」であり、私の本当のアイデンティティなのだ。そして、右下の線は現在の生涯に関連する私たちの人格だ。この現在の人格は、私たちのすべての人間としての表現、想念、感情や行動、良いものも悪いものも含めたすべてによって構成されている。それは私たちが自分の真の「自己」と間違う一時的な人格である。この人格には、三つの「一時的存在の世界」に対応する三つの体がある。肉体は3次元の物質的世界に属している。私たちのサイキカル体は4次元のサイキカル世界、そして私たちのノエティィカル体は5次元のノエティィカル世界に属する。

線の中央は、「魂」／「永遠の人格」を象徴し、そこにはすべての過去生の完璧な記録が入っている。「永遠の人格」を「魂の人格」と呼ぶ者たちもいる。魂の足とか、魂の座と呼ぶ者たちもいる。それを何と呼ぼうと、それは魂の表現の一部分であり、それは自分の光線を何回も「一時的存在の世界」に投影して、何回も繰り返して転生する。

この光線はそれぞれの新しい転生のバックボーンを象徴している。この光線をバックボーンとして、私たちは私たちの人格の性格を独自の考え方、感じ方、行動によって構築していくのである。新しい転生にはその過去生から継続されるもの、持ち越されるものがある。新しい転生には、過去生で学んだレッスンや学ばなかったレッスンが持ち越されていくのだ。それぞれの新しい転生で、私たちは過去世で途中まで学んだレッスンや関心事をピックアップして、再びそれを続けるのである。それは1冊の本の1章ずつが物語の筋を継続させていくようなものである。一つの転生は、「永遠の人格」が「一時的存在の世界」へ行き、独自の人格を具現化して、再びそれが退場するということである。

「スピリット・魂・自己」とその投影／物質界への転生の間にしっかりした分離があると想像してはならない。同じように、スピリットと物質が二種の分離された正反対な状態であるとも考えてはいけない。3次元の物質の資質はマインドの最も密度の高い具現化であると考えるとよいだろう。4次元のサイキカル資質はマインドの具現化の密度がより低く、5次元のノエティカル資質はさらにきめの細かいマインドの具現化である。マインドは、スピリット（神）と彼の大天使的なメッセンジャーたちが、物質、サイキカル、ノエティカルの「一時的存在の世界」を具現化するための手段である。先の図で、三つの体の本当の関係、または三つの「一時的存在の世界」の関係を描き出すことは不可能である。

残念なことに、この簡単な図は、三つの世界や三つの体は完全に分離しているという誤解を招いてしまうかもしれない。しかし、それはそうとも言えるし、そうでないとも言えるのだ。それらは波動という意味では};はっきりと分かれているが、物質の世界にはサイキカルやノエティカルの世界が浸透しているし、物質界を囲んでいる。同じように、私たちの肉体にはサイキカル体とノエティカル体が浸透しているし、囲んでいる。肉体が生きるためには、その中にサイキカル体もノエティカル体も必要なのだ。肉体が死ぬと、私たちの自己認識はサイキカル体に移動する。この体にノエティカル体が浸透していて、囲んでいる。サイキカル体が生きるためには、ノエティカル体が必要なのである。サイキカル体が第二の死を経験して捨てられると、私たちの自己認識する人格はノエティカル体で自立して生きることができる。その際、肉体やサイキカル体は必要としない。身体同士の間をつなげるリンクは三つの体のエーテル・ダブルである。同じように、エーテルの世界が三つの「一時的存在の世界」をつなげている。もちろん、前記の2次元のイラストでは3次元、4次元、5次元とそれを超えた次元を十分に表すことはできない。このイラストは、私たちの「自己性」や私たちが転生を繰り返しながら旅をする「一時的存在の世界」を象徴することはできる。

多くの転生、そして数えきれないほどの人生のレッスンを学んだ後、私たちは解放を求めはじめるかもしれない。これらの「一時的存在の世界」の浄化の炎からの救済だ。そして、私たちの本当の家である本質に帰り、父である神と融合したいのだが、この家までの旅は時間や距離で測れるものではない。それは、幻想から真理、影から光、死から不死への旅である。私たちは、自分の「聖なる本質」である「愛」「知恵」、そして「能力」からの分離を堪能して疲れきってしまうと、そこと再び融合することを求める。最終的には私たちは自分の置かれている立場に気付き、自分の痛み、混乱、苦悩から脱するための努力を始めるのである。

キリストの放蕩息子のたとえ話ほど、この人間の、家からの旅立ちと回帰について十分に説いているものはないだろう。このたとえ話は、人間に関して、そして私たちが直面する諸状況に関する偉大ないくつかの真実を含んでいる。この放蕩息子の話は、真理の探究者の教えの基礎となるものである。

放蕩（ほうとう）息子

ある人に息子が二人いた。弟の方が父親に、「お父さん、わたしが頂くことになっている財産の分け前をください」と言った。それで、父親は財産を二人に分けてやった。何日もたたないうちに、下の息子は全部を金に換えて、遠い国に旅立ち、そこで放蕩（ほうとう）の限りを尽くして、財産を無駄使（むだづか）いしてしまった。何もかも使い果たしたとき、その地方にひどい飢饉（ききん）が起こって、彼は食べるにも困り始めた。それで、その地方に住むある人のところに身を寄せたところ、その人は彼を畑にやって豚の世話をさせた。彼は豚の食べるいなご豆（まめ）を食べてでも腹を満たしたかったが、食べ物をくれる人はだれもいなかった。そこで、彼は我（われ）に返って言った。「父のところでは、あんなに大勢の雇い人（やといにん）に、有り余るほどパンがあるのに、わたしはここで飢え死にしそうだ。ここをたち、父のところに行って言おう。『お父さん、わたしは天に対しても、またお父さんに対しても罪を犯しました。もう息子と呼ばれる資格はありません。雇い人の一人にしてください』と。」そして、彼はそこをたち、父親のもとに行った。ところが、まだ遠く離れていたのに、父親は息子を見つけて、憐（あわ）れに思い、走り寄って首を抱き、接吻（せっぷん）した。息子は言った。「お父さん、わたしは天に対しても、またお父さんに対しても罪を犯しました。もう息子と呼ばれる資格はありません。」しかし、父親は僕（しもべ）たちに言った。「急いでいちばん良い服を持って来て、この子に着せ、手に指輪をはめてやり、足に履物（はきもの）を履（は）かせなさい。それから、肥えた子牛を連れて来て屠（ほふ）りなさい。食べて祝おう。この息子は、死んでいたのに生き返り、いなくなっていたのに見つかったからだ。」そして、祝宴を始めた。

　ところで、兄の方は畑にいたが、家の近くに来ると、音楽や踊りのざわめきが聞こえてきた。そこで、僕の一人を呼んで、これはいったい何事かと尋ねた。僕は言った。「弟さんが帰って来られました。無事な姿で迎えたというので、お父上が肥えた子牛を屠(ほふ)られたのです。」兄は怒って家に入ろうとはせず、父親が出て来てなだめた。しかし、兄は父親に言った。「このとおり、わたしは何年もお父さんに仕(つか)えています。言いつけに背(そむ)いたことは一度もありません。それなのに、わたしが友達と宴会をするために、子山羊(こやぎ)一匹すらくれなかったではありません。ところが、あなたのあの息子が、娼婦どもと一緒にあなたの身上(しんじょう)を食いつぶして帰って来ると、肥えた子牛を屠っておやりになる。」すると、父親は言った。「子よ、おまえはいつもわたしと一緒にいる。わたしのものは全部おまえのものだ。だが、おまえのあの弟は死んでいたのに生き返った。いなくなっていたのに見つかったのだ。祝宴を開いて楽しみ喜ぶのは当たり前ではないか。」(『キリストのたとえ話』ダスカロス　著／根本泰行　訳／テア　202、203頁)

　この話は人間の「実現性の循環」全体を描いていて、偉大な真理を伝えている。もちろん、この物語の父親は天の父、神を象徴している。兄は神との融合から離れたことのない大天使たちを象徴している。弟は人間となり、転生の循環に入るそれぞれの「永遠のスピリット」を表している。弟に与えられた財産はマインドであり、それを使う権利である。息子には完全な自由がある。自由は神が人に与える最初の贈り物である。

兄も父親の財産の半分がある。それは大天使たちもマインドを使うことを意味する。キリストの教えは、人間と大天使の関係を描いていて、それは兄弟であるということだ。大天使たちは私たちの真の兄弟なのである。彼らは私たちが兄弟であることが分かっているが、私たちの側は、大天使たちとの密で重要な関係に気付いていない。

弟は財産をもらい、遠くの国へ旅立つが、それは地上での転生を意味する。弟は「一時的存在の世界」に行き、放蕩の限りをつくして財産を使い果たし、これらの体験から学びを得る。「一時的存在の世界」は二元性の世界であるため、飢饉が襲うと世界の状況は変わり、息子は苦しむ。「分離の主」は、彼を奴隷にして、豚の世話をさせ、物質に仕えさせた。豚たちは感情と想念形態を象徴し、弟がそのつらい生活をしながら創造した質の低いエレメンタルたちだ。青年はその豚の餌で満足しなくてはいけなかったということだ。それは、私たちのハートやマインドを汚す、汚れた感情や想念を表している。それはキリストが、「汚れた霊たち」と呼んだものである。

ここから一歩進もう。たとえ話では、「青年は我に返り、考えた」とある。そして、父親のところに帰ることを決める。これは私たちが自分の苦しみから脱するための道を示す大事な教えであり、その道とは理性である。青年は座わり込み、自分の困難な状況を打開しようと理性をもって考えはじめる。そして、つらい状況を去り、より良い状況となるよう計画を立てる。彼は、「豚の餌を食べて満足ができないこの自分はいったい何をしているのだろう」と考える。私たちも苦しんでいて、解放されたいと思うときに、同じように自分に問わなくてはならない。「これらの問題のある想念、感情、行動は私にとって、いったい何なのだろう。私を満足させてくれるだろうか」と。この物語の中で、青年は真理を見つけ、その満足のいかない状況を去ることにする。そして彼は父親の家に向かう。彼がまだ遠くに見えるとき、父親は彼の姿を見つけ、彼のところに走って行き、抱きしめてキスをする。これは何を意味するのか。現在では次のように言えるだろう。「神への一歩を歩むと、神はあなたに向かって9歩歩むだろう」と。

このたとえ話にはもう一つの重要な教えがあり、それは青年が父親のもとに帰ろうとして何歩か進むと、父親が彼の姿を発見するということである。それは、父親は息子が帰ってくるのをしっかり見て、待っているということだ。神が、私たちが帰るのを見て待っているのと同じである。父親が息子のところまで来ると、息子は、「もう息子と呼ばれる資格はありません」と言う。しかし、父親はそのようには受け取らず、息子であることを告げ、彼にいちばん良い服を着せた。こうして、父親は息子をもとの王子のときのような状況に戻した。息子は自分の兄弟の大天使たちのような服を着ることになった。同じように、私たちは「自己への目覚め」を通して私たちの「聖なる本質」に立ち返り、私たちが本当は一度も失うことのなかったものを獲得する。それは、神の子としてもともと持っていた立場である。私たちは自分の王子としての立場を忘れることがあっても、あるいは、言うことを聞かない子どものように振る舞うことがあっても、神の子はいつでも神の子なのである。

輪廻転生の苦しみを味わっても何も失うものはない。獲得するものさえある。それは指にはめられる黄金の指輪だ。指輪は永遠を象徴し、指輪の円周にははじまりも終わりもないので、それは永遠を象徴するのだ。それは終わりのない動きである。この永遠の感覚と、時間、空間、場所における経験を加えると、弟には大天使たちの持っていない明らかな強みがある。この外への旅と、家への回帰のおかげで、弟は時間と「永遠の今」が分かるようになった。大天使たちは時間を理解できず、「永遠の今」しか分からない。ダスカロスは大天使たちの言葉を知っていたので、「時間とは何だろうか」と彼らに聞いたことが何度かある。彼らが返せるのは、「私たちは永遠の今にいる」という答えだけだった。彼らは今までもそうであったように、そしてこれからもそうであるように、「永遠の時間」の中にいる。時間が何であろうと、それは彼らには関係なく、彼らの関心があるのは、「永遠の今」の中で自分の本質を表現するという彼らの仕事だけである。

あなたの過去を見ても時間という中で、そのはじまりを見つけることはできない。過去と私たちが呼ぶものは永遠であり、未来と呼ぶものも永遠である。過去について思いをはせるとき、それは現在であった時点の思い出を引き出すだけである。あなたの覚えている過去が20分前であっても、20年前でも、20回前の過去生であっても、貯蔵された記憶を引き出しているだけなのだ。この生涯で忘れたことがあったり、過去生での出来事を忘れていたりしたら思い出す方法はあるのだが、それには訓練が必要だ。過去生を本当に思い出すためには、自分の自己認識を「スピリット・魂・自己」まで引き上げる必要がある。それは自分の人格・自己にいつも焦点を当てているとできないものだ。あなたが過去生を思い出せない理由はそこにある。

あなたが未来を思うとき、あなたは予想可能な結末、あるいはこれから起きることの影を引き出すが、それは過去の記憶と同じようにはかないものである。私たちが本当に知っているのは現在の瞬間であり、それが私たちの現実だ。私たちにとって今の瞬間に生きているということだけが唯一の本当の現実なのだ。生きることは現実である。過去とか未来という二つの幻想の間に現実が存在できるというのだろうか。この事を真剣に探究すると、いつでも私たち一人ひとりに、「今」というものが存在していたことが分かる。これらの過去の経験は過去の「今」に起きたことである。未来における私たちの経験も「今」の中で起きる。私たちには永遠の過去と、未来の間にはさまった今がいつもあるのだ。

真理の探究者にとって最大の関心事とは、自分が誰なのかを知ることである。人格としての私たちはこの人生で絶えず変化している。私たちの人格は変化しないことはなかったし、将来もそれは変わらないので、変化を恐れる必要はない。これらのすべての変化は過去と呼んでいるときのもので、それは過ぎ去った昔のことであり、今世における数年間、あるいは何十年間のことである。数世紀前や過去生ではどうだろう。この探究を始めると、私たちの過去は永遠と続いているということが分かる。私たちが本当に知っているのは今の瞬間なのだ。私たちが今、存在していることは確かである。もし以前に存在していなかったらどうして今生に存在することができるだろうか。未来はどうなるのか。私たちは無の状態に入り、存在することをやめてしまうだろうか。もしそうであるなら、この瞬間にどうやって生きているのだろうか。もし西暦１５００年に誰かがその質問をしたなら、それはまるっきり今と同じになる。あなたはその時、西暦１５００年の「今の瞬間」に生きているのは確かであり、ハイテクの21世紀での現在の自分の生活は想像できないだろう。この５００年もの間、自分がどうだったのかと思うかもしれない。あなたはカルマの風に吹かれて、あちらこちらに飛んでいるようなものであり、自分が誰なのか、あなたの人生の目的を知らないで過ごしているのかもしれない。人格として分かっても、「スピリット・魂」としては分からないかもしれない。

たとえ話では、放蕩息子が帰宅すると、父親は太った子牛を殺すが、それは息子の肉体を象徴する。天国に入るのに肉体は犠牲にしなくてはならにい。「肉と血は神の国を受け継ぐことはできず」（コリントの使徒への手紙I 15—50）と書かれている通りだ。たとえ話の兄は「永遠の今」から去ったことはなく、物質界に入ったこともなければ肉体で転生したことがないので、牛やヤギを生贄（いけにえ）にして解放される必要はなかった。大天使たちは、人間のようにマインドを間違って使い、マイナスのエレメンタルをつくったり送ったりすることはなかった。こうして、人間は自分の幻想から脱して神のもとへ、そして「スピリット・魂」としての「聖なる本質」に帰る学びを得ることになる。放蕩息子はこのような学びを得て、最終的には自分の「神性」を完全に理解し、受け入れて神のもとに戻ることになる。

このたとえ話に、「一時的存在の世界」で神からの分離の感覚を経験し、いずれ帰るという人類の旅の偉大な真理を見出すことができる。生活の放蕩ぶりがより激しい者たちもいるが、しょせん私たちは皆放蕩息子であり、放蕩娘なのだ。しかし、自分の人生の状態を深く学んでいくと、誰もが通るこの旅のどこかにいる自分たちを見出すだろう。ある者たちは、放蕩生活でいまだに意義とか幸せを探しているかもしれない。他の者たちは「我に返って」、自分のつくった苦しみや幻想を手放して、父である神のもとに戻ると決めたかもしれない。また他の者たちは、神が彼らを歓迎し、神の抱擁とキスを感じるほど神に近づいたのかもしれない。そして私たちより前に歩んで、すでに回帰を完結させた偉大な者たちもいる！

†プラクティス――概観

私たちが望もうが望むまいが、放蕩息子が帰ってくることは「聖なる計画」で決まっている。いずれ私たちは放蕩息子の旅を完結させ、私たちの「聖なる本質」に戻る。もしこのプロセスを早めたいならば、なすべきことに取りかからねばならない。私たちは「マインド・バイタリティー」を、サイキカル資質、ノエティカル資質、そして超資質として受け継いでいる。私たちはそれを使って何をしているのだろう。私たちはマインドを間違って使い、多くのマイナスの感情や想念をつくりだし、自己中心的な愛や嫉妬や争いをつくりだしている。私たちはこのような否定的なエレメンタルをつくりだし、それは私たちの人格の一部を成し、私たちはそのために苦しんでいる。

ではどうしたらいいのだろうか。私たちはマインドを正しく使い、プラスの健康的な感情や想念をつくり、そして自己意識を開花させて自分の感情や想念のマスターになる必要がある。人格の自己意識としての自分を開花させ、私たちはある日、「スピリット・魂・自己」として自分が誰なのか分かるレベルに到達する。この真の「自己への目覚め」によって、私たちは聖なるものとのアチューンメントと「アト・ワンメント」の眠っている能力を具現化することができる。その時、私たちは皆、神であり、神の娘であり息子であることが分かる。私たちは自分が本当は誰なのか見つけることが必要である。それはこの瞬間の自分だけでなく、いつも永遠にそうである自分についてである。

✝プラクティス――エッセネ派の瞑想

この瞑想はエッセネ派の同胞団の教会でキリストであるジョシュア・イマニュエルによって、彼の弟子たちを教師そしてヒーラーとして外の世界に送りだす前に彼らに授けられたものである。それは時間とともに失われてしまったが、ダスカロスによって生徒たちに再び紹介されたものである。

瞑想を始める前に、完全にリラックスして、呼吸を深く楽にしてください。いちばん大事なのは意識をもって呼吸することです。

キリスト、ジョシュア・イマニュエルがあなたの前に、彼の雪のように白いローブを着て立っているのを視覚化してください。

あなたがこころ穏やかに座り、聞く用意が整うと、ジョシュアは腕を広げて私たちを祝福してくれます。

ジョシュアは、自分の「聖なる自己」である「ロゴス」と「アト・ワンメント」に入り、私たち一人ひとりに波動を合わせて、話しかけてくれます。

最愛の者たちよ、あなたがたは皆、わたしの子どもであり、「スピリット・魂・自己」、そして、不死の神々、そして、わたしの無限の「自己性」の中の「エゴ・自己」です。


わたしはあなたの主であり、あなたの中の神です。

わたしはあなたの「エゴ・存在・自己」です。

わたしはあなたの主であり、すべての人間の中にいる神です。

わたしはすべての人間の中にいる「エゴ・存在・自己」です。

わたしはすべてのものの創造主であり、わたしは存在するすべての中にいます。

最愛の者たちよ、静かにし、心を落ち着けて、わたしの言葉を聞きなさい。

わたしは永遠の命、すべての生きるものの命であり、わたしがあまねく存在するすべての生きているものの命です。

聞きなさい。わたしはあなたのこころに、直感として話しかけます。


聞きなさい、そして理解しなさい。

わたしは聖なる大天使とともに、あなたに肉体を与え、あなた方がその中で生きられるように、それを絶えず維持しています。

わたしはあなたに、わたしに似せた体（複数）を与えました。

わたしはあなたに、「聖なるライト・ボディ（光の体）」（薄紫の光を放つ）、そして、異なった次元への「知恵」を与えました。

わたしはあなたに、感覚と感情の体を与えました。あなたは、悪い者たちが幻想や暗闇を使ってそれを汚すことを許してはいけません。

わたしはあなたの肉体にエーテル・ダブルを与えました。それを見つけて上手に使いなさい。

あなたの体の中で創造的な働きをする大天使たちに協力しなさい。

あなたのエーテル・ダブルを見つけて、わたしの「マインド・光・バイタリティー」によってそれを満たしなさい。

静かにし、こころを落ち着けて、わたしの言葉を聞きなさい

わたしはあなたに肉体、そして人間のハートを与えました。

わたしはあなたのハートの鼓動の中にいます。

あなたのハートの鼓動にわたしの愛がこもっています。

あなたのハートをきれいにしなさい。

あなたのハートを汚れなき鏡にして、すべての人間、そしてわたしの子どもたちに向けられているわたしの愛——あなたの愛——を反射できるようにしなさい。

わたしを見つけて、聞きなさい。

わたしはあなたのハートに宿る命です。


わたしは眼窩(がんか)に大事に守られた二つの目をあなたに与えました。

あなたは物質界の光を見ることができ、この光の中で物資界のすべてが見えます。

あまねく存在するわたしを感じなさい。


わたしはあなたに、わたしの空気、そして命を与えるバイタリティーを吸うために肺を二つ与えました。


深く呼吸をして、肺に入ってくる空気を感じなさい。

そこにわたしを感じることができ、あなたの呼吸の中に感じることができるでしょう。

わたしはあなたの呼吸の中にいます。

あなたがたは皆、わたしの愛する子どもたちです。

わたしはあなたの体の命です。

わたしはどこにでも遍在する命です。

わたしは永遠の命です。

わたしは、「遍在する、全知恵、全能の無限の自己性」です。

あなた方すべてが私の「自己・認識・エゴ」であり、「スピリット・魂・存在」であり、永遠の神です。

静かにし、こころを落ち着けて、わたしの言葉を聞きなさい。
あなたにマインドを使うようにと与えました。自分が誰であるか理解するためにです。
わたしは主、神です。あなたの「聖なる父」です。
わたしは「万軍の主」です。
わたしは「ロゴス」という神であり、「聖霊」という神です。
あなたの中の「命・愛・光」として見なさい。

わたしは永遠の「知恵」の中の消えることのない「マインド・光」です。
わたしは物質の太陽から放たれている光です。
自然界の力と勢力の中でわたしを感じ、見なさい。
嵐の中のわたしを感じ、見なさい。
わたしを風の中で聞き、見なさい。
稲妻と雷の中で私を見て，聞きなさい。
荒れる海の中にわたしを感じ、見なさい。
花を咲かせる木の美しさの中にわたしを感じ、見なさい。
すべての形態にある調和としてのわたしを見なさい。
咲く花の中にわたしを見なさい。

甘い香りの中、そして美しい色の中にわたしを感じ、見なさい。

わたしは、わたしの無限の「自己性」の中にいる、あなたの「不死のスピリッ ット・魂・エゴ・自己」の永遠の命です。

死は現実ではなく、幻想です。

現実は永遠の命です。

変化するあなたの体はあなたではありません。

あなたの「自己・認識・エゴ・存在」は、不死の永遠の「スピリット・魂・存在」です。

わたしは、死者の神ではありません。

わたしは、わたしの最愛なる子どもたち、永遠、不死の自己・認識を持つ神たちの神です。

21章 相対的真理のはしごを上る

真理の探究者は可能な限り真理に近づく。しかし、可能な限りというのはなぜなのか。それは、時間、空間の世界では、「絶対的真理」を得ることは不可能で、相対的真理しか得ることができないからである。私たちが相対的真理の全容を知り、それをすべての角度から見てからしか、「絶対真理」を知ることはできないのだ。私たちが現在生きている3次元のこの物質世界では、相対的真理で十分なのである。そこで、あなたは、「私とは何だろう。誰だろう」と分析するところまで来た。自分が誰であるかだけ、知る努力をしてみなさい。それを知るための真剣な探究――これが真理の探究者たち、私たちのサークルの目指すものである。しかし、相対的真理のはしごを上らないと、「真理」に近づくことはできない。「真理」の本当の意味を見つけだすことはたやすいことではないのだ。

私たちはどうやって「真理」を見つけるための取り組みをスタートさせたらいいだろうか。「真理」とは何だろう。もちろん、私たちは相対的真理を知っている。私たちは比較を通して、時間と場所・空間における相対的真理を知っている。これは、何かが本当だとかそうではないとかいう場合の、人生における物や状況に関する相対的な真理である。これは相対的真理である。真理の探究では、あらゆる分野における合理的な判断、集中、努力が必要であり、それによって自分たちの見方や印象を修正していく。これは覚えておくべき重要な点である。私たちは絶えず動いていて、ある時点で留まることはない。このことを理解するのは難しいが、理解する努力をしてほしい。相対的真理の多くは絶対的な「真理」であるが、それはあなたの学んでいる事柄のその距離やその質にもよる。今、私たちはとても大変な段階に入ったということだろうか。そうかもしれない。けれどもそれは必要なことなのだ——ダスカロス

教え

幻想の世界に生きる人格として、直接に「絶対的真理」に飛び込むのは不可能だ。それよりも、私たちは相対的な真理のはしごを上っていくことによって、「絶対的真理」に近づいていく。真の「自己」、その本質または現実の本質について、その真理を学びたいと真剣に思った瞬間から、私たちはそのはしごを上りはじめる。

まず、相対的真理というものの意味を説明することから始めよう。相対的真理とは、「絶対的真理」の一部だと言うことができる、そして、「絶対的真理」は不変である。それはいかなるものによっても高められたり損なわれたりすることはない。相対的な真理は拡張されたり増大されたり、そして変えることが可能な

ので、それは絶対ではない。物質世界の相対的真理の一例は重力である。物質界で重力は確定された法則であり、誰もそれを否定することはできない。この法則はすべての人も物質も拘束している。しかし、この真理は絶対的ではなく相対的である。高次の空気力学の法則などを適用して、人間は飛行機などを作り、それを飛ばして重力を超えることを学んだ。また、物理の法則を使うロケット工学などは、地球の束縛から脱して重力という相対的な真理を超えることを可能にした。つまり、重力は3次元の物質界での相対的な真理である。

同じようにカルマの法則、因果の法則は、すべての「一時的存在の世界」、つまり、物質、サイキカル、ノエティカルの世界に共通する真理である。あらゆる文化と時代において、悟りを開いた師たちは皆、この法則の真理を教えていた。キリストはこのことを、「人は、自分の蒔いたものを、また刈り取ることになるのです。」（ガラテヤの信徒への手紙6―7）と言った。しかし、キリストはこの厳しい法則の作用をゆるしという高次の法則によって中和することができた。彼は病気の相手に対して、「あなたの罪はゆるされた」と言い、カルマの法にそむいた結果である肉体／マインド／感情の病を取り除いたのだった（つまり、彼は聖なる法則を破った結果として生じたアンバランスやマイナスの結果を取り除いた）。そこまでではないが、教会の告解師や優れた心理セラピストは自分の過ちを告白する相手に同じように対応する。人格としての私たちはキリストのように罪を完全にゆるすことはできない。しかし、私たちは皆のために自分に対してなされた罪をゆるすことができるし、ゆるすべきである。「ゆるし」とは本当は何を意味するのだろう。そして、法にそむいたこと（罪）をゆるすのと、法を破ったその相手をゆるすのと、その違いはどこにあるのだろうか。ゆるすという行為は忘れることでも過ちを見逃すことでもなければ、虐待などを我慢することでもない。それは他者を傷つける行為を無視し、その事実とは違ったことが起きたというふりをすることでもない。

私たちは、なぜ他者をゆるすべきなのか。一つの明らかな理由は、自分もゆるされたいので、他者をゆるさないなら、自分をゆるしてくれとは言えないからだ。私たちは自分が他者をゆるすのと同じ基準で他者にゆるされる。私たちは神に次のように祈る。「我らに罪を犯す者を我らが赦す如く我らの罪をも赦したまえ」(主の祈り)と言う。これは数学の等式のように、私たちが他者をゆるすのとまったく同じ程度に自分がゆるされることを意味する。誰かを本当にゆるすということは、誰かを無条件で愛することを意味する。誰かを本当に愛しているのなら、あなたはゆるす必要はない。もし、私たちが何かの間違いを起こして誰かが困るようなことになったら、その人にゆるしを乞うべきだろうか。時にはそれは必要であり、それは誠心誠意なされなければならない。ゆるしを乞うことが自分勝手な場合もある。しかし、ある場合は率直に神にゆるしを願い、その相手に愛と善意を送れば、神はその人を祝福してくれるだろう。自分のハートやマインドに悪い思考やマイナスの感情をはさむことなく他者をゆるすことは100パーセントあなたのためになる。憎しみや敵意などは私たちの人格に危険な毒をつくり、また体内に毒素を生じさせ、それはいずれ胃潰瘍などの病気の原因となる。このマインド／感情／肉体のつながりは、涙の化学を分析した医学によって証明されている。彼らは、悲しみの涙が喜びの涙と明らかに異なった化学組成を持っていて、特定のホルモンをより多く含んでいることを発見した。強い感情が直接体に影響があることが証明されたのだ。マイナスの想念や感情を人格から取り除き、人格をきれいにしておくことは不可欠である。

1984年のノーベル平和賞の受賞者であり、南アフリカの真実和解委員会の元会長、大主教デズモンド・ツツは次のように説明している。「ゆるしのプロセスは加害者自身の、自分が過ちを犯したという認識が必要である。私たちは安易に、過ぎたことは過ぎたことと見過ごすことはできない。なぜなら、それは過ぎたことにはならず、後に私たちを悩ませることになるからである。真の和解とは安価なものではない。それはゆるしに基づいた高価なものだからだ。同様に、許しは悔い改めをよりどころとし、その悔い改めとは自分たちの行為が間違いであったという認識に基づくもので、つまり真理を明かすことを意味する」。

キプロスで、ダスカロスの近所に無愛想な夫婦が暮らしていた。彼らはいつも他人を責めては問題を起こしていた。彼らは貧乏で、時には食料を買うお金さえ必要だった。ダスカロスはそのことを知り、匿名で封筒にお金を入れて、その家の正面玄関のドアの下に差し入れていた。ある時、彼らは誰かが自分たちに盗みを働いていると言いはじめ、それがダスカロスだと非難した。警察が呼ばれ、ダスカロスの家に夫婦と警官がやって来た。ダスカロスは盗んでいなかっただけでなく、夫婦が飢えているときにドアの下にお金を入れていたのは自分だということを説明し、それがいつだったかも伝えた。これは彼らにとって大きなショックだったようで、彼らは警官とともに帰っていった。後らはその後、自分たちの訴えがダスカロスを傷つけたことに罪悪感を抱き、彼を訪ねてきた。ダスカロスが言うには、彼は自分のエゴイズムをとっくに抹殺してしまったので、実際は傷ついていなかったのだ。

それでも彼らはダスカロスの前に膝をついて、「私たちをゆるしてください」と言った。

「その必要はないよ」とダスカロスは答えた。「あなたたちを愛しているから」

彼らは、「私たちもあなたを愛しています」と答えた。「あなたたちを愛しているが」とダスカロスは再び続け、「でも、もう今後、私たちは関わりを持つことがないようにしよう」と言った。

ダスカロスがこの話を語ったとき、彼にはこのような関係を断つ権利があると続けて言った。キリストも自分の教えでそのように伝えている。ダスカロスは言い足した。「そのような人々を忘れてもいいが、悪い感情を持ってはいけない。彼らを忘れることは良いことなのだ。彼らを愛していれば、ゆるしの必要はなくなる」。これが慈悲（憐れみ）である。キリストは、「わたしが求めるのは憐れみであって、いけにえではない」（マタイによる福音書9―13）と言った。慈悲とは愛を意味する。自分のエゴイズムを殺すと、相手が自分のゆるしを乞わなくてもいいと感じる。それは、彼らが許してほしいと思っていてもなのだ。もちろん、相手のためを思って、あなたをゆるすということは伝えるが、もしゆるしを求めにくるべきだとあなたが相手に感じたのであれば、それは慈悲でも愛でもない。

実際、私たちは人間という一つの人種に属している。人間という家族として共通の家である地球に暮らしている。私たちは皆、この家族のメンバーを愛する努力をする必要がある。自己中心的な人間は、他人をきちんと愛することができない。真理が私たちを自由にしてくれるというのは偉大な原理である。同じように、私たちを守るのは愛であるというのも偉大な原理である。したがって純粋なハートは、意識的であれ、潜在意識のレベルであれ、私たちに害を与えようとする人に対するいちばんの防御である。もし私たちが自己中心的な個人の愛を無条件の愛のレベルまで引き上げることが可能になれば、自分を敵と思っている相手の破壊力や悪影響から、私たちは守られる。真理の探究者は敵を持つことゆるされないが、すでにあなたも察しているように、友だちになるよりも敵をつくることの方がたやすいのである。

ブッダは憎しみで憎しみが止むことはないと教えた。憎しみが止まるのは愛があるときだけだ。言い換えると、火を火で消すことは不可能であり、火を消すのは水なのである。同様に、他者に投げかけるとげとげしい言葉は双方に怒りを焚きつけるが、やさしい言葉は双方の気持ちを落ち着かせる。自分を愛してくれる相手を愛することは、人間の自然の反応であることは明らかだが、あなたを愛する相手を憎むのは悪魔的であり、あなたを憎んでいる相手を愛するのは神聖なことである。さらに私たちが気付くのは、私たちが邪悪と呼ぶものは善良なものを攻撃したり、他の邪悪なものも攻撃したりするが、真の善良なるものは、他の善良なものを強化することはあっても邪悪なものを攻撃したりはしないということだ。どちらを選ぶかは、けっきょくあなた次第である。

たとえば、私たちに対して罪を行っている人間が自分の行為を正当だと信じて悔い改めることがなくても、私たちはその体験に含まれた学びを受け入れ、その罪をゆるし、その相手をゆるし、真理の探究者の5番目の約束を適用することができる。「わたしに対する人々の行動がどのようなものであっても、わたしは心と魂の奥底から誠意を持って兄弟姉妹である隣人を愛し、彼らに奉仕します」（訳注＝七つの約束については1章29頁参照）。5番目の約束の誠実な実行は、私たちを過ちにつなぎ止める鎖から解き放ち、癒しが起きることを可能にする最善の反応である。それは私たちを自由にし、相対的な真理のはしごを上ることを可能にする。

さて、私たちが一つの次元の相対的真理だと思っていることは、より高次の次元の相対的真理によって完全に消滅してしまう可能性がある。たとえば、物体間や場所と場所の間の距離としての空間は3次元の物質世界における相対的真理である。しかし、4次元のサイキカル界では地球で測れる空間とされている真理は、場所の概念にとって代わる。サイキカル次元では、多くの固有の位置や物はごちゃ混ぜになることなく、同一の場所に存在することが可能になる。テレビ局からいろいろな放送が同時に流れてまざらないのと同じである。テレビの4チャンネルの周波数に合わせるとその番組だけを見ることができる。6チャンネルに変えると、自分にとって4チャンネルはもう存在せず、6チャンネルで放送されている番組しか意識していない。この例の場合、物理的な動きはなく、一つの周波数から他のものに合わせているだけだ。一つのサイキカルな場所から他に「移動する」のも、同調する行為、つまりアチューンメントだけで可能になる。自分の行きたいと望む場所の周波数に自分を調整して合わせるのである。

5次元のノエティカル次元では、地球で使っている時間というはかりは完全になくなってしまう。ノエティカル次元では物事が起きるという感覚はあるが、地球のそれとは異なる。ノエティカル界では、地球での100年が一日のように感じられるかもしれない。測れる時間と空間についての真理は相対的なものであり、絶対ではない。私たちが相対的真理について勉強、観察、そして瞑想するほど、私たちは「絶対的真理」に近づくことができる。それは私たちが相対的真理のはしごを上らない限り、「絶対的真理」に近づけないことを意味する。今、私たちが立っているこの場所から相対的真理のはしごを上がっていくことになる。私たちは、私たちの人生の現在の出来事や状況の相対的真理の勉強から始めよう。

残念なことに、平均的な人間というのは、考えて行動する個人として人生を生きているのではなく、自分の夢や幻想の中で生きている感覚人間である。ほとんどの場合、ある人生で失望感や絶望感をつくっているのは彼らの幻想なのだ。しかし、真理の探究者はできるだけ相対的真理に近づこうと試みる。なぜなら、三つの「一時的存在の世界」に生きる人格として、相対的真理を完全に分析してからではないと「絶対的真理」に近づけないからだ。それはそれで問題はない。というのは、「一時的存在の世界」で「絶対的真理」は把握可能な相対的真理の結果だからだ。私たちは相対的真理のはしごを上ることを絶対に止めない。私たちは相対的真理から「絶対的真理」に向かって動いていくのだ。

アルバート・アインシュタインは、「問題は、その問題をつくった思考のレベルでは解けない」と述べた。問題があるときは、その問題より高いレベルまで上がり、高い視野から見てベストな解決法を見つける必要があるということだ。ダスカロスは解決すべき難しい問題があるとき、エクソソマトーシスで肉体を出て解決するのが好きだと、一度私に言ったことがある。もちろん、私たちは自分の問題を解くために皆が皆、体外離脱をすることはできない。しかし、相対的真理のはしごの上段に上り、より大きな視野から物事を見ることは可能だ。

相対的真理のはしごを上る方法は「比較」という方法である。私たちは相対的な真理を見出すために、相対的な事柄を他の相対的な事柄と比べる。相対的真理は二元性の世界に属している。相対的真理を理解するための唯一の方法は比較である。二元性の世界では、二つの点、二つの状態、二つの教え、二人の人または二つの出来事を比較して、その相対的真理の確かな理解を得る必要がある。私たちは比較で学び、比較で教える。たとえば、平均的な人間は生きていて、それは確かに現実である。ところが、生きている間いつも夢を見ているが、夢は現実ではない。夢見る行為は現実であり、それを理性ある思考に変容することが可能である。相対的真理を探究していくと、比較の二つのポイントがある。それは夢見ることとクリアな思考である。相対的真理の学びが進むと、私たちは三つ、四つ、あるいはそれ以上のポイントを比較できるようになる。

こうやって私たちは、現実が何であるか、幻想は何であるか、比較によって学ぶことができる。この探究が明かすのは、現実が背景になければ幻想もないということだ。私たちの学びでは、私たちは幻想から離れ、幻想の裏の現実に入る。肉体の死の後にも私たちは比較を通して知識を得ることが可能だ。これはライトワーカーたち、「透明なヘルパー」たちが使う方法である。彼らはサイコ・ノエティカルの次元で地獄の殻に捕まってしまった人たちを助けている。これらのもっと高次の世界で、彼らは人びとがもっとよく物事が見えるように助け、彼らを自らがつくった地獄から脱したいという意欲を起こさせることができる。このようなことをするのに透明のヘルパーは、サイコ・ノエティカル界にいる人の地獄の殻に難なく入り込み、一時的にその人をそこから連れだしてより良い状況があることを見せることができる。透明なヘルパーはその人に良い選択をさせることはできないが、良い選択を見せることはできる。選択は本人次第である。

人が自分固有の地獄から出たいという一途な望みと確固たる決心があれば、誰も彼がそこから出ることを止めることはできない。しかし、何層もの光のグラデーションがあるサイコ・ノエティカルの世界では、ある人の地獄は他者にとってはパラダイスでもある。そして、ある人にとってのパラダイスは他者の地獄にもなりえる。真理の探究のはしごを上るときに、真理の探究の光に四つの明確な段階があることを知っておくと助けになるだろう。

真理の光を見る

最初の段階は真理の光を見るということから始まる。私たちは「探究」することを励まされ、「探究すれば、見つかる」ことを約束されている。私たちは、何かの真理の探究をする自由がある。たとえば、なぜ私たちは苦しむのかというその真理、私たちが誰であり、何であるかという真理など。そして私たちはどこに向かい、人生の目的は何なのかなど。これらは真理の探究者だけでなく、どのスピリチュアルな体系や宗教の誠実な探究者にとっても重要な問いかけである。私たちのまわりにある絶えず変化する命あるものの現象について、その真理を探究することによって、私たちはこれらの命の仮の姿の裏に横たわる不変で永遠な命についての真理を知ることになるだろう。

この探究の最初の段階では、この真理の光は自分の外にある何かのように感じられる。私たちは時には間違いなく「私は光を見ている」と言えることがある。最初は、真理の光は本や師や人生の体験の中で外的に探究するものとして見える。そして私たちは、スピリチュアルな文献を夢中になって読み、スピリチュアルなワークショップに参加したり、「グル探し」をしたりして、自分の探究を助けてくれる師を探す。これらのことは、私たちに道を示し、私たちのスピリチュアルな道に光を照らしてくれる助けになる。私たちはそのようにしてこの道を歩んで相対的真理のはしごを上るしかない。エゴイズムのない本当の師に出会うことはとても有益なことであるが、師はあなたの代わりに道を進むことはない。真理の光に到達するには、自分の努力のみである。

真理の光の中に

私たちがさらに深く真理を見出そうと努力をすると、私たちはそれによって変容される。これが起きると、私たちは「私は真理の光の中にいる」と、はっきり言える。真理の光が自分を照らしているのが感じられ、その光を浴び、その調和と美しさを味わう。このような真理の透明な流れを見つけると、その根源を見極めたいと思うのは自然なことで、この真理をより深く学びたいと思う。「あなたたちは真理を知り、真理はあなたたちを自由にする。」(ヨハネによる福音書8―32)。このやさしい説得の言葉は、自分自身で真理を体験するようにと勧める。人が真実だということを盲目的に信じるようにとは言っていない。真理を直接知る努力を各自がするようにアドバイスしている。

真理を見つけて知的に理解するのも一つの方法だが、本当に真理が分かるということは、通常の限界ある思考を超えて経験的に理解する必要があるということだ。真理に深く浸透してその意味をつかむために必要なことは、「内省」、「観察」、そして「瞑想」である。これらは「真理の探究者」の基本的な道具であり、それらは真理の光により深く導いてくれる。

内なる真理の光

さらに前に進んでいくと、このテーマについての新しい視野を体験することになる。最初は自分の外に探していた真理の光が自分の中にあることが判明する。この三つ目の段階で、この光り輝く真理の光が自分の中に内在する何かだということを見て、知ることになる。この真理の光は人格から来るものではなく、ずっと高次のものである。それは自分たちの聖なるところから生まれ、それは私たちの人格にはほとんど理解できないものである。それは内側から来るもので、この素晴らしい光は私たちの人格を輝かせる。私たちは、私たち全員に内在する解放をもたらしてくれる真理を、以前にも増して深く体験しはじめる。そうすると、「真理の光は自分の中にある」とはっきり言えるようになる。

私は真理の光

この時点までは、私たちが体験する真理の光は必然的に二元性のものであった。以前のそれぞれの段階で、真理へのアプローチには主体と対象の方向性があった。私たちが主体で、真理は私たちの探究の対象であった。これは二元性の状態である。しかし、「絶対的真理」は二元性のものではない。私たちが「真理」の高次の状態を体験しはじめると、探究者のその対象であり、探究される真理の光は、以前から探究者の「聖なる本質」であり、今も未来もそうであることに気付くようになる。しかし、五感を通して私たちのほとんどの注意が内側の世界ではなく、外界に向けられているために、この基本的な事実を見逃している。

真理の探究のはしごを上るとき、私たちの自己認識に関してどこから始めたらいいのだろうか。まず確実に知っていることから始めるが、それは私たちが肉体の中に生きているということだ。これは誰も疑いようがないので、私たちの出発点は肉体であり、それは「永遠のスピリット存在」を原点とした線の端っこの点である。私たちは名前のある男性か女性の体から人生をスタートする。私たちの名前が私たちであるのではない。名前は親によって決められる。探究を続けるとして、私たちの「自己性」をその根源へとたどっていくとする。すると、この線の最初の部分は私たちの人格を象徴していて、多様な色がついている。すべての人格の色が同じでないのは、一つとして同じ人格がないからだ。線のこの部分は、私たちの人格の質や特徴を示すものである。言い換えると、この線は私たちが表現する想念、願望、言葉や行動によって色付けられている。

残念なことに、すべての色の中には、私たちの矛盾した想念、願望、感情や関心によって創造された混乱した色の混合がある。この線の芯の部分には純粋で安定した、光り輝く「スピリット・魂」の光線が存在する。「スピリット・魂・自己」の完璧な光線を覆っている混ざりあった色あいは、私たちの感情、想念、関心によってつくられたものだ。この光り輝く光線は、多様な色のついている想念や感情の殻の中から善良なものを吸収する。私たちの「インナー・セルフ」、つまり「永遠の自己」は、時間、空間、場所における私たちの尽きることのないさまざまな体験を蒸留し、吸収し、正しく記録しているということだ。私たちの「永遠の自己」は転生のために「一時的存在の世界」に光線を投影した「スピリット・魂・自己」の一部分であるということだ。人格が異なった想念や感情を受け入れてしまうことが一時的な人格が絶えず変化することの原因である。

たとえば、片手に薄い手袋をして、その上にそれより大きめの手袋をして指を動かすと、外側の手袋が動く。外側の手袋は私たちの肉体で、内側の手袋は一時的な人格、そして中の手は不滅の「自己・魂」を象徴している。私たちが指を動かすと、外側の手袋が動くのが見えるが、手袋の指を動かしている実際の指の動きは見えない。内側の手袋が動くのも私たちには見えない。

私たちは手袋が動く現象を見ると、この動きをつくっているのは手だということを知っている。手がなかったら手袋は動かない。手袋を外すと、それは命がなくなる。手袋を再びつけると、それは手の温かさと動きを取り戻す。同様に、私たちが肉体に動き／命を見て、そして人格に動き／命を見ると、私たちは「命」という私たちの永遠の本質から生じた結果を見ていることになる。言い換えると、私たちの人格と体に「インナー・セルフ」がなかったら、それは手から外した手袋と同様に命のないものになってしまう。

「インナー・セルフ」は、究極の現実であり、私たちの人格でも肉体でもない。「命」と動きは、私たちの肉体や人格の自己認識からは生まれない。「命」は永遠の「魂・自己」である。一時的な人格・自己の体験を受け入れてそれを蒸留している安定した一定のポイントをあなたの中に見つけることができたならば、あなたは「インナー・セルフ」を発見したことになる。最初はあなたも気付かないかもしれないが、「観察」と「内省」を練習することで、それをうまく識別できるようになる。

自分の本当の「自分であるところのもの（I-ness)」を発見し、自分の思っていた自分――時には自信がなく、傷つきやすく、気分を害する自分、長所と短所を持つ弱い自分――だけでないことを発見するのは素晴らしいことである。この認識のレベルまで到達できるのは、私たちの人格を絶えず駆けめぐる感情や想念を静めることができてからだ。それは、私たちが自分の家の主人にならなくてはならないことを意味する。そうすると、私たちの体と人格はよりパワフルになる。このような自己統制は、自己を人格や体と勘違いしている限りできないことなのだ。

その瞬間、私たちは一時的な人格であり、同時に「永遠の人格」である。もっとよく理解するためには、この二つを分けてみて、その違いを見る必要がある。どのようにそれができるだろうか。それは再び比較を通して行う。一時的な人格を観察すると、私たちはそれがいつも変化の状態にあることが分かる。それに生まれたときから墓に入るまで絶えず変わっていく。変化するのは想念、欲望、感情、関心などだ。

私たちの人格は楽器、たとえばストラディバリウスのバイオリンのようなものだ。私たちの素晴らしい楽器は、私たちの環境おける諸状況によって絶えず影響を受け、これらの影響によって音が狂うことがある。たとえば、ちょっとした挑発は私たちの人格を苛立たせ、苛立ったエゴイズムの不健康な状態を生じせしめる。悲しいことに私たちはこの不調和のエゴイズムを自分の「自己」と勘違いしている。

時折、あなたもこのような経験があるかもしれない。しかし、私たちには人格として、あるところで自分の自己中心的な反応をやめ、それに対してノーと言えるときが常にあるものなのだ。私たちが、自己中心的な反応を内省すると、それらの反応が過去の影響の結実であることが分かる。そこから明らかになることは、怒りや苛立ち、身勝手な振る舞いで悪い結果がもたらされること、そのようにさせているのがエゴイズムであるということだ。今なら、あなたは次のように言える。「これから私は、自己中心的に反応するのをやめる。私は与えられた状況の支配者となるのだ」と。他人に挑発されたときは、私は微笑んでその場に背を向ける。または、私はその挑発的な行為を深く理解する努力をして、なぜ相手がそのように考えるのか、そして、なぜ私が影響を受けるのか理解する努力をしよう。ここで私たちは真の探究者として、人間の行動（自分と相手の）を研究していることになる。

今後は、誰かがあなたを好ましくないように批判したり、特徴づけたりするとき、あなたは自分自身でその事態に向き合い、相手がどれほど正しいのか間違っているのか研究することができる。自分に問うのは、なぜこの人は私に対してそのように決めてかかるのか。しかし、ここで結論を引き出すのに気を付ける必要がある。というのは、あなたの悪賢いエゴイズムはすぐさま相手を非難し、自分のマイナスの反応について弁解し、自分の潔白を証明しはじめるからだ。これが起きたら、それが真の「自己」でないことは確かである。この時こそ自分のエゴイズムを無効にするための貴重な瞬間である。その時、あなたの人格は傷ついた感情とか侮辱されたという想念の自己中心的なマスクをかぶっているのだ。今こそ、それをしっかりとつかみ取り、逃がさないようにする時なのだ。あなたが自分はエゴイズムではないと宣言すれば、あなたはそれをコントロールできるということが分かる。あなたは、自分のエゴイズムを統御する力のある「インナー・セルフ」であることが明らかになったということだ。これは霊的な進化への大きな、大きな一歩であると言える。

自分たちの人格を分析しはじめることとは、自分の人格を抹殺したり罰したりするためではなく、それを変容するためである。これが大事な点である。私たちが好ましくない想念、感情、願望を自分の人格の中に発見したら、真の「自己」が必要としていないことを徐々にやめればいいのだ。不必要な習慣を取り除いていていくと、私たちの真の「自己」は自分の人格を通してより良い方法で自分を表現できるようになる。ここで私たちの人格はもっと明るく、軽く、幸せになるのだ。

それは電球に布をかけているのに似ている。もし布が暗くて汚れていたら光はあまり見えない。しかし、その布をきれいに洗い、だんだんと明るい色にしていけば、光を放射しやすくなる。電球には何も起きていない。その光の密度を増やしたわけではないが、さらにたくさんの光が布を通して放射していく。同じように、私たちが自分の人格を浄化すると、私たちは何も失うことなく光を増すだけである。光は変わっていない。光は常にそこにあって輝いているのだが、その覆いが取り除かれるのを待っているだけなのだ。私たちが自己中心的な想念や感情を手放していけば、人格は力を得ることになり、その結果「インナー・セルフ」を見つけることができる。そうすると、真の「自己」を見つけるために大きな努力をしなくてもよくなる。なぜなら、それはあなただからだ。

「内省」の実践には比較が必要である。あなたが「永遠の自己」だと感じるときはその実践は難しくはない。しかし、そこには危険も潜んでいる。最初に自分のエゴイズムのもたらす誤った議論によって説得されてしまうかもしれないからだ。他者との対立について内省すると、あなたのエゴイズムが出てきて、おまえが正しくて相手が間違っているのだというようなことを吹き込んでくる。あなたが介入して自分を主張し、相手が間違っていることを見せるべきだと言ってくる。

大方の深刻な意見の対立では、あなたが介入して対抗してもしなくとも、状況はさほど変わらない。仮に対抗したとしても相手から来る容赦ない言葉の連鎖に対して、前にも増してたくさんの言葉を返すことになる。そのほとんどは私たちの周辺に不和と混乱をつくりだすマイナスのエレメンタルを生み出すだけだ。したがって、そういった状況ではつくりだされるエレメンタルの数が少なければ少ないほどよい。通常、議論の相手に何かを懸命に説明したところで、相手の考えを変えることはないだろう。攻撃されるか、あるいは無視されるかで無駄骨なのだ。しかし、これはあなたが冷静さを保ちつつ、相手がどう考えているかを学ぶ大きな機会である。これには自分の想念や感情をコントロールすることが必要となるが、実際には「集中」と「観察」のエクササイズをしているのだ。

私たちは日々このようにして学ぶ機会と、実にたくさん遭遇している。そして、そのいちばん大切な部分は、自分の行動について客観的な自己分析を実践できることである。たとえば、私たちに対する誰かの態度が見当違いでとても不愉快だとする。一般的な反応は、自分が不当な扱いを受けたと感じることだろう。もしあなたが自分の潜在意識から、「私（またはあなた）は不当な扱いを受けている」、だから言い返しなさいという声を聞いたとしたら、ぜひともそれはしないでほしい。あなたの力はそこにあるのだ。口は開かず、静かにしたまま自分の潜在意識からの声も消すのだ。もしそのようにしたらどうなるだろう。そうやって状況を調べて研究すると、最終的には自分自身は自分が思っていたものとは異なることに驚くだろう。あなたが不当な扱いを受けたと感じる傷ついたエゴイズムでもなく、感情を害しているエゴイズムでもないこと、あなたはそれよりもはるかに偉大な存在であることを発見するだろう。

あなたは、あなたの「潜在意識」のマインドが野生の荒野のようであり、歌っている美しい鳥たちだけでなく、激しい感情むきだしの野獣たちも住んでいるところだということが分かるだろう。両方があなたの意識の中で自分の表現を見つける。私たちは意識的にどちらに表現させるかを決めるべきである。今、それは明らかではないかもしれないが、私たちを不当に扱うことのできる唯一の存在は、私たちのエゴイズムなのである。自分が不当に扱われていると感じ、他者をどなりちらす唯一の存在はエゴイズムなのである。あなたの「インナー・セルフ」や、時にあなたの周囲の人間を不当に扱うのはエゴイズムなのだ。私たちはこれを他者にも見出す。被害者は往々にして自分は誰それの犠牲になったと嘆く。こういった態度を他者または自分の中に見出したときは、判断を差しはさまずにただこころを落ち着かせよう。あなたや他者の中のエゴイズムは気難しい子どものように振る舞うかもしれないが、責めたり引っぱたいたりしても助けにはならない。あなたや他の人格が、いくら機嫌悪くなっても、対立は答えではない。愛と落ち着きが必要である。状況を改善できるのは、「インナー・セルフ」からの理性的な思考と正しい助言である。人格は子どものように振る舞うことが多いが、子どもがそうであるように落ち着けば助言を聞く耳を持ってくれる。

✝プラクティス――概観

比較を用いて「内省」を実践することは科学的なアプローチであり、私たちはそれによって「インナー・セルフ」をその影である私たちの人格から識別することができる。私たちの人格は時間、空間、場所の影響下にあり、それ自身の意識と潜在意識を持っている。そのプラス面として、落ち着いた整った人格は、自分がその「インナー・セルフ」であると感じることを好む。それが完全にアチューンメントしていれば、それは真実である。マイナス面として、私たちの人格のエゴイズムは「インナー・セルフ」のように自分を見せかけてだます。

したがって、私たちが「内省」を実践して探究するときには、私たちのエゴイズムが真理を歪ませ、私たちをだまさないように注意する必要がある。始めるときに、私たちはどちらがエゴイズムであり、どちらが「インナー・セルフ」であるか明確にしなくてはいけない。内省においては人格が「インナー・セルフ」によって分析される。私たちは「インナー・セルフ」と、時間と空間におけるその反射である人格とを分ける必要がある。この分離は、二つを比較するために必要である。この分離を行うことができれば、あなたは自分がストレスに満ちて苦しんでいる存在ではなく、愛と知恵と能力のある理性的な人間であり、人生において向上していけるということを発見するだろう。

人格が分裂しはじめると衝突が起きる。この衝突は人格の中の対立である。「インナー・セルフ」はその投影である人格と争ったり非難したりはしない。逆に、「インナー・セルフ」は愛情深い母親のようで、いつかそれと同化できるようにと人格にアドバイスし、それを正す役割を持つ。内省の実践というのが、人格の好む自分の願望と関心について学んだあと、あなたはそのまま今までと変わりなく生きていくことだと考えるのは間違いである。それは内省ではなく、自分をだますことであり自己欺瞞である。本当の「内省」は前向きであり、論理的ではっきりと分かる結果を出す。誰もが同じように「内省」を実践しているわけではない。それぞれの環境や人生の状況がみな同じではないからだ。問題は似ていても、それぞれの詳細は異なっている。傷ついたり不快だったり罪悪感を持つのは、私たちに共通する体験である。傷ついたり不快だったり罪悪感を持つ理由はそれぞれが違う。

このダイナミックな活動を理解する目的は、人格の自己が「自己」であるという勘違いから自分を解放するところにある。こうするためには、私たちはハートやマインドの探究を実行し、現在の状況における私たち自身の振る舞いを改善する必要があるのだ。そのためにも、人格の自己と「インナー・セルフ」を識別することが必要となる。そうでなければ、私たちは変容したり、向上することができない。人が本当に変容するための方法は比較である。他者を助けるためには比較という方法しかない。そうすることで相手が選べるように、より良い方法や状況を示すのである。残念なことに、目に見えるヘルパーや透明なヘルパーは分かるのだが、およそ20パーセントの人だけがこの助けを受け入れて本当の変容を起こす。

私たちは「絶対的真理」を知ることができないが、相対的な真理を知り、それが絶対的真理にどれだけ対応するかを知ることはできる。私たちは二つの事柄、二人の人、二つの状況を比べることによって相対的真理を知ることができる。それ以外の方法はない。

✝プラクティス――比較による内省

深く呼吸をして、自分が完全に自分の肉体にいることを感じてください。

肉体を感じている間に自分に尋ねてください。

集中して自分の肉体を感じようとしている私というのは誰だろうか。

あなたの本当の「自己」を見つけてください。それは、「私であるところのもの（I-ness）」であって、あなたの名前を持つ人格の自己ではありません。

深呼吸をして、あなたの肉体にいるのは、「あなた」であると感じてください。

あなたの肉体を愛してください。

自分の体の中にいることを感じて、完全にリラックスしてください。すべての筋肉をリラックスさせてください。

今、二つの想念があり、それを比べてみます。

「私」が感じている肉体とは何だろうか。

そして、この肉体を感じたり、動かすことができる私というのは誰だろう。

では、「あなた」と「あなたの」体を比べはじめてください。

あなたの体はあなたではありません。それはあなたが生きるためのあなたの体です。

あなたの肉体はあなたの仮の家です。

聖霊がその面倒をみて、それを良い状態に保ち、血液を循環させていて、温かさとバイタリティーを与えています。

このワークをしているのは人格としてのあなたではありません。

今度は、あなたの体をあなたの人格の中心である「インナー・セルフ」と比べてください。

その今の「私であるところのもの」の感覚です。

そして、今までずっとそうであった「私であるところのもの」です。

あなたの体はあなたのものです。

あなたの人格はあなたの創造したものです。

そして、あなたはあなたです。

でも、あなたは何なのでしょうか。

自分が何のか分かろうとしてください。

あなたは神ですが、この神は体という形態の中に生きています。

この二つを比べてみてください。その深い意味の中に入り、相対的な真理のはしごを上っていきなさい。

22章 神話についての真理

私たちは、エレメンタルの種類には欲望の想念形態と呼ばれるものがあり、最も汚れていて悪夢のようなものから、最も愚かで、かつ無害、無邪気なものまで幅広くあると言った。私たちはそれらを研究し、自分たちがそれらをたくさんつくっているということ、そして、それらを毎日投影して潜在意識の中に置いているということを理解していこう。それら全部を一度に分解していこうと、私は言っていない。それは必要がない。しかし、害を与えるものは手放さなくてはならない。私たちはそれらを分解しはじめるが、特にエゴイズムと呼ばれる大きなエレメンタルの中で、私たちに不健全な感情を与えるものたちに取りかかろう。それらは怒り、攻撃、不快感、傷ついたり嘘をついたりすること、人を責めたり中傷したりすることである。私たちはこれらをすべて研究し、各人が誠実さを持って自分の中に分け入り、その迷宮の中に潜む恐るべきミノタウロスを探さなくてはならない。そして、テーセウスのようにミノタウロスの息の根を止めるのがあなたに課せられた任務である。

あなたの中には、あなたが生んだ恐ろしい野獣（ミノタウロス）がいること、これは信じてほしい。

そして、あなたは前進する前にそれを退治しなくてはならないのだ。私たちが取り押さえて中和しなくてはならない最も恐ろしいエレメンタルであるミノタウロスの前では、他のエレメンタルたちはどれもオモチャのようなものである。そして私たちは、私たちの中にどのような善良なエレメンタルを創造したのかも見なくてはいけない。あなたは絶望する必要はない。あなたは善良なエレメンタルも創造しているからだ。しかし、それらをもっとたくさん育てなくてはならない。私たちは創造的想念を使ってどのように想念・欲望の形態を投影するか学ばなくてはならない。意識的にパワフルなイメージを投影して、より良い世界をつくるためなのだ。より良い世界をつくるのは私たちの義務である――ダスカロス

教え

「私は誰で、私はどこにいるのだろう」と最初に思いはじめた石器時代の人間は真理を探究していたことになる。その時、初期の人間たちは洞窟に暮らし、きわめて本能的に行動していた。彼らには原始的な形態の自己意識があったが、行動面では彼らはまわりにいる動物たちとさほど変わらなかった。しかし、人類は動物に比べると明らかに有利であり、それはマインドを使って自分の自己意識を発達させることが可能だったからだ。動物には本能としてのマインドしか備わっていない。

人類はゆっくりとマインドを使いはじめ、原始的な自己意識を発達させ、それは時間とともに、いま私た

ちの社会で見るような自己意識の幅まで進化させたのだ。動物たちはマインドを直接に使えないので、その意識はまったく変化しなかった。現在のクマは、過去のクマたちが振る舞ったのと同じように現在も振る舞っている。特定の生物種では体が適応して変化していく場合もあり、それは変わりゆく環境に対応して起きたもので、意識の進化のために起きたものではない。猿は10万年前と同じように振る舞っている。

しかし、人類は自己意識が当時まだ未発達な状態であっても、マインドを使って意識のレベルを上げ、自己意識をどんどん拡大していった。この時期、人間も動物も非常に危険な世界に生きていた。動物を見ると、「聖なる知性」がそれぞれの動物には異なった護身の方法を与えたことが分かる。ライオンには強靭な肉体、歯、爪を、ウサギにはその驚くべき速さ、そしてカメにはその甲羅などが与えられた。人類はどうであろうか。神は人間に身を守るために何を与えたのであろう。マインドである！　人類には身を守るために理性や知性として使えるマインドを持っていたのである。

わずかな資源しか持たずにこの厳しい環境に生きた石器人は自分を守る神々をつくる必要を感じ、これらが自分を守ってくれると信じた。彼らが気付かなかったのは、神をつくっているのが自分たちであることだった。実際、これらの神々はエレメンタルであり、石器人が潜在意識のレベルでつくったのだ。これらのエレメンタル・神々はそれらを創造した人間よりもはるかにパワフルになっていった。というのは、それらを崇拝した人びとのエネルギーによって、その神々は長い時間をかけて強化されていったからだ。こうして、つくられた神々には自分たちの存在と命がこの世界に吹き込まれた。彼らは現在も生きているが、太古の神々は彼らを創造した人間たちを助けていた。

彼らは宇宙意識の中にまだ存在しているが、人びとがそれらを崇拝してエネルギーを注ぐことをやめたために活性化されていない。当初、彼らは活動的であったが、現在はもう使われることはない。それでも、彼らは不活性のエレメンタルとして（どこにも遍在する）宇宙の記憶の中に見出すことができる。人が自分の意識を「自己・超意識」のレベルまで引き上げることができれば、それらの神々に接触して、彼らの本質について学ぶことは可能である。彼らは宇宙意識、これは神の記憶のことを示しているだけだが、その中に永遠に記録されている。過去の神々は人工的につくられたのである。唯物論者たちはそのように言うが、彼らは正しい。

ダスカロスは一度、ロシアから訪ねて来た無神論者たちと対話していた。過去の擬人化された神々は人間によってつくられたことに彼は同意したが、では人間およびその思考する人格を誰がつくったのかと尋ねた。

彼らは、「状況、偶然、そして物質によってです」と答えた。

ダスカロスは、「それでは不十分だ」と言った。

彼らは、「しかし、物質がすべての動物、木やさまざまな生命体や人間をつくったのです」と主張した。

ダスカロスは、人間は神の子であり、それゆえ、人間も神だと説いた。

彼らは、「ヒンズー教徒もキリスト教徒もそう主張しています」と言った。

ダスカロスは彼のいつものウィットに富んだ言い方で、「これらの人たちが誰もが何か馬鹿げたことを言っていて、そして今はあなたたちだけが賢いと思っているのかね」と言い返した。

人びとが神々をつくったので、人びとは自分の欠点、悪行、弱点をややもすると、自分たちが創造した神々のせいにしがちだった。しかし、創造されたどの神も「絶対無限の存在」の中にまだ存在している。これらの神々はマインドによって創造され、「絶対無限の存在」の宇宙の記憶に存在しつづけるのだ。世界のどの原始的な文化においても、人びとが荒削りの醜い木製の神の前にひざまずいて祈るとき、彼らは知ることなく「絶対無限の存在」を崇拝していたことになる。現代のいわゆる文明社会から来た人びとは、こういった光景を見て偶像礼拝と呼ぶ。しかし、現代人は間違っている。彼らが知っていようがいまいが、すべては神のものであり、神から生まれるからだ。人間は自分より高次の知性や勢力の保護を求めるものである。それは石器時代からのニーズである。

キリスト教徒たちは、自分たちは偶像礼拝者ではないと言うが、カトリックや正教会では聖者に対して祈り、聖者のアイコンを飾る。聖者への崇拝の一貫として、正教会では聖者のアイコンに接吻する。16世紀の宗教改革者たちは、教会教理の儀礼などに抗議してプロテスタント（抗議する者）という名前で知られるようになった。彼らは教会での聖母マリアおよび聖者たちへの信仰に抗議して、新しく創設したプロテスタント教会からそれらを取り除いた。この時から、キリスト教はますます分裂していき、現在では250もの人為的にできた宗派がある。

聖者と聖母マリアへの信仰を取り除いたのは誤りだった。こういった形の信仰は人びとのためになっていたからだ。聖母マリアはキリスト、ジョシュア・イマニュエルの「地上における」母である。人間としてのマリアは母性の本質を象徴し、それはキリストを生んだ処女マリアの誕生以前の原理だった。その純粋さは、普遍的である母の原理を完璧に反映し、それは聖霊の「絶対的女性性」なのだ。石器時代の人間は自然界への恐れとニーズから想念を使って自分たちを守る優勢な存在たちを創造した。人間はマインドを直接使うことができるので、このようなことが可能だが、動物は自分を守る神をつくったことはない。石器時代における地球の状況は非常に厳しいものだった。私たちがそこで動物と同じように暮らしたとしたら、すぐに絶滅しただろう。

当時、洞窟に暮らしていた男女は、厳しい過酷な状況に向きあっていた。多くの活火山が赤く熱い溶岩を流出し、その噴煙が太陽の光を遮断して息の詰まるような環境をつくっていた。天候の状態もひどく、激しい嵐が長いあいだ続いた。頻繁に起きた大きな地震によって山々が起伏を繰り返し、その過程で人びとが犠牲になっていった。

石器人は男も女も大きなこん棒を持ち歩き、自分を他の石器人や食人種、他の野獣や人間を狙う大型の肉食獣から身を守っていた。石器人の原始的な自己意識は自分を守るためと、粗野でありながらもとても強い感情を満足させるためにマインドを使った。危険にさらされた石器人は地獄のような環境を生き抜くために勇気を与えてくれる神々を創造した。人類は太陽、月、火、水、風、雷、そして自然界のすべての勢力を象徴する神々をつくった。これらに彼は名前を与え、時には人間の姿、時には動物の姿を与えた。

これらのエレメンタル・タイプの神々を多くの人びとが時間をかけて崇拝してきたために、エレメンタルに力と知性が付与されたのだ。これらのエレメンタルは人びとが感じとれる体験をつくりだすことによって逆に、崇拝する者たちに影響を及ぼすことができた。古代人は自分と未来の世代たちのためにこれらの体験を記録しておくための記号を創って洞窟壁画として残した。そこには、遠い昔からの記号やピクトグラム

（絵文字）が描かれている。後にこれらの記号やピクトグラムは、古代エジプトやマヤ文明では石に刻まれるようになった。

これらの記号の利点は、考えや出来事の意味を保存することを可能にしたため、それは未来の世代にまで記憶され、継承されていったことだ。記号を組み合わせることで古代人は自分の思ったことを思考の連続として表現することができた。最初の記号は、直線、他の線と調和する線、線の交わり、三角、曲線、円などだった。これらの記号はエレメンタルも同時につくりだし、他のさまざまな言語に発展した、初期アルファベット文字の先駆となった。たとえば、古代の中東アラム語はエジプトの象形文字から生まれている。ヘブライ語とアラブ語はアラム語から生まれた。

古代人はまわりにいる動物たちと自分たちの関係について考えはじめた。動物の能力やパワーに感服し、神々として崇拝しはじめた。古代人によって、まず、最初に広く崇められた神々の一つはクマであった。クマは彼らの世界で最強の生き物だったからだ。このような動物崇拝は何千年ものあいだ続いた。古代ギリシャ人、ヒンズー教徒やエジプト人も大量の神々を生み出した。人類は最初からたくさんの神々を崇拝する体系を発展させていった。この多神教の体系は紀元前１３５０年頃まで、何の疑問も持たれずに継続した。そのうちに、エジプトのファラオだったアメノフィス４世が神の至福を直接に体験した。ファラオは多神教の体系から離れ、一人の神を崇拝する最初の一神教の体系を確立した。彼は一人の最高位の神をアトンと呼び、それは理解不可能ということを意味した。アメノフィス４世と彼の信奉者は一人の神、「永遠の命の神」を崇めた。彼らはそれを象徴するために太陽を用いた。彼らは地球での生活を可能にする物質的な太陽を崇拝したのではなく、太陽の象徴として命を与える存在を崇拝したのである。

この体験後、ファラオは自分の名をアンク・エン・アトン（Ankh-en-Aton）（訳注＝通例は「アクナトン」）とした。それは神アトンの僕（しもべ）という意味である。彼は妻ネフェルティティの名をメリット・アトン（Merit Aton）に変え、甥であったコール・アモンの名をコラトン（Khor Aton）と改名した。後にファラオ・アクナトンは従兄弟の幼い息子を養子にして、トゥト・アンク・アトン（Tut-Ankh-Aton）と命名した。アクナトンと祭司たちは一人の遍在する神を崇拝する新しい体系を創始した。すべての命を与える神であった。残念なことに、ファラオ・アクナトンは時代を先取りしすぎていた。1000年も続いていたエジプトの他の宗教は、そのような大規模な変革に対応する用意ができていなかったのだ。42の神の体系の指導者たちは、古い体系での司祭としての実入りのよい立場を手放すわけにはいかなかった。そして司祭たちは、アクナトンと一神教の体系に終止符を打つために陰謀を企てたのだ。彼らは甥のコラトンを刺殺し、アクナトンを毒殺した。新しい信仰体系の高司祭だった妻も命からがら南エジプトへ逃亡せざるをえなかった。

この陰謀を企てた狡猾な指導者たちは、王国の正当な継承者であるトゥト・アンク・アトンに位を与え、彼をツタンカーメンに改名した。今日、彼はツタンカーメン王として広く知られている。新たな検証によれば、陰謀を企てた者たちは19歳の少年王を処分して権力を掌握した。そして、彼らはエジプト中からアクナトンとツタンカーメン王の名を公的な記録から抹消したのである。彼らの仕事ぶりは非常に効果的で、後に続くエジプトのファラオたちにも歴史の通説としてもアクナトンと養子のツタンカーメンが存在したことさえ知られることはなかった。ところが、1922年のツタンカーメンの墳墓の発見によって、ようやく彼の存在に光が当てられたのだ。アクナトンの暗殺は、ソクラテスやキリストのように無知の暗闇に真実の光を照らそうとした者たちに報いられた。悟りを開いた者たちが真理を物語、たとえ話、神話に隠した理由もここにある。

古代の秘教的なサークルで神話が使われたのは、それが比喩として使われたというのが真相である。比喩とは象徴的な言語表現である。それは文字通りの意味ではない。比喩というのはより高次の真理やより深い意味の象徴である。今日では神話は一般的にフィクションとして考えられている。しかし、神話とフィクションは性格を異にしたものである。秘教的なサークルで用いられる神話では両方の性格をあわせ持つ。これらの物語におけるフィクションの部分は実際に起きることのなかった出来事であるが、それらには象徴的な意味がある。そして、神話の他の部分には実際の出来事が描かれている。これが一緒になり、スピリチュアルな真理を伝え、その手引きとなるような寓話として成り立っている。

つまり、私たち探究者は古代の神話を学ぶことで私たちのスピリチュアルな旅に対する導きや指示を見出すことができる。スピリチュアルな体系の生徒として私たちは、実践したいと願うスピリチュアルな教え自体の理論的な枠組みを、まずある程度、理解しようと試みる。そうしているうちに、私たちの霊的な開花は、教えを知的に知ることよりも、私たちの人生におけるそれらの教えの実践と統合によって会得されるものであることが分かる。スピリチュアルな教えを私たちの人生に統合しようとすると、いろいろな困難に出会うことが避けられなくなる。スピリチュアルな比喩として理解されている神話は、「自己への目覚め」の道のりで出会う予想可能な障害を、生き生きとした原型的な描写で表し提示してくれる。ドラマチックで色鮮やかな語りは、その意味と導きを生徒のマインドに深く刷り込み、それは生徒たちが困難や試練に出会ったときに思い出され、彼らを導いてくれることだろう。

キリスト教の古典的な神話の一つは、アーサー王伝説における聖杯の探求だろう。聖杯とは、キリストが最後の晩餐で飲んだ盃であり、伝説によると、アリマタヤのヨセフがキリストの磔（はりつけ）の後、キリストの血を聖杯に受けたとされる。その時から聖杯には奇跡的な力が宿っていると信じられるようになった。アリマタヤのヨセフはキリストを埋葬して、聖杯とキリスト教を英国にもたらしたと言われている。

聖杯伝説は英国の12世紀、アーサー王と円卓の騎士から始まる。いくつもの冒険と偉業を成し遂げた騎士たちが少し手持ち無沙汰になってきたときに、彼らは何か新しい冒険に挑戦することを決めた。勇敢な英雄であった騎士たちは、命を授ける聖杯を探し求めるという究極の冒険を選んだのだ。彼らの信条では、おのおのは自分の道を行く必要があり、他の者たちと同じ道を歩んではいけないことになっていた。このような大事な冒険で、他と同じ道を追うことは恥とされた。比喩的にこれは「自己の目覚め」を求める者にとって非常に重要なポイントである。

最終的に私たちは自分のゴールに向かって自身の道を歩まなくてはいけない。師、教師、ブラザー・ガイド、書物などは「自己への目覚め」の道に光を照らしてはくれる。しかし、探究の旅を成功させるためには、それぞれが独自の道を歩まねばならない。この物語では、実際に一人だけが聖杯を発見することができた。他の騎士たちは道を誤ったり、他事に気を取られてしまったり、あるいは探究をあきらめるか、殺されてしまう。この物語のほとんどのバージョンで聖杯を見つけることに成功するのはパーシバルという騎士である。

「パーシバル」は「谷を貫く者」という意味である。谷は二つの山脈の間のことだが、比喩的な観点から言えば、キリストの命の杯を手に入れることができるのは極端な二元性の間を貫いていくことができ、善悪の概念を超えられる者なのだ。

この比喩は真理の探究者に対して、たとえば、嫌悪と憧れという正反対の極をあちこちとふらつくことをせず、中道を行くように指し示している。「目が澄んでいれば、あなたの全身が明るいが、濁っていれば、全身が暗い。」（マタイによる福音書6―22・23）とキリストは言っている。二元性は「一時的存在の世界」（物質界、サイキカル界、ノエティカル界）に属するものだ。私たちの根源と、最終目的地は以前も今も未来も、「永遠の存在」の非二元性の領域である。「永遠の存在」は相対的な善悪、明暗といった双子の表現のある二元性を超えたところにある。真理の探究者にとって聖杯の物語は、私たちをいろいろなレベルに導いてくれる感動的で役に立つ物語である。歴史的に見れば、師や宗教の多くは教育を受けていない大衆に教えを伝えるために物語やたとえ話を使ってきた。聖書時代のパレスチナでキリストであるジョシュア・イマニュエルが教えを説いたとき、たとえ話を用いることによって反対する者たちにベールをかけ、「聞く耳を持つ者たち」に教えを明かしたのである。

ギリシャやエジプトの古代の秘教サークルでは、スピリチュアルの候補者たちは自分たちの霊的な開花を促進するために神話を比喩として与えられ、それらについて瞑想するよう指導された。これらの神話／比喩は古代の人びとが「英雄の旅」と呼んだ霊的な開花の過程において実践的なガイドとしての役割を果たした。昔は、スピリチュアルの候補者たちは俗世間から隔離されて、修道院などにこもり、集中してスピリチュアルな生活を送った。その理由の一つは、探究者を俗界の粗野な波動から引き離すことで、より洗練された霊的な波動にもっと容易に気づかせ、同調できるようにしたからだ。現在は、ほとんどのスピリチュアルな探究者は、霊的な道を歩む努力をしながらも世俗的な活動をし、家族との生活も営む。こういう状況では、世俗的な波動と霊的な波動が混ざりあって混乱を招くことがある。それに加え、現在の探究者には勉強して考えるための資料があふれている。やみくもに扱うと、これも混乱の原因になりえるし、理論の渋滞した状況を招いてしまうこともある。しかし、正しく扱えば、古典のスピリチュアルな神話は混乱を取り除き、現代の真理の探究者にとって信頼できる手引きとして働く。

ギリシャの秘教サークルで引き合いに出されるもう一つの物語はクレタ島のミノタウロスである。ミノタウロスは雄牛の頭と人間の体を併せ持つ怒り狂う怪物である。それは人類の手に負えない欲望やパワフルなエゴイズムの表現を象徴するものだ。ミノタウロスは海の神ポセイドンの牡牛とミノス王の妻の子どもだった。その子どもはあまりにも醜かったので、ミノス王は巨大で複雑な地下の迷路を牢獄として造らせ、その危険な怪物をそこに住まわせた。この迷路はあまりに複雑で、助けなしに移動することはできなかった。怪物のひどい飢えを満足させるために、ミノス王は7人の少女と7人の少年を迷路に放り込んでしまった。

その時、この物語の英雄、テーセウスは7人の少女と7人の少年が生贄(いけにえ)になるという話を聞いてクレタ島に行き、少年の一人になりすましてミノタウロスを退治し、子どもたちとその未来の世代を救おうと企てた。迷路に入る前に、テーセウスはミノス王の娘アリアドネと出会い、恋をしてしまう。テーセウスに恋した娘は、迷路の地図を彼に見せ、出口が分かるようにと糸の玉を渡し、迷路の入り口に糸の先を結ぶように言う。

翌日、迷路の暗闇に入りながらテーセウスは糸の玉をほどいていった。彼は過去に犠牲になった者たちの骨の上を歩き、とうとうミノタウロスを見つけて殺すと、生贄にされるところだった若者たちを連れて入り口まで糸をとたどって戻ることができたのだった。

この神話の比喩は、自分の潜在意識の迷路に入ろうとするすべてのスピリチュアルな探究者が果たすべき基本的な任務を表している。その迷路には破壊的なエゴイズムがあり、それは七つのエネルギー・センター（チャクラ）のエーテル・バイタリティーを消耗してきた。7人の若者は七つの基本チャクラを象徴する。自分のエゴイズムを完全に除去するのに成功するためには、テーセウスのように助けが必要となる。この助けはスピリチュアルな教えから来ることもあるし、それは私たちを愛し、喜んで導いてくれるブラザー・ガイドから来ることもある。アリアドネ姫が象徴するこの助けは、自分の守護天使からもたらされうるものであり、確実にもたらされるものだ。彼はこの混乱の迷路から脱する方法を私たちに示すために用意していて、そばにいてくれている。自分のエゴイズムであるミノタウロスは、絶えず私たちを光から遠ざけようとする。自分が有利となるその陣地に連れて行こうとするのだ。私たちの英雄の旅ではこの内なる敵を中和し、迷路から戻る道をたぐって光の中に入ることが求められている。

類似の西洋の神話で、この基本的な挑戦を同じように示してくれるのが聖ジョージとドラゴンの話である。この神話と他の神話にはいろいろと異なるバージョンがあり、多様なレベルの解釈がある。真理の探究者にとって、この神話は自分のエゴイズムを克服する内面の戦いを描いている。ドラゴンは手に負えない自己中心的な欲望や抑えられない感情を象徴する。この物語には湖があり、ドラゴンに捕らえられた娘が登場する。

聖ジョージは白馬に乗り、槍でドラゴンを殺している。キリスト教の歴史の中でドラゴンが実在したとは信じがたいとすれば、この神話は象徴的な意味をもった比喩だということだ。この物語では、聖ジョージは私たちの内在する「自己・認識の魂」を象徴する。聖ジョージがドラゴンから救う女性は、エゴイズムのドラゴンによって奴隷となった私たちの人格を象徴している。馬は私たちの肉体を象徴していて、槍は理性、知性、そして意志力として正しく使われるマインドなのである。マインドを理性ある想念として使うことによって乱れた感情や果てしない欲望を止めなくてはならない。マインドを使うことによって、私たちの感情は穏やかになり、浄化され、コントロールされるのである。

こうして私たちは「シンボル・オブ・ライフ」の教えにたどりつく。手段および方法論としての「シンボル・オブ・ライフ」は何千年もの間、真理の探究者たちによって用いられてきた。それは、3次元の物質中心の意識から4次元のサイキカル界、そして5次元のノエティカルとそれを超えた世界（複数）に進む道を示してくれる。その方法として、古代ギリシャ神話、ヘラクレスの難行は真理の探究者の最初の数歩を歩みはじめる手助けをする。私たちの道に立ちはだかる、人格の中にある特定の要素を理解して克服できるように、私たちは12の難行の一つずつを何度も視覚化する。これは、どの人格にもある弱点について学び、それを征服する簡単で効果的な方法である。大きな効果を期待する真理の探究者にとって、最初の二つの難行はとても大事である。最初の行はネメアのライオンを殺すことで、ライオンは怒りや復讐心のこもった怒りを象徴する。込みあげてきて姿を現す怒りに、どの人も警戒すべきである。私たちはそれを殺すだけではなく、その怒りが生じる原因を見出し、それを葬り去る必要がある。

私は、自分の中にいっさい怒りというものがないと確信していた女性を知っている。その彼女が子どもを産んだ。すると状況が一変し、忍耐と寛容が強いられるようになった。すると、彼女は自分の中に怒りがあったことを発見し、それはただ潜在意識の中に眠っていただけで、人生の新たな挑戦の中でそれが目覚めたことが分かった。私たちはこの怪物を退治する必要がある。私たちは、自分の意志力を使って、私たちの怒りのライオンを絞め殺さなくてはいけない。どのような挑発があっても、真理の探究者は自分の人格を通してその怒りを表現してはいけない。

ある午後、ストアでのレッスンが終わった数時間後、私はダスカロスと一緒に座っていると、新しい人が講義に来ていたと彼が話してくれた。レッスンが終わったあと、その人はダスカロスの話したことにいくつかの間違いがあったと指摘し、こう言えばよかったとか、ああ言えばよかったとダスカロスに言ってきた。ダスカロスは私にこうアドバイスをしてくれた。「人があなたのやっていることに関して間違っていると批判してきた場合、それに対抗し、相手をひっぱたきたくなるかもしれない。しかし、そんなことをしてはいけない。その代わりに、ただありがとうと言えばいいのだ」

ダスカロスは「真理の探究者は誰に対しても怒りを持ってはいけない。私たちを敵のように扱う相手に対しても、それは同じだ」と言い、その話を終えた。

さて、先ほどの神話ではヘラクレスはライオンを絞め殺し、その頭を切り落として自分の頭の上に乗せる。この象徴的な行動は、ずる賢い者たちに真理の探究者が無害であるとさとらせないためである。無害だと分かるとつけ込もうとする人間がいるからだ。そのような場合、あなたは声のトーンを上げるのはいいが、決して感情のコントロールを見失ってはならない。

仏教ではこの同じ教えを独自の象徴的な物語、村を脅かした蛇の話を通して伝えている。村人たちは蛇に噛まれるのが怖くて、その住処(すみか)の近くにも行けなかった。そこである日、村人たちはある僧侶に助けを求めた。僧侶は話を聞くと、できることはしようと約束してくれた。僧侶は蛇のいるところに行くと、人間は蛇の兄弟であること、そして蛇は兄弟である人間を決して噛んだりしてはいけないと説いた。この蛇は普通の蛇ではなく、僧侶の教えを理解してもう二度と人間を噛むことはないと約束した。1週間ほど経って、僧侶が蛇を訪ねると、蛇は血を流して瀕死の状態だった。僧侶は蛇のもとに走って行き、何があったのか尋ねると、蛇は「あんたの言うことなんか聞かなければよかった。人間たちは私がもう噛まないと分かると、石を投げたり棒で殴ったりしてきたよ」。僧侶はそれを聞くと、「噛むことはいけないと言ったが、音で脅してはいけないとは言わなかったぞ」と答えた。

難行の最初の瞑想で、私たちは人びとの中に怒りを生じさせるものは何であるか原因を調べる。特に自分の中についてだ。たとえば、自分から何かが奪われたという思いが原因の場合もある。何かやりたくないことを無理に強いられることも原因となる。何かを失うことだったりもする。何か望まないことを体験することも怒りを目覚めさせることがある。人生で欲しいものを手に入れると、いずれそれは手元から離れてしまうため、それが苦しみの原因になることもある。自然の摂理で何か重要なものを失くすこと、たとえば、親密だった人が高齢で亡くなるときにも喪失感があり、それが眠っていた怒りのライオンを起こすことになるかもしれない。

最も頻繁に、そして危険な怒りへの触媒になるのは、誰かに不快な気分にさせられたとき、あるいは、その双子とも言うべき、誰かによって傷つけられたと感じたときである。怒りのライオンが誰かの中で目覚め、活発になったとき、何が起きるか考えてみよう。凶暴なライオンに何ができるか考えてみよう。激しい怒りの影響下にある人はどのように振る舞うだろう。神話では武器は役に立たないという。武器は、怒りのライオンを止めるために使うであろう、助っ人のエレメンタルの象徴である。

しかし、善良なエレメンタルは私たちの怒りを殺すことはできない。その代わりに英雄のヘラクレスはライオンをつかんで首を絞めなくてはいけない。これは、本物の意志力のみが人格の怒りの首を絞めて息の根を止めることができることを示している。他の方法ではライオンを殺せないということだ。

英雄ヘラクレスは前に進み出てライオンを殺さなくてはならない。それから頭を切り落としてその皮をなめし、それを自分の頭に乗せる。ヘラクレスはライオンの頭をかぶって王の宮殿に行った。すると人びとは恐れをなしてテーブルの下に隠れたり、逃げたりしたのだった。この部分は、私たちが自分の中の怒りを抹殺した後に、他者によって真理の探究者の平静さとその愛情深いこころが利用されないように、時にはライオンの頭と皮をかぶる必要があるということだ。頭と皮をかぶると死んだライオンの歯は見えるが、人を噛みつくことはない。そこがポイントである。

私たちは神話に隠れた偉大な教えや実践的な手引きを見出すことができる。この12の難行のヘラクレス神話を作った者たちの目的は、悟りや「自己への目覚め」への道を示すことであって、子どもが眠るための物語として書いたわけではない。

†プラクティス――概観

秘教サークルに伝えられているヘラクレスの12の難行の瞑想を実践するとき、私たちはマインドの中のノエティカルなワークショップで行っている。それは「シンボル・オブ・ライフ」のセンター10に代表される。始める前に、私たちは居心地の良い場所に座るか横たわり、精神的、感情的、そして肉体的にリラックスする。そして、以前紹介したような安定した楽なリズムのある呼吸をする。一つの難行全体を詳細に視覚化し、その光景が現れるのを観察しなさい。それから、その難行の象徴的な要素が私たちの中、私たちの生活の中でどのように展開されているかを考えてみよう。

†プラクティス――欲望のヒュードラを退治する

これと他の長いプラクティスは録音しておいて、繰り返し聞いたり、友人に読んでもらったりすること。そのように瞑想の一歩ずつを視覚化していく。それぞれの瞑想は、何回か繰り返して聞き、詳細をはっきりと視覚化して、その意味の中に深く入れるようにしなさい。

ヘラクレスの第2の難行ではレルナのヒュードラを殺します。それは九つの頭を持った太った大蛇で、臭い沼地に暮らしています。ヒュードラはレルナの町の近辺で家畜や農家の穀物を荒らしていました。この怪獣には毒があり、その息で相手を殺すことができました。ヘラクレスは従兄弟のイオラウスを連れて、ヒュードラ退治に出かけました。

このプラクティスでは、森の中の悪臭を放つ沼を、まずざっとイメージします。ヘラクレスは行動力のある若者で、従兄弟のイオラウスはとてもハンサムな若者です。あなたは自分のノエティカルな仕事場で、想像力豊かに詳細に光景を描くようにします。最初の光景は、ヘラクレスが火の矢を沼地に放ってヒュードラを沼地からおびきだすところです。

怪獣が沼から這いあがり、森の乾いた地面に出てくると、ヘラクレスは鋭い刃の短剣を取り出してヒュードラの九つの頭の首に切り込みます。ヘラクレスが首をその巨体から切り落とすとき、蛇はものすごい叫び声を発します。ヒュードラの頭が落ちたとたん、新たに二つの頭がその傷口から生えてきます。ヘラクレスの相棒イオラウスはそれを見るなり森に火をつけ、そしてヘラクレスが頭を切り落とすたびに、燃えているたいまつを彼に手渡しはじめます。ヘラクレスは頭を切り落とすたびに、新しい頭が生えてこないようにイオラウスの燃えるたいまつで切り口を焼きます。このようにヘラクレスは怪獣を退治してしまいます。次に、イオラウスとヘラクレスは地面に大きな穴を掘り、死んだヒュードラと切り落とした頭を埋めていきます。これで二つ目の難行が終了します。

ヒュードラは私たちの手に負えない低レベルの欲望を象徴する。その多頭は、私たちがみな持っている広範囲の欲望を象徴する。沼地は私たちの潜在意識で、そこに私たちの欲望の蛇が潜んでいる。ヘラクレスは私たちの「魂・自己」で、イオラウスはこの難行で私たちを手伝ってくれる私たちの守護天使である。イオラウスが渡してくれる燃えるたいまつは理性的想念としてのマインドであり、それによってコントロールの利かない感情的な欲望を止める。その手に負えない欲望を切り落とす短剣が意志力である。

ヒュードラの頭を切断した所にまた二つの頭が出てきたが、それはこの難行の教えのポイントである。欲望はヒュードラの頭のようなものだ。一つ切ったら理性のマインドの炎を使って焼きごてのようにして焼かないと、さらに欲望が二つそこに現れてくるのだ。このプラクティスは私たちの欲望の原因について考えさせてくれる。癒すことのできないのどの乾きのような物欲について深く瞑想する必要がある。もちろん、人生で必要なものを求めることは悪いことではない。しかし、より多くの物を絶えず求め、欲望の奴隷になることは必要なことでも良いことでもない。

深い瞑想の中で、私たちはこれらの光景と、欲望を活性化する実際の人生の状況を視覚化する。そして、押さえ難い欲望によって振りまわされている他者について視覚化する。強い欲望にとらわれている人は、自分の欲する物を手に入れるために、嘘をついたり、だましたり、盗んだり、人を攻撃したり、その果てには殺人を犯したりすることさえある。私たちはこの視覚化のエクササイズを繰り返して行い、人びとが自分の欲望の奴隷になるケースをすべて見つけていく。理性的想念を通して不必要な欲望をコントロールすることによって、潜在意識から絶えず浮上して心の平和を妨げる強くて満たされない欲望から自分を解放することができる。たとえそのような欲望が満たされたとしても、その力は失うが、すぐさま次の欲望に取って代わる。私たちは満たされていない欲望をそのような観点から調べていく。欲のもたらしてくれるものが本当にそれだけの労力を注ぎ、コストをかける価値があるのかどうか。この練習で、私たちは欲望が何であり、それを満たすことでどのようなことがもたらされるのかを理解していく。

神話と同様に、真理の探究者が低レベルの欲望のヒュードラを殺すことを決心すると、私たちの守護天使が現れ、理性の火を手渡され、人格の中の手に負えない欲望を燃やすのを助けてくれる。最初はこの援助に気付かないかもしれないが、あとで守護天使との関係とそのパワフルな援助を意識することができるようになる。このようにして、不要な欲望を切り落とすステップを踏むと、守護天使が助けに来てくれる。この難行を成し遂げれば、真理の探究者はさらに強くなり、より大きなワークを行える用意ができたことになる。

23章 死んでいる者、眠っている者

すべての人が今、本当に意識を持って生きているのだろうか。90パーセントの人たちは潜在意識のレベルで生きながら、自分は顕在意識のレベルで生きていると考えている。現代の人間は潜在意識のレベルで生きているのだ。そのことさえ知らないのは、彼らが瞑想できず、自己意識をもってマインドを使えないからだ。キリストであるジョシュアが、いわゆる文明国の一般の人びとを何と呼んでいたか。「死んでいる者たち」である。「死んでいる者たちに、自分たちの死者を葬らせなさい。」（マタイによる福音書8―22）。

現在でも同じことだが、キリストにとっては一般の人たちは死んでいる者たちであり、本当には生きていない者たちであった。私が言っているのは、現在も人びとは自分たちが生きていると思い込んでいるだけで、実際は生きてなどいないということだ。彼らは自分が誰なのか知らない。知っていれば、すべてが違ってくる。物質世界はいちばん低い世界だが、そこは美しいところでもあり、人間が、自分が誰なのか分かっていれば、そこは楽園にもなる。彼らは知らないだけなのだ。

そして「真理の探究者」が探究に加わると決めたとき、「主よ、私が父を葬るまで待ってくだされば、私は主の後に続きます」とは言わないだろう。なぜなら、「わたしに従いなさい。死んでいる者たちに、自分たちの死者を葬らせなさい」と言う声を聞くからだ。「わたしに従いなさい」というのはどういうことだろうか。俗世で自分の関わる事柄、責務や家族などすべてを置き去りにするということだろうか。むろんそれは違う。脱走兵は自分が脱走した場所に戻ってくる。人間はそれぞれ、因果の聖なる法則によって、自分の学びを受けるために自分の居るべき場所にいるのだ。私はどの人も新約聖書を一番の友として携え、その深くて偉大な教えに入っていくこと、特にキリストであるジョシュアの言葉に耳を傾けることをあらためて勧めたい——ダスカロス

教え

「子供は死んだのではない。眠っているのだ。」（マルコによる福音書5—39）とキリスト、ジョシュア・イマニュエルは、娘の死を嘆いて悲しんでいるジャイラスとその家族に伝えた。ジョシュアの言葉を聞くと、「人々は、娘が死んだことを知っていたので、イエスをあざ笑った。」（ルカによる福音書8—53）。ジョシュアは猜疑心を持つ友人や家族たちを外に出し、娘の両親と自分の3人の内輪の弟子たちだけを残した。そして、子どもの手を取って、アラム語で「タリタ、クミ」と言った（これは、「少女よ、私はあなたに言う。

起きなさい」という意味である）。「少女はすぐに起き上がって、歩きだした。それを見るや、人々は驚きのあまり我を忘れた。」（マルコによる福音書5―41・42）。この聖書の説明で、キリストが少女を甦らせるためにジャイラスの家に行ったときに、内輪の弟子全員を連れて行かなかった点が関心を引く。連れて行ったのは、ヨハネとヤコブとペトロだけである。その理由は、ヒーリングをする際に、その相手の癒しに協力したいと思う愛情深い友人たちがいることが助けになるからである。ヒーリングのときに猜疑心のある人がいると、彼の猜疑の想念（エレメンタル）がそのヒーリングにマイナスの影響を及ぼす可能性があるからである。

ラザロを甦らせた話の中でも肉体が死んだ者について、死んでいるのではなく、眠っていると言う。彼は弟子たちに、「わたしたちの友ラザロが眠っている。しかし、わたしは彼を起こしに行く。」（ヨハネによる福音書11―11）と言った。ジョシュアの比喩があまりにも説得力があったので、弟子たちは自然の睡眠だと思った。弟子の一人は、「主よ、眠っているのであれば、助かるでしょう」（同11―12）と言った。重要なポイントを全然気付いていないと見たジョシュアははっきりと言い換えるしかなかった。「ラザロは死んだのだ。わたしがその場に居合わせなかったのは、あなたがたにとってよかった。あなたがたが信じるようになるためである。さあ、彼のところへ行こう。」（同11―14・15）。

ラザロは当時まだ15歳であり、すでにキリストによっててんかんを治してもらったことがある。彼は姉妹のマリアとマルタと一緒にベタニーで暮らしていた。ジョシュアと弟子たちがベタニーに到着した時点でラザロが死んでから4日が過ぎており、洞窟に埋葬され、その入り口は大きな石によって封印されていた。人びとはジョシュアの指示通りにラザロの洞窟の墓をふさいでいる大きな石を取り除いた。それが取り除かれると、ジョシュアは自分の祈りを聞いてくれた天の父に感謝の言葉を捧げた。そして、大きな声で彼は叫んだ。「ラザロ、出て来なさい」と。ラザロは手足に長い麻布が巻かれたままで墓から出て来た。彼の顔も布で覆われていた。ジョシュアは、「ほどいてやって、帰らせなさい」（ヨハネによる福音書11—44）と言った。

一般の歴史の観点からすると、2000年前のパレスチナで、ジョシュアの物質界での短い生涯に起きたこの出来事は重要なものである。この奇跡はジョシュアの口伝による教えの真理を証明したものであり、彼は神により地上に送られたことを示した。それだけでなく、この奇跡伝の隠れた目的はただ失われた肉体を復活させることだけではなく、人びとの信仰を引き出し、否定できない方法で神の慈悲を示すことだった。キリストは十字架への磔（はりつけ）と復活によって、私たちはただ滅びゆく肉体だけではなく、傷ついたり殺されたりできない永遠の「魂」であるという教えが真実であることを証明したのだった。もし私たちが、これが単なる物理的な奇跡現象の歴史的記録だととらえるならば、その深遠な意味のほとんどを見過ごすことになる。キリストはラザロを甦えらせる前に、彼の姉妹マルタに、その秘教的な意味を次のように伝えた。「わたしは復活であり、命である。わたしを信じる者は、死んでも生きる。生きていてわたしを信じる者はだれも、決して死ぬことはない。」（ヨハネによる福音書11—25・26）。

秘教的な観点から言えば、この言葉には深い隠れた意味がある。大まかに言うと、この話は真の霊的な目覚めのことを述べている。人類の「聖なる本質」の復活のことである。この出来事の詳細は現在の「真理の探究者」にとって大きな意味がある。まずラザロの名の意味を見てみよう。ラザロは「エリエザー（Eleazer）」という名前に由来し、その意味は、「神に助けられた者」である。ラザロは物質によって包み込まれ、からめとられてしまった人格を象徴する。そして、死んだように自分の潜在意識の墓の中で眠ってしまい、起きられないでいるのだ。その象徴的な死から人格を目覚めさせることができるのは、唯一、「聖なる自己」である。

物質世界に捕われ、深い眠りに陥った人生を生きる人格を目覚めさせることは容易なことではない。それを起こすには強い意志と能力が必要となる。話の中で、キリストが大きな声で「ラザロ、出て来なさい」と言ったことに象徴されている。この大声は、私たちの「聖なる意志の力」がそのパワフルな波動をもって現在の人格に呼びかけ、高次の意識に導き、完全な「自己・意識」（自己への目覚め）に引き上げようとしているのだ。ラザロは命じられた通りに出てくるが、まだ麻の布で手足は縛られている。これは地上の生活の中で私たちの人格を捕らえている執着を示している。それを見逃すと、ついには霊的な昏睡状態を引き起こしてしまうことがある。物を所有することは何も悪いことではない。良いことに使う場合は特にそうだ。ただ、物質に捕われ、その奴隷になると、スピリチュアルな命は深い深い眠りに入る。

ジョシュアは人びとにラザロの洞窟を封印していた岩を取り除かせた。物質指向の意識だけで自分の人生を過ごしてきた人はそうとは知らずに墓のような殻の中に身を置くことになり、同類の者が物質という名の岩でその人間を封印するのを手伝う。過度に世俗的な生き方は常に物質主義の重荷を男女に負わせ、ともするとそれによって当人のスピリチュアルな生き方を窒息させてしまう。当今、この世俗的な重荷はその量や複雑さが日々増大しているように見える。このような生き方をしている人びとは霊的な死者としてしか考えられないが、それでも、彼らの中にある「聖なる資質」を呼び起こすことによって、彼らは生き返ることができる。墓から麻布に巻かれたラザロが出てくるのを見たジョシュアは、「ほどいてやって、行かせなさい」と言った。これは物質の束縛と苦しみから人格を解き放ち、人格の自由が復活され、新たに人生を表現できるようになったという意味を持つ。ジョシュアはそこにいた人たち（ラザロの世俗的な友人たち）に物質の岩と体にからむ布を取り除くようにと伝える。これらの人びとはラザロを拘束して巨大な石で墓を封印した同じ人びとである。つまり、世俗的な友人たちは時に私たちを物質に縛り、拘束する手助けをするのである。ひとたび人格が自分の「聖なる本質」からの呼びかけを本当に聞き入れて理解し、それに応じれば、もう物質世界で彼を拘束できるものは何もない。

ラザロの姉妹、マルタとマリアの話の部分も貴重な教えを含む。マルタの人格は過度に忙しく立ちまわり、外界を指向する性格である。マルタは世俗的な活動と物質に向かう人格を象徴する。それに対してマリアの人生への取り組みはより内面的であり、静観に向かう霊的な人格を象徴する。

「彼女にはマリアという姉妹がいた。マリアは主の足もとに座って、その話に聞き入っていた。マルタは、いろいろのもてなしのためせわしく立ち働いていたが、そばに近寄って言った。『主よ、わたしの姉妹はわたしだけにもてなしをさせていますが、何ともお思いになりませんか。手伝ってくれるようにおっしゃってください。』主はお答えになった。『マルタ、マルタ、あなたは多くのことに思い悩み、心を乱している。しかし、必要なことはただ一つだけである。マリアは良い方を選んだ。それを取り上げてはならない。』」（ルカによる福音書10―39～42）。

「マルタ」と「マリア」、その両方の表現が私たちには必要である。外界の仕事をしなければ物事は進まない。しかし、内なる献身と霊的な感受性がなく、外界の仕事だけになるとそれは無味乾燥な機械的な仕事になってしまう。上の引用に含まれるメッセージは、内面のスピリチュアルな生き方を損なってまで、外界の世俗的な活動を過大評価してはならにいということだ。

ラザロの墓で再びマルタが物質主義的な見解を述べている。ラザロの墓を何日も封印していた岩石を取り除くようにとジョシュアが指示をすると、現実的なマルタはすぐに問題を発見してそれをジョシュアに指摘した。「主よ、四日もたっていますから、もうにおいます」（ヨハネによる福音書11―39）。ジョシュアは、「もし信じるなら、神の栄光が見られると、言っておいたではないか」（同11―40）と言った。

ここで、マルタが象徴している世俗的な思考では、兄弟の腐敗していく肉体しか考えられなかった。ジョシュアはその腐敗する肉体を超えた不滅な魂まで見ることができ、それを呼び戻したのだった。

この出来事の歴史的な説明ではユダヤの司祭長が、ラザロの復活がイスラエル中に伝えられてジョシュアの信奉者が増えてしまう前にラザロを殺そうと決断したとされている。幸いなことに、ジョシュアは殺される前に、ラザロ、マルタ、マリアにキプロスに急いで逃げるように説得した。後に、ラルナカの町でキプロスの聖バルバナと弟子のマルコがラザロを司教に任命した。ここで、ラザロはあと30年ほど生きる。ラルナカを訪ねると、9世紀に建設され、17世紀に修復されたバロック様式の教会がある。それはラザロの永眠の地の上に建てられている。教会の下の地下室に行くとラザロの石棺がある。ラザロの骨と言われているものが展示されていて、人びとはラザロの復活を思い出し、インスピレーションを授かろうと骨に触りに来るのである。

この物語の意味はすべての宗教を超えたもので、それはキリスト教だけに限定されたものでなく、人間としての普遍的な体験である。墓にいるラザロに対するキリストの呼びかけは、人間の「スピリット・魂」から人格に対する明快な呼びかけを表している。この呼びかけは過去も現在も未来も常になされているのである。しかし、それをいつでもどこにいても聞き入れ、応えるために準備しておくかどうかは私たち次第である。心理学の短い歴史の中でもカール・ユング（1875年~1961年）のような指導者が、この高次の呼びかけを人間の深層心理の中にある「変容的インパルス」と呼んでいる。私たちは想念を静め、感情を静めると家からの呼びかけを聞くことが可能となり、自分の中にあり、自分たちをその「聖なる本質」に呼び戻す何かとても高次なものを確かに感じることができる。

ここである矛盾にぶつかる。先の話の中で、肉体が死んだ者たちを死んでいるのではなく眠っているのだとキリストが言う場面があった。ところが、次の話ではジョシュアは肉体がまだ生きている者たちを「死者」と呼ぶ。ある男がキリストに近づき、次のように言った。「主よ、主に従いたいのですが、父と母がまだ生きています。彼らが死ぬまで待ち、それから主に従います」。それに対してキリストは、「死んでいる者たちに、自分たちの死者を葬らせなさい。」（ルカによる福音書9—60）と答えている。キリストが「死んでいる者たちに、自分たちの死者を葬らせなさい」と言ったのは、神に呼ばれた際に、私たちは世俗的な人間関係にとらわれ、応えるのを躊躇したり、先に延ばしてはいけないということだ。キリストは次のようにも言った。「わたしよりも父や母を愛する者は、わたしにふさわしくない。わたしよりも息子や娘を愛する者も、わたしにふさわしくない。」（マタイによる福音書10—37）。当然ジョシュアは自己中心的なことを語っていたのではない。自分の家族を大事にしてはいけないということではなく、神との関係よりも人間関係を優先してはいけないということだ。地上で夢遊病者のように日常の生活を潜在意識レベルで生きる人びとはあまりに多い。日常化した物質界の生活パターンから上を見上げ、より高次の何かを探究することを彼らはしないのである。ジョシュアが「死者」（今は霊的に死んでいる）と呼ぶ者たちである。そして、自分のスピリチュアルな生き方を育てることよりも、死者との関係を優先してはいけないということがポイントである。今もそれはキリストの時代と変わらない。現在の多くの人びとも本当に生きているわけではない。彼らは高次の「自己」を知らないが、真理の探究はこの「自己」の知識を明かしてくれる。そしてそれを見出すことによって、私たちはすべてを手に入れることができるのである。「神の王国」または「天の王国」は、私たちそれぞれに内在する「聖なる本質」の中にある。それを見つければ、他のすべては私たちのものとなる。キリストは次のように助言した。「何よりもまず、神の国と神の義を求めなさい。そうすれば、これらのものはみな加えて与えられる。」（マタイによる福音書6—33）。「自己」の本当の知識なしに、この世界の知識はあなたを満足させることはできない。

「主の祈り」の中で私たちは「御国（みくに）が来ますように」と言う。私たちはそれを受動的に待っていてはならない。私たちはこの王国が地上にもたらされるようにしなければならないが、地上のどこだろうか。それは地上の特定の土地ではなく、私たちそれぞれの中である。私たちには真理を探究するための貴重な方法の体系があり、それらは真の聖者たちや、「自己・超意識」という高いレベルに到達した覚醒したマスターたちによって私たちに与えられている。真理の探究の体系に携わるとき、私たちにはしっかりした目的や目標がある。最初の目標は、「体験」、「内省」そして「観察」を通して人格としての自分が誰なのかを学ぶことだ。2番目は、自分が「魂」として、「命」として何なのかを知ること。3番目は、神、ロゴス、そして聖霊に対する理解を深めることである。「魂・自己」の知識を得ることによって「神」についての知識も得ること になる。神についての知識は、「魂・自己」への知識も授けてくれる。時間とともにこの知識は知恵として開花する。

私たちは特定のテーマについて集中し、一連の思考を開始すると、知識を得ることができる。私たちが何かに焦点を合わせるとき、私たちはノエティカルな光、メンタルな光を照らしていて、それによって情報や印象を得る。それを分析するとその対象についての知識が得られる。知恵は知識とは異なるが、知恵は知識によって導かれる。知恵は学びの対象が私たちに提供してくれるもので、私たちがそれと同化するとその知恵を得る。知識の場合には二元性が伴っていて、二つのはっきりしたポイントがある。あなたと、あなたが注意を向けて焦点を合わせている対象である。「対象」と「私」である。知恵には一つのポイントしかなく、それは私である。

初期の段階で私たちは「瞑想」と「集中」の鍵を使って神を知るようになり、その後には同化することによって知るようになる。同じように、私たちは「インナー・セルフ」を勉強することによって知り、その後は、「インナー・セルフ」に人格を同化させることによって知ることになる。私たちは、「内省」を通して、この二つの人格と「インナー・セルフ」を識別して比べる。私たちは認識というこの二つの共通点を見つける——人格の自己認識と「インナー・セルフ・認識」である。要するに、私たちは最初に知識を獲得し、それから知恵を獲得することになる。この次元まで進めば、知恵を私たちから取り去ることは誰もできない。知識は説得力のある議論によって取り払われてしまうことができる。

「自己への目覚め」に達した私たちは誰なのだろうか。むろん、私たちが長所や、往々にして混乱状態にある短所を持つ人格だけでないことは明らかである。「自己への目覚め」により、以前から、そしてこれからも、常に私たちが「魂」の存在だったことが分かる。自分を開花して、自分が「魂」であることを感じることによって人格を失うわけではない。自分を開花するということは、何かを得るということで、失うことではない。あなたは名前を持った人格として残るが、人生における自分の表現は今までと違ったものになる。それは弱点や恐れや低次元の欲望によって、もう導かれることはないからだ。以前の影のような体験を思い出したいと思ったらそれもできるが、そのようなことを誰が望むだろうか。一度、光を見ると幻想の暗闇に戻りたいと思う人はいない。一度、流感にかかって回復すると、誰も同じ病気にはかかりたくないものだ。

私たちは人生の偉大な真理に目覚めずに一生を過ごし、この世界を去って次の世界へと行く夢遊病者のように習慣的に生きることができる。何回かこういった転生を続けることはできるが、永遠にとはいかない。いつか私たちは目覚めることになる。最初はゆっくりと、そして日常の生活をより目覚めた状態で生きはじめる。夜、私たちの肉体がぐっすりと眠っているとき、何が起きているのだろう。睡眠とは何だろう。毎晩私たちの人格は肉体から出て、何時間かの間、サイコ・ノエティカル体に入っている。この間、聖霊が創造的エーテルを用いて肉体を若返らせ、私たちのために肉体を修復する。

自己認識という存在としての私たちは、肉体にいないその間はどこへ行くのだろう。あなたはサイキカル体で夢を見ながら、3メートルほど離れた場所にいるかもしれない。普通の人は、サイキカル体を独立した存在として扱い、サイキカル界で意識的に自己認識という存在として表現できるようになるまでサイキカル体を育ててはいない。ほとんどの人は、メンタル体（ノエティカル体）を用いてサイキカル体を強化したり成長させたりしないので、サイキカル界でも夢遊病者のようである。そのために彼らのサイキカル体は活動的ではない。サイキカル体やノエティカル体の機能を活性化するのは私たちの仕事である。私たちが肉体を使わないと肉体は萎縮してしまい、きちんと機能できなくなる。それはサイキカル体やノエティカル体も同様である。人間はこれらの三つの体を与えられたのは、それらを使うために与えられたのだ。私たちは健康的な生活や運動によって肉体を発達させ、それを使う方法を知っている。同じように、私たちには私たちのサイキカルやノエティカル体を発達させるための特定の瞑想やエクササイズがある。私たちが日常生活の中でより敏感な意識を持つようになると、私たちは自動的にサイキカル界においてもより目覚めた状態になる。あなたは夢の中で、サイキカル界で目覚め、自分が夢を見ていることに気付くようになる。これが出発点である。

「天の王国」は私たちが意識でき、意識を持って生きるための世界の中の世界である。ある人たちは夢を見ると言い、またある者は夢を見ないと言う。ある夢は恐ろしい夢であり、ある夢は不合理なものである。ある夢は合理的であり、そして予言的なものもある。問題は、私たちは夢の体験を完全に記憶として脳に貯蔵して持ち返ることができないという点である。夢の記憶はつながりのないものになる。支離滅裂で断片的であり、雑然と入り乱れたものである。すべての夢が支離滅裂というのではなく、体験の記憶が肉体の脳に刷り込まれることがないからなのだ。ダスカロスは昔の手動のカメラを例として説明した。写真を撮るとき、フィルムを1枚ずつフレームに移動させて撮るのだ。彼は次のように説明する。「肉体の脳がカメラのフィルムとしよう。そしてフィルムを移動させずに次の写真を撮ったとする。そのフィルムを現像したら、どのような写真になるだろう。私たちの撮った写真はそこにあるが、その刷り込まれ方が間違っていて、はっきりとした写真が撮れていないのだ。夢が混乱している理由は、体験を間違った形で刷り込んでいるということだ。多くの真理の探究者たちは、もうすでに彼らの師たちと一緒にサイキカル界で働いているが、翌朝になると、彼らはあまり何も覚えていない。もちろん、はじめの頃はすべて覚えている必要はない。何年もそのように働き、ある朝起きると自分のすべての体験を覚えているということもある」。

ダスカロスが教えた瞑想やプラクティスは肉体の脳とサイキカル体の間にエーテルの橋を渡してくれる。そうすると、サイキカルな体験の記憶は肉体の脳に残るようになる。現在、あなたが持つサイキカル界での体験の記憶はとても少ない。朝、目覚めるまでにほとんどの体験は忘れ去られている。最初、これらの体験を覚えておくためには、肉体、サイキカル体、ノエティカル体のエーテルの対につなげ、記憶を一つの体から次へと伝達する練習が必要である。ずっと後に、私たちが完全な「自己・認識」の高次のレベルまで到達することができると、この記憶の伝達に頼る必要がなくなってくる。

訓練を受けると、真理の探究者は自分の三つの体を識別できるようになり、それらを知り、意識を持って三つの体を使ってワークができるようになる。そして時間とともにより成長すると、探究者は自己認識という存在として、夜に眠る必要がなくなる。もちろん肉体は眠るのだが、人格は肉体から後退し、夢を見る代わりに物質世界と同じように意識を持ってサイキカル界に生きることになる。より成長すると、探究者はそう望めば、「透明なヘルパー」となり、サイキカルやノエティカルな次元で他者を助けることもできる。

霊的な開花は他者への奉仕によって加速化する。私たちは、霊的な呼びかけに応えてそれに従うようになると、自分の向上によって力が与えられ、まわりの人びとを助けたいという願望が生まれる。ここで私たちは慎重に、「死んでいる者」と「眠っている者」を識別しなくてはならない。キリストの教えは、人びとを改宗させたり、自分の信仰を押しつけるようにとは決して伝えていない。もし、人びとに教えをシェアしてもその努力が歓迎されないようであれば、私たちは足のほこりを払って立ち去るべきであり、相手に無理強いしてはならない。他者を助けようとした際に、相手が反応しない場合は、相手が霊的に死んでいるのか(この時点において)、または眠っているだけなのか、識別できなくてはいけない。まず霊的に眠っている人は、少しずつ行動する必要がある。彼が助けを求めてから、あなたは行動しなければならない。つまり、私たちは他者の自由意志を邪魔してはならないのだ。それぞれの人格は異なるので、どの人に何を伝えるのか、どれほどのことをいつ伝えるのかも理解が必要である。霊的に眠っている人のところに走って行き、「**目覚めてください。私は真理を見つけましたので、あなたもそれを受け入れてください**」などとは言えない。それは寝室で寝ている人のところに行って電気をつけ、「**起きてください。もう起きてベッドから出なくてはならない**」と叫ぶのと同じような効果しかない。このやり方は最も好ましくない反応を引き出してしまう。その代わりに、人を助けたいという愛情のこもった波動が伝わるようなやり方で、穏やかに「**愛する人よ、目を覚まそう**」と言ったほうがよいだろう。

†プラクティス——概観

霊的に目覚めるためには、まず特定のエクササイズを行いながら、集中と瞑想の能力を高める必要がある。2番目のステップは、自分の肉体がどんなものであるのか考えることだ。肉体は、あなたの意志と別個に独立して動いているわけではないとあなたは知っている。あなたの意志に従ってあちらこちらへ動くのだ。では自分にこう尋ねなさい。「私の体を動かすことができる私とは、誰なのだろうか」。一晩寝て起きたとき、あなたは目を開けて自分は目覚めたと思い、ベッドから出て服を着て、体を一日中動かしていく。これらすべてができるあなたとは誰なのか。そうすると、あなたは「私は」人格だと言うだろう。人格というものは「私である」と言うだろう。そして人格として、あなたは長所や短所、想念や感情の多様な組み合わせをもって生きていることを知っているのだ。このような「私だ」というのは何なのだろうか。

この探究は相当難しいものである——**私は誰だろう**。そして、あなたのまわりにいる人びと、あなたの友人や家族とは誰なのだろう。彼らの肉体があなたのものと似ていることは確かだが、人格はあなたのものとかなり異なる。あなたは人格として誰なのだろうか。毎晩あなたは眠り、夢の状態に入るが、睡眠の80パーセントは夢のない状態で、それはあなたにとって存在していないかのような感覚がある。しかし、毎朝あなたは目覚め、眠る前と同じ好き嫌いや関心事を持つ同じ人格に再構成される。その時間、本当に存在していないのであれば、どのように同じ人格を持って、朝、目覚めたのだろう。

私たちはこの探究を二つの方法で行う。どのように、そしてなぜ、私たちは私たちなりに感じたり行動したりするのか。他者がどうして何かを感じたり、他者なりの行動をとるのか。そこには自分と他者との間に共通する原因があるはずだ。その原因とは欲望である。欲望とは、何か自分の関心を惹いたものを欲したいと思う感情である。あなたはそれについてもっと知りたいと思い、それを所有して自分のものだと言いたいかもしれない。特定のものにだけそのように感じ、他のものには感じないのはなぜだろうか。同様にして、なぜ何か特定のものがあなたを苛立たせたり、怒らせたり、マイナスの行動に走らせ、逆に、あるものはあなたにインスピレーションを与え、プラスの行動を起こさせるのか。あなたがこのような探究をしていくと、以前は自分の人格を知っていると思っていたが、本当は思っていたよりもはるかにすごい存在だと気付くようになるだろう。

「私は誰だろうか」と問うことで、よりいっそう真剣な探究が始まるだろう。あなたは自分が男性か女性なのか分かっているが、両方の共通点は何だろうか。男性も女性も皆、「永遠のスピリット・存在」であるという点で違いはなく、ともに「自己への目覚め」の道を歩む者である。この観点では、男性ができることは女性にもでき、すべての人間は人生において同じ権利を持ち、「自己への目覚め」という最終目的を共有しているのである。

†プラクティス――黙想「私は誰か?」、「私は何か?」

体をリラックスさせ、深く、楽に呼吸してください。

心臓の鼓動4拍に合わせて息を吸ってください。

心臓の鼓動4拍に合わせて息を吐いてください。

このリズムで呼吸を数分続けてください。

自分の感情を静め、思考もゆっくりと静めてください。


自分の名前を忘れてください。「魂」として男女の差はないので、自分の性も忘れてください。

そして、このように自分に問いかけてください。「私は誰だろう。私は生きている。私は生きているが、私とは誰なのだろう」。

深く、リズムのある楽な呼吸を続けてください。


次に、自分に問いかけてください。

「私は誰だろう。私は〈魂・自己〉として誰なのだろう」。急ぐ必要はありません。

「〈魂・自己〉としての私と、長所や弱点、そして私なりの感じ方や考え方を持った人格・自己としての私との関係は何だろう」。


このように問いかけてください。「私は誰だろう。私は何だろう」。これら二つは完全に異なる問いです。なぜなら「一時的存在の世界」で、私たちは二元性であり、すべてが二元性にあるからです。

あなたは生きている自分にこのように問いかけてください。「命としての私は何なのだろうか」。私は、この「**私である**」ことに関心があり、知りたいと思います。

「私である」は、三つの「一時的存在の世界」を超えた「永遠の存在」の領域に属します。

再び、問いかけてください。「私は誰だろうか。私は何だろうか」。

この二つの問に対する答えは、あなたの内側から来る「魂・自己」として、そして人格・自己として、両方のあなたと融合しているあなたの「守護大天使」から来ることを期待してください。その結果、あなたが自分は誰であり、何であるかを体験することになるでしょう。あなたは自分が正しい道を歩んでいるかどうか、自分の得た力によって確信できるでしょう。聖なる力は、あなたの小さい人格の自己には与えられません。それらは与えられるものでもありません。それらは私たち全員に潜在していて、私たちはそれを見つけ、それを表現することを学べばよいのです。あなたは自分の「魂・自己」を発見することによって、自分の聖なる力も発見します。この黙想を就寝前に毎晩行えば、あなたの準備が整ったのときに守護大天使からの答えを得ることになるでしょう。

24章 聖なる愛、人間の愛

「ゴッド・マン（神人）」であるキリストは何を教えたのか。愛である！　しかし、私たちは個人的関心の視野からだけでなく、異なった視野をもって物事を見る必要がある。なぜなら、エゴイズムが入った人格の視野から物事を見ると、すべての意味を歪めて見てしまうからだ――家族、コミュニティーなど、どの人間関係における愛をも。ある男性は妻をとても愛していると言うが、彼女を殺してしまうかもしれない。なぜだろう。ある女性は夫と子どもたちを愛していながら、苦しめてしまうかもしれない。その女性はどのように愛しているのだろう。本当に愛しているのかと聞くと、「もちろん、彼らを愛しています」と答えるだろう。でも、彼らを苦しめているのではないかと言うと、「彼らは私の言うことを聞かないからです。私の言葉を聞かないし、私がやってほしいことをしないのです」と言う。でも、彼らがあなたの望むようにしないからといって彼らを苦しめたり罰したりするなら、それは愛ではないだろう。

これは何を意味しているのだろうか。人間は鏡映し（反射）ということによって愛するのだ。自分のエゴイズムや自分の考え方を満足させてくれる相手を愛すのだ。それは「愛」なのだろうか。これは特定の人びとが表現している愛であり、この種の愛は痛みと苦しみをもたらすだけなのだ。自分が愛していると思う人びと、家族、妻、夫、子どもたちに対して、あなたが持っている愛を分析してみなさい。それは本当に愛だろうか。それともそれは、ただ自分のエゴイズムの表現だろうか――ダスカロス

教え

もちろん、言葉だけで「聖なる愛」を十分に説明することはできない。私たちができるのは、「聖なる愛」の本質について何かを語ること、そしてそれを反射した多様な色彩を持つ人間の愛というものについて語ることである。聖なる愛は純粋で完璧であり、自己充足している。「聖なる愛」は二元性ではない。それには主体・対象の両極性はない。「聖なる愛」は単に「在る」だけだ。それは来たり去ったりはしない。それは増えたり減ったりもしない。理屈も季節もない。「聖なる愛」は無条件で永遠である。なぜなら、それが神の本質だからだ。

揺ぎない「聖なる愛」は、三つの存在の世界における人間の愛の振動を超えた「永遠の存在」の領域にあり、そして私たちの「永遠の存在」の核としてある。そして、これらすべての「一時的存在の世界」は、「聖なる愛」の中に浮遊している。それらは「聖なる愛」の創造物なのだ。私たち、そして他の「一時的存

在の世界」の住人たちは、自分たちのつくった殻に多少なりとも覆われているものの、「聖なる愛」を具現化した存在である。私たちの人格の殻の透明度を決めるのは、私たち自身の感情や想念（エレメンタル）である。愛の光が輝きはじめ、自分たちの道を照らし、私たちが他者を助けるようになるには、私たちはこの殻の構成物を浄化して透明にする必要がある。「聖なる愛」は神の永遠の本質であり、「スピリット・魂」として、それは私たちの永遠の本質でもある。「絶対愛」は「ロゴス」の根本的な表現である。「聖なる愛」は、ついにはいつか私たちを皆その一部とする、抵抗することのできない力である。

「一時的存在の世界」では、さまざまな純度を持った広い範囲にわたる人間の愛のスペクトルがある。愛は感情として考えられることが多い。真の愛は感情ではないが、感情も愛を含むことはできる。同じように高貴な思想や親切な行為は愛を運んでくれる。愛は三つの「一時的存在の世界」（物質、サイキカル、ノエティカル）を融合する勢力である。それは物質宇宙の物理の法則の中でさえ働いている。ダスカロスがよくコメントしたように、「科学の凝集と引力に関する法則は物質次元における愛である」ということだ。

神への祈りの中で、私たちは次にように祈る。「あなたの愛を、あなたご自身と他のすべての人びとに向けて映し出すことができますように、私たちの心を清めてください」。人格としての私たちは「聖なる愛」を反射させることができるが、「スピリット・魂」としての私たちは、私たちの永遠の存在の部分から「聖なる愛」を直接に放射させることができる。「聖なる愛」は完全であり、永遠である。それは不変で、純粋、無垢である。人格としての私たちは人間の愛というものも表現するが、それは幅の広い純度を持ち、時間とともに揺れ動く。人間の愛のスペクトルの端には「身勝手な愛」と呼ばれるものもある。二人の人間の間の愛が身勝手さよって汚されると、「最愛の人」である相手を操ったり支配しようとし、その関係を損ねたり破壊したりすることがある。私たちは皆、このような愛について知っている。もう片方の端には、光り輝く無私の愛があり、それは与える者にも授かる者にも自由と喜びをもたらしてくれる。私たちが無私に人を愛するとき、私たちは「聖なる愛」を明るく鮮明に写し出している。私心なしに愛することを学ぶことは、人生の学び舎では必須科目なのである。

どちらも愛という言葉を使うが、自己中心的な愛と無私の愛の違いは何だろうか。火をつけると薪はパチパチと燃えて煙を出し、少しは明るくなる。煙が目に入り、涙が出るほど痛む。今度は、太陽の光がある。太陽の光とけむたい火の光の違いは何だろうか。両方とも光だが、この二種類の光の間には大きな差がある。同じように、自己中心の愛と無私の愛の間には大きな差がある。自己中心的な愛は痛みや苦しみを与え、涙を流す原因にもなる。

人間関係における問題は、反射されている愛を本当の愛と混同したときに起きる。反射されている愛は、誰かが他者のエゴイズムを満足させたり、エネルギーを与えたりして、相手に自分がその人を愛していると思わせてしまうものだ。もし、あなたの最愛の人があなたの期待に反して文句を言ったり責めたり攻撃などしてくると、あなたは抵抗し、相手を責めるかもしれない。そうなると、お互いにあった愛は雨に降られた水彩画のように溶けはじめる。後になって、お互いのエゴイズムを愛しあっていただけだと分かるのかもしれない。二つの人格のエゴイズムの間に反射されたこのような愛は、それに気付かないと非常に危険である。

たとえば、ある男性が女性と出会い、女性が男性に対してとてもやさしかったり、褒めそやしたりすると、それが彼のエゴイズムの餌となりうる。瞬時に彼のエゴイズムがふくらんできて、「この女性が好きだ。この女性は私を理解してくれ、評価してくれる」と思いはじめる。こうして、男性はこの女性を反射によって「愛し」はじめるだろう。すると今度は、女性のほうが相手の好意的な目や理解を感じてエゴイズムがふくらむ。彼女のエゴイズムが、自分が誰なのか、相手は本当に理解してくれて、評価してくれていると思い込み、彼を好きになってしまったと感じはじめる。このように一人のエゴイズムが相手のエゴイズムにエネルギーを注ぐことから始まる。エゴイズム同士の共通な側面は、自己に完全に夢中になってしまうことで、相手がそのエゴイズムの見方を認めるようなことがあると、その内容が何であれ、エゴイズムはそれが愛だと誤解してしまう。もちろん、このこと自体は邪悪なことではないが、それは真実の愛でもない。ただ、本当の愛に成長する可能性は残っているので、未熟の愛と呼べないこともない。

多くの場合、何が起きてしまうのだろう。ある時点で相手の人格に何か自分の気に入らないところを発見する。自分のエゴイズムは、自分が思っているような素晴らしい姿で相手が見てくれていないことに気付くと、そのエゴイズムは反応しはじめる。次には文句、批判、独断、そして喧嘩が続き、結婚は離婚に終わってしまう。二人の人間が互いに惹かれあっていても、最後にはお互いを避けることになってしまう。この愛は、その人にとっての愛だったのだ。私の求めることをやってくれるあなたを私は愛し、私があなたの求めることをやってあげるので、あなたは私を愛す。このような愛は真の愛ではなく、ビジネスの取引に似ている。もし片方が相手のために何かを行うことをやめたらどうなるだろう。

互いに相手のために何かをかなえてあげたり、与えてあげたりする関係が悪いとか、愛情ではないと言っているのではない。私が言いたいのは、互いのエゴイズムにエネルギーを注ぐことに基づいた関係は危険だということだ。それが危険だと言うのは、遅かれ早かれその関係は維持困難なものになるので、その時どうするかという問題なのだ。その関係が成熟して、より良いものになるのか、破綻するのか。ずっとこのような状態ではいられない。まわりを見てみなさい。ものは成長するのか、衰退するのかのどちらかである。

私が言わんとしているのは、人間が愛と呼ぶものの多くは反射による愛だということだ。彼らが本当に愛しているのは自分のエゴイズムや自分の見方を満足させてくれるものである。これが反射によるところの愛で、最初の頃は本当の愛と間違えたり、誤解したりするのである。このような愛はどの人にもたくさんの苦しみをもたらす。このような愛とは何なのだろうか。私は、ある男が自分の妻を「愛している」と何年も言い続けていながら、彼女が離れようとすると、本気で文字通り殺すと妻に言っていたことを知っている。彼は殺害の方法と、どこでそれをやるのかということまで言うのだった。子どもたちの母親であり、彼女を愛していると言いながら、彼女が出て行けば殺すと言うのだ。これはどういった愛なのだろう。

私たちは、愛を個人的な関心からでなく高次の視野から捉える必要がある。エゴイズムがその個人的な関心に基づいて物事を測ることを許せば、伴侶や家族や仲間との愛を歪めるであろう。ここで内省と観察のプラクティス（実践）の重要性に私たちは立ち戻る。私たちは、自分の両親や伴侶、そして子どもたちに対してどのような愛を持っているか分析することができる。そして私たちの庭から雑草のような自己中心的な愛を引き抜くことができる。

もちろん、結婚というのは前向きなものでなくてはならない。それは正しい土台があればできる。結婚を考えてみよう。それは地上における二人の人間の融合と呼べるものである。それは神聖なものだろうか、それともそれは拘束なのだろうか。もちろん神にとって、真の愛によって結ばれた男女が神との共同創造者として新たに転生してくる魂のために肉体をつくることは神聖なことなのだが、男女は肉体以上の存在である。二人の人間にとっての良い結婚は、ただの愛情ある肉体の融合だけではない。高次の次元での融合がなければ、どのような融合になるのだろう。それはサイキカル体とノエティカル体も結ばれるということ、つまり永続する結婚の基礎となるのは、ハートとマインドと肉体の結婚であることを意味している。人間は三位一体である。人格のレベルでさえ三位一体であり、メンタル体、感情体、そして肉体がある。それゆえ、この三つの体の調和した融合がないと、夫婦は法的に結婚して長い年月を一緒に暮らしていても、二人の間にはかなりの隔たりがありえるということだ。

ある時、ドイツ人の夫婦がダスカロスを訪ねてキプロスにやって来た。当時、彼らはいつも喧嘩をしていて、結婚生活も家庭も地獄のような有様だった。二人とも互いにうんざりしていて、ダスカロスにアドバイスを求めてやって来た。彼らは、「私たちは別れるべきでしょうか」と彼に尋ねた。するとダスカロスは皮肉を込めて、「あなた方はもうとっくに別れていますよ！」と答えた。人はお互いに惹かれあって結婚する。そしてどの結婚にも学びがある。これは結婚についてのもう一つの観点だ。結婚や結婚のような関係からは学ぶべきたくさんのレッスンがあるということだ。もちろん、主要なレッスンは自己中心的に人を愛すのではなく、純粋に無私で愛するということだ。これはパートナー同志がお互いのワンネスに入るということだ。これが結婚式で象徴されるように、２本のロウソクが一つになり、二つの炎が一つになるということだ。

残念なことに、病気に陥ってしまう結婚というものもある。自分のソウルメイト（こころの友）を見つけたと信じている二人が、自分たちでつくった監獄の同房者のようになるということだ。相手をコントロールしたいと思ったり、互いに憎しみあい、喧嘩をして子どもたちが病気になってしまうこともある。結婚していてもしていなくても、相手をみじめにする権利は誰にもない。そして、その地獄から出たいと思った相手を制止することもできない。そのような場合、互いを拷問しつづけたり、心臓をつぶしてしまうようなエレメンタルをつくったりするよりも、離婚してしまった方がはるかに好ましいだろう。結婚の儀式で唱える牧師の言葉や民事婚での法的な言葉が夫婦を結びつけているのではない。二人を結びつけるのは彼らのハートと「魂」である。無関心やあら探しや不平などは二人を引き裂く。愛が彼らを融合させる。これは地上のみならず、サイキカル界やノエティカル界、そしてそれを超えたところでも真実なのだ。

最も素晴らしい結婚でも、地上では短い年月で夫婦はともに亡くなってしまう。夫婦はサイキカル界でお互いを見つけることができるだろうか。真実の愛があれば、そうだ。しかし、もしハートとマインドが物質界で結ばれていないとしたら、サイキカルな世界やノエティカル界で会うことはないだろう。

結婚した夫婦は、以前学ぶべきだったことを学びなおすために再度一緒になることもある。神は二人が愛と理解のレッスンを学ぶまで何回も転生させる。または恵まれたカップルの場合、お互いに完全なアチューンメントを維持しながら転生し、再び一緒に地球への聖なる旅をすることもある。または、ある目的に向けて力を合わせるために一緒に転生することもある。ダスカロスは、10回以上も転生をともにしている夫婦を知っていると言っていた。

二人をつなぐ最もパワフルな力は「魂」のつながりである。人格的なレベルでは、それは愛と理解である。真の愛、真の理解、そして偽りのない「魂」のつながりがあれば結婚は聖なるものとなる。二人の人間が初めて互いの愛を体験すると、それは「恋／愛に落ちる」と表現される。しかしその愛が真実であり、無私のものであれば、それは「愛に上昇する」と呼ぶべきものである。無私の愛は、夫婦を上へ上へと延びていく流れに乗せていってくれる。それは、愛している者と愛される者に互いの「聖なる資質」を垣間見ることを可能にする。

自分を愛する相手を愛することは人間的だが、相手が私たちを愛しているのではなく憎んでいたら、どうしたらいいだろう。自分を憎む相手を愛するのは聖なることであり、自分を愛する人を憎むのは悪魔的だと言われる。キリストの助言によると、「わたしは言っておく。敵を愛し、自分を迫害する者のために祈りなさい。」（マタイによる福音書5―44）というものである。もちろんのこと、私たちは誰をも敵だと思ってはならない。実際のところ、彼らはマイナスの幻想に苦しんでいる兄弟姉妹で、私たちの友人たちよりも愛をもっと必要としているのである。他者たちはあなたを敵だと思っているかもしれないが、あなたは誰も敵だと思ってはいけない。文豪トルストイはかつて、「敵を愛すれば、あなたには敵などいなくなる」と言ったことがある。

ダスカロスはレバノンから65マイルほど離れた、ギリシャの島だったキプロス島で暮らし、そして教えてきた。そのレバノンではイスラム教徒とキリスト教徒のいくつかの宗派が衝突したため、ベイルートが破壊され、多くの市民を失った。この争いが起きる前、ダスカロスはそこに２００人もの生徒を抱えていたが、争いが終わる頃には二人しか生き残っていなかった。１９７４年にはトルコからイスラム教徒が侵攻し、ギリシャ系キリスト教徒のキプロス人たちを殺害し、国連軍が侵攻をくい止めに来るまで、ギリシャ系をキプロスの北部から南部へ追って行った。

この占領の一時期に、ギリシャ系のキリスト教徒たちが中立地帯のギリシャ側の街路で国家記念日をパレードで祝うことを決めた。このことは、中立地帯の反対側にいるトルコ系イスラム教徒たちの持っていた同様の民族的なプライドを刺激した。そしてほどなく彼らは自分たちの国家記念日を祝いはじめたのだ。つまり、ギリシャ系の人びとの行事によって民族主義的な集団エレメンタルがつくりだされ、それが力をつけたために、同様の感情がトルコ系の人びとに喚起され、ギリシャ系に対抗するように彼らも記念行事を始めたということだ。このたぐいの集団エレメンタルは強力で大きな害をもたらす。この集団エレメンタルは家族の中、地域コミュニティー、さらには国全体にあって人びとに大きく作用する。こういったエレメンタルがマイナスの性格を持ち、あるいは「おれたち対やつら」のメンタリティーを持っていると、人間は非常に強く影響され、ついには対立や戦争を招くことになる。

ダスカロスにこのことについて話すと、「キリスト教徒もイスラム教徒もレバノンで何を成し遂げただろうか。彼らはすべてを企てて実行した。しかし、その結果どれだけの血がレバノンで流されただろうか。キプロスでも同様のことを彼らは企てなかったと言えるだろうか。では、キプロスではどうして彼らの企みは成功しなかったのだろう（ある人びとはそれについて不思議に思い、私にも尋ねてきた）。彼らが成功しなかったのは、私たちがそれを許さなかったからだ。インナー・サークルのあるグループが働きかけていたののなのだ。

だ。愛、そして愛の空気でキプロスを満たしたのだ。想念というのは、想像以上に大きな力を持っているも

キプロスのギリシャ系住民とイスラム系住民の間には、ただ二つの事件を除いては衝突がまったく起きなかった。その事件というのは民族対立的なものではなく、恋愛沙汰のたぐいである。両サイドともこれについて思いをめぐらしているが、私たちは爆弾の導火線を引っこ抜くような役回りを引き受けている。どうやったら、うまくいくのだろうか。グループの中の、私が〈透明のヘルパー〉たちと呼んでいる者の中に憎しみの寸分の痕跡があったとしたら、それは成功しないだろう。私たちにとって、トルコ系の人びとの命と血はギリシャ系の人びとの命と血と等しく神聖なものなのだ。そこで、私たちはキプロス意識なるものを、クリスチャンとイスラム教徒の双方につくりだすことを試みたのである。

たとえば、スイスの読者たちよ。あなた方はスイス意識というものをつくりあげるのに成功したではないか。たとえドイツ語系だろうが、フランス語系、イタリア語系だろうが、あなた方はスイス人だ。同じことをキプロスでやろうとしている。つまりキプロス意識を創出すること、トルコ語系、ギリシャ語系に関わりなく同じキプロス人であり、兄弟なのだ。彼らは一緒に生きていかねばならない。最後には、それを達成するだろうし、そう願っている。例外もなしに皆を愛するということだ。敵というものを持つことはできない。では友人を持てばいいのだろうか。そうではなくて、敵でもなく友でもない――家族における兄弟姉妹、父と母、つまり人間の家族の一員なのだ。私に言わせれば、民族主義というのは悪いものだ。あなたはどこの国籍なのかと問われれば、私は人間であると答えたい。私の国はどこなのか。それはこの惑星である。国家

とは何か。大きな建造物の中にいろいろな部屋があり、そこに私の家族が住んでいる。その家族というのはすべての人間のことだ！」

どの人間も同じ太陽の日射しを受け、そして活力と酸素を供給してくれる同じ空気を吸っている。一部の人間だけが特別なのではなく、すべての人間についてだ。この事実をとってみても、すべての人は生きる権利を等しく有し、敵であると見なすことが誰にもできないと理解できるだろう。己のエゴイズムの奴隷となった人びとは、はじめは友達関係だったものがあとで敵同士になってしまうことが何と多いことか。彼らが個人的なエゴイズムの犠牲となってしまうと、せっかく築いてきた良好な友人関係が壊されていき、しまいには敵対してしまう。そういった状況にもかかわらず、自分たちのハートから真の無私の愛を反射できる者にとっては、年老いた人たちであれば人びとの父と母になり、同僚たちであれば兄弟姉妹となり、若い人たちであれば皆の子どもたちとなる。

他者を愛するということは血のつながった子どもや兄弟姉妹や親を愛することでなく、それを超えて愛するということだ。私たちが他者を無条件かつ無償で愛することを学べば、私たちに害を加えようとする者たちから自分を守ることができる。敵をつくらないようにするためには、自分たちのエゴイズムを捨て、正しく愛することを学ぶ必要がある。自己中心的な人間は正しく愛することを知らない。

真の愛についての最上の教えは聖パウロの手紙にある。「たとえ、人々の異言、天使たちの異言を語ろうとも、愛がなければ、わたしは騒がしいどら、やかましいシンバル。」（コリントの信徒への手紙Ｉ13―1）。（ここで彼が天使の異言「言語」という表現を使っていることに注意を向けてほしい。彼は天使たちの言葉を知っていたのだ）。「愛は忍耐強い。愛は情け深い。ねたまない。愛は自慢せず、高ぶらない。礼を失せず、自分の利益を求めず、いらだたず、恨みを抱かない。不義を喜ばず、真実を喜ぶ。すべてを忍び、すべてを信じ、すべてを望み、すべてに耐える。愛は決して滅びない。」（コリントの信徒への手紙Ｉ13―４～８）。

私たちはこのような愛をどのように表現できるだろうか。このような完璧な愛を誰が表現できるだろう。誰なら真に愛すという意味を教えることができるだろう。地上に歩く者たちの中で、真の愛について教えることができる人は何人かいるだろう。彼らは愛を具現化しているからだ。真の愛を私たちに示すことができ、そしていちばん私たちのそばにいる最愛なる存在は、私たちのブラザー・ガイド、つまり私たちの「守護大天使」である。彼は奇跡である「聖なる愛」について私たちに教える能力も意志もその用意もある。

私たちは私たちの「守護大天使」と接触するようになると、学ぶことがとても多い。私たちは私たちの「守護代天使」がどのように私たちを愛し、面倒をみてくれるかを観察することによって、「聖なる愛」の本質について学ぶ。私たちの「守護大天使」は、私たちが初めて人間として転生したその瞬間から、彼の完璧な愛を私たちに絶え間なく注いでいるのだ。私たちと完全に融合しているために、彼は私たちのすべての意図、動機、想念、感情、欲望と行動を寸分違わず知っている。彼の任務は私たちの成長過程にある人格を守り、導くことにある。彼がその愛の任務をどうやって遂行するのか注意を向けてみよう。

- 彼は干渉せずに私たちの人生を見守っている。
- 彼は強要せずに私たちを導く。

・彼は判断や批判することなく、私たちの間違いを見せてくれる。
・彼は私たちの自由意志を支配せずに助言する。
・彼は感謝の気持ちさえ期待せずに私たちに永遠と仕える。

私たちが心を乱し、嫉妬や怒りや憎しみを抱いてひどい行動をとるようになると、私たちに付き添ってくれていた大天使たちは一歩引き下がる。これらの破滅的な行動は、あなたの中の聖なる大天使たちを悩ますものであるが、「守護大天使」にとってはよりいっそうのことである。この点に注意してほしい。私たちが嫉妬、怒り、憎しみを現すほどひどくこころが乱されていると、私たちの天使も動揺し、彼は一歩引き下がるのだ。私たちは、大天使たちが私たちに与えてくれるエーテル・バイタリティーを間違った使い方で使ってはならない。彼らは怒ることはないが、しばらくの間、身を引いてしまうからだ。

あなたの一番のスピリチュアル・マスター、そしてガイドはあなたの「守護大天使」である。彼はいつもあなたに付き添い、あなたのすべての行動、想念、感情を見守っている。あなたが一人でいることはないということを理解してほしい。私たちの一人ひとりが「守護大天使」に付き添われている。あなたが夜眠っているとき、あなたの現在の人格は他の存在の次元にいるか、夢を見て眠っている。あなたの守護天使は眠ることがなく、愛する子どもを見守る母親のようにずっとそばにいる。彼のあなたに対する愛は完璧で汚れを知らない。「守護大天使」は、あまりにも私たちと波動が合っているので、時には、「ツイン・ソウル（双子の魂）」や「インナー・セルフ」に間違えられる。彼は、私たちのツイン・ソウルでなく、私たちの「インナー・セルフ」と融合してはいるが、「インナー・セルフ」と呼ばれる存在でないことは確かだ。彼は「インナー・セルフ」の代わりに語りかける権限を持っているが、彼はもっと情け深いのである。

さて、この完璧な「永遠のスピリットの存在」が、その汚れのない愛、知恵、能力の完全性の中で、あなたの最も精妙な想念と感情と行動を見守り、毎日、週七日、1年52週、あなたの生涯を通じて、地上および向こうの世界においても何回の転生を経ても、あなたに付き添ってくれているのを想像してほしい。このような愛をあなたは想像できるだろうか。何回もの転生の中、私たちが犯してきたすべての過ち、スピリットや聖なる法則に対する違反のすべてを見届けることが可能な愛を、あなたは考えられるだろうか。不平の一つも言うこともなく一度も責めることもなく、彼はそうしているのだ。あなたに対する彼の愛をあなたは感じられるだろうか。これはどんな愛なのだろう。

「守護大天使」のような素晴らしいガイド、パワフルな守護者を私たち一人ひとりのどの転生にも尽き添わせるのを見届けてくれたのは誰なのだろう。この「超意識」を持った大天使を私たちそれぞれに与えてくれるだけのやさしさを持つのはどんな愛だろう。もちろん、それは神の愛だが、それは私たちが人間になるとき、私たちのスピリットの光線に自分のスピリットの光線を合わせてくれるのは「守護大天使」自身の愛でもある。これらの守護者は、大天使、聖なる使者であり、そして彼らの意志は神の意志と同じである。神の意志はすべての大天使の中に自動的に自分の意志として生まれてくる。彼らは自分たちの特定の天使階級の地位に従って神の意志を表現する。彼らは神にとても近く、神の貴重な存在であるために、私たちは彼らを神の息としてたとえることができる。

私たちが「聖なる愛」と「守護大天使」たちの仕事について語るとき、私たちは古い埃まみれの理論、何世紀もわたたって直接体験していない人びとによる情報を機械的に提供しているのではない。私たちは、あなたが盲信するようにと、根拠のないニューエイジの概念を提供しているのでもない。私たちは、自分たちの、そして数多くの真理の探究者たちが過去にも現在にも直接体験したことを明かしているのだ。あなたが自分の「守護大天使」に対して誠実であれば、あなたも自分の実際の体験に基づいた証拠を得ることになるだろう。

✝プラクティス――概観

「聖なる愛」を反射するために私たちは自分の人格を浄化させ、光らせる必要がある。もし私たちの家の窓から日射しが差し込んでいて、それに対して窓に黒い紙を貼ると、それは光を反射しない。白い紙を貼れば、それは光をきれいに反射する。きれいな鏡を置くと、太陽光線を完璧に反射する。同じように私たちが不安や恐れ、敵意や他のマイナスのエネルギーを自分の人格から浄化してしまえば、私たちも光り輝き、他者への愛をよりよく多く反射することができる。

私たちの目的は、愛の光を覆い隠す想念や感情を取り除くために、この生涯を通して真摯に努力していくことにある。真理の探究者のプラクティスはこれを可能にしてくれ、私たちの人格にあるマイナスの要素や暗闇を、人生を肯定するようなプラスの性質に取り替えてくれる。これは、絶え間なく増えつづける「聖なる愛」が自分の人格を通して他者に反射されること、そして自分たちの霊的な開花が加速されるような状態をつくりだしてくれるのだ。

✝プラクティス――聖なる愛を反射する瞑想

目を閉じて、完全にリラックスしてください。

愛はすべての魂を融合する聖なる炎です。なぜ、すべての人格ではないのでしょうか。神の共通した自己性の中にある「スピリット・魂」として、すでにあなたはすべての人とつながっています。「ロゴス」の「聖なる愛」の中に私たち自身、つまり私たちの人格も融合できないのでしょうか。この「愛」はすべてに滋養を与え（私たちのサイキカル、ノエティカル、そしてエーテル・ダブルにも）、それらを浄化し、自分たちの中にもどこにも偏在する「ロゴス」に私たちを融合させてくれているのです。

深呼吸をして、自分にこのように問うてください。

愛とは何だろう。私は愛しているのだろうか。私は誰を愛し、なぜ愛しているのだろうか。

さあ、自分のハートを黄金またはカナリア色の光を放つ黄金の太陽にして、それが自分のまわりに光を放射するようにしてください。その光を感じてください。

神の愛をクリアに反射できるように、自分のハートにある否定的な要素を浄化してください。

神とすべての人間に対しての愛を放射できるように、自分のハートを浄化してください。


ここで、あなたとそりの合わなかった特定の人びとを一人ずつ目の前にイメージしてください。彼らが幸せになっているのをイメージしてください。あなたのハートの光によって彼らの顔が輝いているのを見てください。次に、もっと多くの人びとを集めてください。愛しているけれどそりの合わなかった人びとです。空間を、あなたのノエティカルな空間を、あなたの知っている人びとで満たしてください。あなたのハートから放射される光で彼らの顔は光っています。そして、次のような望みを彼らに託してください。「いつも神があなたに健康を授け、そして彼の愛を与えてくれますように」。これは最もパワフルなエレメンタル、純粋にノエティカルなエレメンタルです。そのエレメンタルが運ぶ唯一のことは、これらの人びとが健康で幸せに生きてくれるようにと望むあなたの願いです。この最もパワフルなエレメンタルたちをつくることを学んでください。彼らは戦争さえ止めることができます！　もちろん、どのように愛するのかということから勉強しなければなりません。まず個人から、家族のメンバーたちを愛することから始めましょう。

25章 イニシエーションと守護

なぜ、イニシエーションが必要なのか。3回のレッスンに参加し、さらに続けたい者は誰でも「真理の探究者」のイニシエート（訳注＝イニシエーションを受けた者）になる資格がある。イニシエーションを受けたくない者がレッスンに出席することも可能だ。覚えておくべき大事な点は、イニシエーション自体が重要なのではないということだ。イニシエーションとは何を象徴するのだろうか。クラスに参加して学びを続けていくなかで、イニシエーションを受けた者、受けたくない者の間に何か違いはあるのだろうか。あなた方の師にとって違いはないが、イニシエートには、真理のサークルに属しているという一体感が生まれるだろう。それによって助けられるだろうし、自分の中に自信や、自分に対する信頼がより多く得られるだろう。これは個々人の受け取り方の問題であり、クラスの参加者は誰でも師からの手助けを得られるだろう。

したがって、イニシエーションというものは、少なくとも初期の段階では必要がないと言える。当然のことだがインナー・サークルやインモスト・サークルに入る者たちに必要となる。しかし、特定の段階までレッスンを受ければよいと思う者には必要がない。それはエクソソマトーシスのような上級の段階まで行く者たちをも含む。特定の段階まで到達すると、グループ全員の目標は「聖なる計画」の中で働くことになり、その時点からイニシエーションが必要になる。イニシエーションを受けるときに、あなたは七つの約束を交わす。これらの約束は自分に対して行うもので、誓いではない。私たちの体系が他の体系と異なる理由は、私たちがキリストの教えに従うからである。「一切誓いを立ててはならない。」（マタイによる福音書5—34）。誓いを立てたあとで、それが実行できないと分かるようなことになってはいけない。約束は自分に対してのもので、あなたはそれに従って生きる努力をするという約束である。最初はできないかもしれないが、努力を続けることは可能だ。それは実際には、あなたの「自己」に対する義務なのである——ダスカロス

その日、私の友人でニューヨーク出身のウィル氏と私は、ダスカロスの自宅を訪ねるのを心待ちにしていた。彼は私たちそれぞれにとても珍しいパワフルなタリスマン（お守り）を作ってくれる約束をしていたのだ。これは普通のタリスマンなどではなく、非常に強力であり、作ってもらった人を長いあいだ守り、その人に関わりのある人たちを何世代にもわたって守りつづけるというものだった。それを作る際に、ダスカロスは大天使たちに手助けを頼んだ。すると、大天使たちが駆けつけ、私たちのカルマを軽減するよう手伝ってくれるということだった。その上、このプロセスを通して私たちの進化を邪魔する否定的なエレメンタルたちも焼きはらってくれるということだった。この製作プロセスは集中のための時間をある程度要するため、私たちは早目に到着した。すると、ダスカロスは居間で私たちを待っていた。これらすべてのより深い意味

は、当時の私たちの理解を超えていたが、この機会がいかに大事であり、めったにないことであるかは理解していたので、私たちは感謝と気力にあふれて参加した。

タリスマンを作る前に、ダスカロスは私たちに対して「真理の探究の体系」へのイニシエーションをすることになっていた。これは何世紀も実践されてきた同じ方法で行われた。この小さな儀式のために、ダスカロスは先端の尖っていない剣、つまり賢者メルキオール（ハム・エル・キオール）が、生まれたばかりのキリストの前で折ったという剣のレプリカを使った。イニシエーションを受ける者は、「汝の清らかな御足のもとに、おおロゴスよ、すべての権威であれ」と書かれたこの剣を誰もが見るのだとダスカロスは説明した。

それからダスカロスは、娘のパナヨッタとインナー・サークルのもう一人のメンバーに、このイニシエーションに立ち会って証人になってもらうよう頼んだ。未来へ突き進む現代の文化は古代からあるイニシエーションを置き去りにしている。イニシエーションの儀式自体はそれほど重要ではない。重要なのは、それが何を象徴しているか、そして伝授されるもの、さらには体験および真理として、神秘家が何を得るのかということだ。イ

ニシエーションを受けるためには多くの試練を体験する。知恵と教えの中に入るためには一つだけではなく、危険を伴う多くのイニシエーションを通らなくてはいけない。より上級のイニシエーションでは、生死を問われる状況に直面する。したがって、実際のイニシエーションに近づいたときに、賢く選ぶということが大切である。非常に強力な試練が待ち受けているので、私たちが強さを持たず、勇気がないとすれば、先に進まない方がいいであろう。3万5000年前に洞窟で行われたイニシエーションは人に大きな変化をもたらし、それは人生のある段階から次へ移行するための通過儀礼だった。これら太古の頃の儀式は、若い青年たちを男の世界、そして大人の世界へと進ませた。他の種類のイニシエーションでは、準備の整った探究者たちを偉大な霊的な神秘へ導いた。これらは、現代のほとんどの儀式がそうであるような空疎な儀式ではなかった。それらには劇的な心理的シフトを起こす大変な力があったのだ。

イニシエーションのためにひざまずきながら、私は2000年前に三人の賢者たちが幼いキリストの前にひざまずき、「真理の探究者」の系譜が生まれたことを振り返った。ダスカロスは歴史のその深遠な瞬間にはじまった同じ神秘主義の体系に今、私たちを受けいれるためのイニシエーションを行ったのだった。私たちは七つの約束を交わし、ダスカロスは私たちにサイコセラピーか社会福祉の分野のどちらかで活躍したいかと尋ねてきた。私たちはサイコセラピーだと答えると、彼は私たちを祝福しながら何かを述べ、片膝を立てた私たちの肩と頭のてっぺんを、尖がりのないレプリカの剣で触れてイニシエーションを終了した。これはスピリチュアルな騎士道の入団の儀式に似ていただけでなく、それと同様のパワーと目的もあった。私たちが立ち上がると、ダスカロスは私たちの頬にキスをした。

このイニシエーションが完了すると、ダスカロスは私たちのタリスマンを作る準備に取りかかるために尖がりのない剣を持って台所へ行き、ウィル氏と私はそのあとをついて行った。その作業をするための道具を用意するとき、ダスカロスは無言だった。彼は、異なった大きさの小さな皿を2枚、白いロウソクの乗ったロウソク立て、黒と赤のサインペンを集めると、テーブルの上の剣の隣に置いた。次に、彼はアメリカの25セント硬貨大の黒い炭でできた円形タブレットを手に取り、地元のギリシャ正教の教会で使うような花の香りの小さな小石サイズのお香を用意した。それから、23センチ四方ほどの黄色のパステル色の紙を2枚取り出し、私たちのいるテーブルの前に座った。

ダスカロスは炭のタブレットの上にお香を乗せるとその端に火をつけた。炎が炭に触れるとパチパチと音を立てた。小さなオレンジ色の火花が小さな花火のように全方向にたちまち広がり、炭全体に点火した。炭は真っ赤に燃えて、その熱が白いお香を溶かした。お香はあぶくを出しながら、甘い香りの煙を出して黒くなった。煙が渦巻くなか、私の期待はだんだん高まっていった。煙は外にもくもくと吹き出して、キッチンの窓から入る朝の光と混ざりあい、私たちのまわりにかすんだ聖域をつくった。ダスカロスはロウソクに火をともして祈りを捧げた。彼はまず皿を1枚とサインペンを使って直径15センチほどの黒い円を描いた。そして少しだけ小さめの皿を使い、黒い円の内側に赤いサインペンで円を描いた。サインペンの乾燥したペン先が皿の表面でこすれる音だけが穏やかな静けさを破っていた。次に、ダスカロスは尖がりのない剣のまっすぐな縁を定規として使って、赤のペンで円の中に2つの六芒星——大きめの中にもう少し小さめのものを描いた。ダブルの六芒星は最もパワフルな守護のシンボルである。それは私たちの外界から来るマイナスのエネルギーも自分の人格から生じてくるマイナスの影響も、その両方から私たちを守ってくれるのである。

彼は振り向いて私の宗教が何であるか尋ねた。「クリスチャンです」と私が答えると、彼はその図に何かを描いた。それから、サンスクリット語とエジプトのヒエログリフを組み合わせて個別のシンボルを作っていった。彼はそれに守護のエレメンタルを植えつけた。そして、彼は六芒星の中と下に別の何かを描いた。作業中、彼はずっと注意をそらすことなく自分のやっていることに専念した。これら何通りかの書き方を用いる理由は、何を書いているのか黒魔術を使う者が解読できないようにするための保証であった。それは、アメリカの片田舎でぶつかるような問題ではなかったが、キプロスでは明らかにありえる問題のようだ。この種のタリスマンは、古代エジプトの司祭たちが作っていたもので、それはサイキカルやノエティカル体を含む身体全体を守るためのものだった。

彼が図を描き終わると、私はもうそれで完成したと思ったのだが、実はこれからだった。次に彼はタリスマンの中心に火のともるロウソクを立てた。炎はじっと燃えつづけ、その柔らかな輝きはダスカロスの顔をかすかに黄金の光で照らしたようだった。それから彼はパワーを本格的に上げていった。彼はゆっくりと深い呼吸をすると集中して作業を始めた。

ダスカロスは数分の間、両手を図面の上とまわりで謎めいた感じで動かした。それから、彼は両手と炎の間にある空間に意識を集中させた。彼は人指し指を炎から60センチほど離れた位置に固定した。それから彼はその人差し指を1・3センチほどロウソクの炎に近づけた。彼が指を動かすと、炎は瞬時にパチパチと音を立てて揺れ、彼の指の動きと反対方向に向かうのだった。再び、炎を集中して見つめながら同じ動きをすると、結果は同じだった。彼はこれを5分ほど続けた。ロウソクのまわりを同じ距離をとりながら、指を炎の方に軽くはじくような動きを繰り返した。この全体のプロセスは、まるで彼が何か透明のものを炎に押し込んでいるように見えた。炎の瞬時の反応をみる限り、彼は確かにそうしていた。あとの説明によると、ダスカロスはこのプロセスによって、特定のマイナスのエレメンタルたちを捕まえて炎に追い込み、私をそれらの影響から解放していたのだ。最初の転生からダスカロスは、炎のエメレントに親近感を感じていて、マイナスのエレメンタルを炎に追いやって溶かしてしまうことを楽しんでいると語ってくれた。

この儀式が終わりに近づく頃、彼は大天使たちに誰かボランティアで手伝ってくれないかと尋ねた。ダスカロスは、ミカエルとラファエルが私の人生を手助けすると言ってくれたと私に告げた。彼は作業を終えるにあたって、私の方を振り向き、私しか知らないはずの人間関係などについてのプライベートな事柄を詳細に明かしはじめた。そしてまだ知らないが、後にすぐ分かることになる人間関係の力関係などについても明かしてくれた。ダスカロスの明かしてくれた内容には、その状況を改善するためにどうしたらいいかも含まれていた。私はアメリカに帰国すると、彼のアドバイス通りに動き、それらの問題はすぐに解決した。彼が私の知らない問題を見てそれを正しく診断し、解決する処方箋を提供できたのは確かなことである。次に彼は、ウィル氏のタリスマンを同じように作った。最後に、私たちが本当に大天使たちを必要とするときに、どのように自分の両手と指をタリスマンの上で動かして彼らを呼ぶことができるのか、実演をしてくれた。これも、帰国するなり私は使うことになり、ある人のために素早く目を見張るような支援を実現することができた。

それから、ダスカロスは、私たちが思ってもみなかった、ほろりとさせるようなことをしてくれた。彼は道の反対側にある店で、私たちのタリスマンを台紙に乗せ、額縁に入れてプレゼントとして渡してくれたのだ。このパワーと能力のすべてを、愛をもって私たちにやさしく与えてくれたことは、私の骨の髄まで響いた。私たちは彼に心から感謝した。彼は私たちの感謝に対して軽く会釈をしてくれた。彼は自分が貢献したことに対して、相手に認めてもらう必要もなく、感謝の言葉以上を受け取ることはなかった。

私とウィル氏がダスカロスの家の聖域からキプロスのまぶしい日射しの中に出たとき、花のお香の甘い香りがまだ私たちの服に漂っていた。ダスカロスと一緒に過ごした貴重な時間がそろそろ終わりになり、アメリカへの帰国が迫っていた。私は、ダスカロスのところに再び戻ることができるのだろうかと思った。その想念が私の頭をかすめた瞬間、私の中で答えがはっきりとした大きな声で聞こえてきた——「何回も！」と。

おわりに

偉大なる太陽

私は偉大なる太陽、しかし、あなたには私が見えない
私はあなたの主人、しかし、あなたは顔を背ける
私は捕虜、しかし、あなたは私を解放しない
私はキャプテン、しかし、あなたは私に従わない
私は真理、しかし、あなたは私を信じない
私はあなたがとどまらない町
私はあなたの妻、あなたの子ども、しかし、あなたは私たちを置き去りにする
私はあなたが祈りを捧げることのない神
私はあなたの助言者、しかし、私の言葉はあなたの耳に届かない
私はあなたが裏切ることになる恋人

私はあなたの命、しかし、あなたは私の名前を挙げない
あなたの涙で魂を封印し、私のせいにすることはならない。
――16世紀の十字架に刻まれたノルマン人の言葉

用語解説――（本文中に＊を付した用語）

真理の探究の体系は特定の意味の用語と概念を使用する。翻訳者たちは、原書のギリシャ語に含まれる言葉の豊かさをできるだけ残すよう努力をしている。私たちの言葉と用語を他の流派や分野のものと混乱させないよう、そして資料をより明確にするために、読者にこの用語集を参照するようお勧めしたい。

アチューンメント（ATTUNEMENT）
相手を観察してその本質を学ぶために、他の一時的存在または永遠の存在の周波数に自分の波動を調整して同調させること。「アチューンメント」は、「アト・ワンメント」（一体化）以前に達成する状態。

アト・ワンメント／一体化（AT-ONE-MENT）
永遠の存在が他の永遠の存在、一時的存在や絶対存在と融合して完全なワンネス（一体）となるときの超（スーパー）意識の状態。神との一体化は「テオーシズ」と呼ばれる。

意志の喜び（WILL-PLEASURE）
ギリシャ語の〝euareskeia〟は英語には同義語がない。温かくて寛容で豊かなソースによって実践されているように、惜しみなく与えることからもたらされる喜びの感覚を伝える表現である。「意志の喜び」

を使った理由は、「恵み」、「恩恵（bounty）」とか「慈善（charity）」といった訳語から生じる誤解を避けるためである。私たちは、「創造の中の神の喜び」として、ギリシャ語の“euareskeia”を表現した。

因果の法則（CAUSE AND EFFECT, LAW OF）
神秘家だけではなく、科学者も「因果の法則」を承認している。この「聖なる法則」は、すべての作用（アクション）にはその反作用（リアクション）があるとする。東洋の宗教ではこの法則（カルマと呼ばれる）について決定論的な見方をとるが、私たちは他者の借りを代わりに引き受けることが可能であるとか、悔い改めれば因果は超越できるものと信じている（「悔い改め」の項参照）。「因果の法則」は何回もの転生を通じて働くこともあるし、より短い期間で働くこともある。

インナー・セルフ（内在なる自己）（INNER SELF）
「現在の人格」を超えた自己を指す表現。

宇宙意識、宇宙の記憶（COSMIC CONSCIOUSNESS, COSMIC MEMORY）
ここに過去・現在・未来においてすべての世界で起きた出来事のすべて、そして起きるであろう出来事のすべてが記録されている。神秘家は「宇宙意識」に自分を「アチューンメント」させれば研究が可能である。「宇宙意識」の中に「宇宙の記憶」が含まれている。これは、「天国のアーカイブ（書庫）」であり、永遠の存在の印象、行動、想念、感情、欲望などのすべてが記録されている。

永遠に存在すること、そして一時的に存在すること（BEING and EXISTING）

一時的な存在にははじめと終わりがあり、そのため、時間に規定されている現象または仮の現象である。永遠の存在には時間という制限がなく永久であり、はじめも終わりもない。

永遠の今、永遠の現在（ETERNAL NOW, ETERNAL PRESENT）

「一時的存在」を超えたところに「永遠の今」がある。それは「永遠の命」の状態である。そこでは過去・現在・未来が一つの現在に落ち込み、時間も場所もない。

永遠の原子／パーマネント・アトム（PERMANENT ATOM）

「永遠の人格」の一部であり、時間・空間の体験を記録するもの。「永遠の原子」は三つの体のそれぞれのエーテルのハートに同時に位置しており、この三つの世界で起きるすべての感情、想念、反応や体験を記録する。

永遠の人格（PERMANENT PERSONALITY）

分離の世界の中で、「自己・認識」の中にある魂の活動的、表現的な側面。それは知識を（現在の人格から）濾過して知恵を蒸留する。

エクスタシー（ECSTASY）

拡大を通して自己から出て、天の王国に入ること。「アト・ワンメント」や「アチューンメント」。エクスタシーは、思弁によるすべての概念的な思考を超越する。

エクソソマトーシス／体外離脱（EXOSOMATOSIS）

英語の「体外体験」のギリシャ語の同義語。私たちは毎晩就寝中に、肉体から離れて潜在意識のまま他の次元を旅している。しかし、その目的は、私たちが体の外にいるときに意識を持って生きることにある。第1、第2、第3の「エクソソマトーシス」について我々は知っている。

エゴとエゴイズム（EGO and EGOISM）

私たちの使用している用語を現代心理学のそれと混乱してはいけない。「エゴイズム」は利己的な欲望強欲、悪意、妬みなどの卑しい感情によってマインドを汚す。「エゴ」は「永遠の存在」としての「自己（セルフ）」であり、魂の本質であり、理性、そして愛情深い人格に反映される。エゴイズム（現在の人格の弱点）が人格から国家、そして世界全体の病気の原因であるのに対して、私たちのエゴの本質は、愛、慈愛、理性的思考や思考による行為をもたらす。

エーテル、エーテル・バイタリティー（ETHER, ETHERIC VITALITY）

「私たちの日々のパン／糧」、エーテル・バイタリティー（マインド）は呼吸、瞑想、食事や休憩によって得られる。私たちは地球を囲み、浸透している「エーテル・バイタリティー」の海を泳いでいるが、不調和なライフスタイルによって、私たちのほとんどは自分たちの「エーテル・バイタリティー」の割り当てを使い果たしてしまい、それを復活できずに肉体的または精神的な苦痛に導かれる。すべての一時的な存在は、私たちの肉体も含めてエーテル（エーテル・ダブル）の型の中で形成される。私たちはエーテルの四つの状態について話すが、それらは創造、感覚、刷り込み、そして運動エーテルである。

エーテル・センター、聖なるディスク（ETHERIC CENTER, SACRED DISCS）

エネルギーと活動のセンター（複数。サンスクリット語では「チャクラ」）であり、それらは私たちの三つの体のエーテル・ダブルのいくつかのポイントにある。三つのそれぞれの体について、肉体からより洗練されたものまでこれらのセンターがあり、それらは肉体の臓器に対応している。私たちはこれらのセンターでワークするとき、注意を払う必要がある。私たちは特定のものを発展させ、目覚めさせる必要があるが、他のものは「聖霊」、「大天使たち」、そして「ロゴス」の領域である（たとえば、第1センターやハート・センター）。それらを私たちは操作したり、直接に干渉しないようにする。「ハート・センター」の項参照。

エーテル・ダブル（ETHERIC DOUBLES）

すべての一時的存在のそれぞれの身体は、最も単純なものから最も複雑な構造のものまで、体の中に中心を持ち、そして身体より少しだけ広く延びたエーテル・ダブルを所有している。エーテル・ダブルは身体（肉体、サイキカル、ノエティカルのどれについても）が投影されていれば存在できる。肉体が退場する（死ぬ）と、そのエーテル・ダブルは溶けてなくなる。エーテル・ダブルは身体の構成の型ともなり、身体の健康も維持する。

エレメンタル（ELEMENTALS）

すべての想念、感情、願望は、自身の存在を持つ想念形態とも呼ぶ「エレメンタル」を創造し、発信する。私たちは二種類の「エレメンタル」を創造し再生する。感情が想念を統治すると、私たちは感情的な想念形態を創造する。私たちのアイディア、願望、感情が理性と愛を通り抜けると、私たちは理性のある想念形態または想念・願望を創造する。「エレメンタル」は破滅されることなく、エネルギーが中和される（それは「エレメンタル」に「エーテル・バイタリティー」を与えないことで行う）。同類の「エレメンタル」が集合し、とてもパワフルなグループ・エレメンタルをつくる。もし、個人もしくは個人の集合体が同じ周波数で振動していると、彼らはそのようなグループ・エレメンタルを引き寄せるだろう。大天使たちもエレメンタルをつくるが、それらは善良で天使的であり、人類に奉仕するものである。

蓋然性の循環／蓋然性の円（CYCLE／CIRCLE OF PROBABILITIES）

「実現性の循環」が理想的な成長であり、避けられないものであるのに対して、「蓋然性の循環」は、命の成長のどの時点においてもそれが停止することを可能にする。種が育たない可能性もあれば、若木が病気になり枯れること、そして子どもが死ぬこともある。それぞれの「実現性の循環」の中に、何百万もの「蓋然性の循環」を見出すことができる。何か、または誰かが一時的な存在であることを停止することもあれば、逆に、存在しつづける可能性がある。それぞれの「実現性の循環」は、それが成就されても中断されても「法」に仕えていて、偉大な知恵がその背景にある。

カルマ（KARMA）

「因果の法則」の項参照。

キリスト、キリスト・ロゴス、ロゴス、ロゴイ、ロゴス的（CHRIST, CHRIST LOGOS, LOGOS, LOGOI, LOGOIC）

ギリシャ語の「ロゴス」は「言葉」としても訳されている（『欽定訳聖書』ヨハネの福音書第1章もそうである）。「キリスト」という名前は、独立して使われても「ロゴス」とのつながりで使われても、「唯一の息子」を指す。「キリスト・ロゴス」の転生としてイエスを指すとき、「最も愛されているロゴス」と呼ぶこともある。私たちのワークでは、「聖なるロゴス」と、「絶対存在」の完全で直接的かつ純粋な「ロゴス的」表現であるところの神・人、つまりイエス・キリストを同意語として扱うことがよくある。「ロゴイ」は「ロゴス」の複数を表し、「ロゴス的（ロゴイック）」は形容詞である。

悔い改め（REPENTANCE）

「悔い改め」のギリシャ語は「メタノイア」であり、それは主に知的で、またはマインドに変化があることを指す。悲しみ、遺憾の念、後悔だけではなく、もっとポジティブに根本的に全人生を「絶対存在」の「聖なる計画」に沿って転換したり、方向を変えること。「信仰」の項参照。

原因、イデア、そして原理（CAUSES, IDEAS and PRINCIPLES）

絶対存在の「意志の喜び」は創造の源であり、最も根本的な「原因」である。すべての「原因」は絶対無限の「意志の喜び」から生まれる。そして、「原因」は「イデア」を生む。存在の形態の「可能性の循環」全体がすべての「イデア」の中に含まれている。大天使たちは「イデア」を通して働き、すべての存在の形態に「全知恵」を分け与える。「原理」は時間、空間の「原因」の表現であるすべてを統治する。

原因の状態（CAUSAL STATE）

「ノエティック状態」の上にあり、「原因の状態」は純粋な「イデア」と「原理」の状態である。これは第5の天国としても知られている。

現在の人格、仮の人格（PRESENT, PRESENT-DAY, TEMPORARY PERSONALITY）

それぞれの転生で与えられる人格で、私たちが「ジョージ」とか「メリー」とか呼ぶ存在。現在の人格は、「永遠の人格」が分離の世界に投影されたものである。

実現性の循環・実現性の円（CYCLE ／ CIRCLE OF POSSIBILITIES）

それぞれの形態は「聖なる法則と原因」の「全知恵」の中に設定されている。種から木に、子どもから大人へというようにすべての形態は絶えず成長していく。それぞれの形態は体験を収集するために変化する。「永遠の今」の中で、形態は「可能性の循環」がすでに設定されていて、それは完全であり、「原理」に基づいている。「一時的存在の世界」に入ると（物質、サイキカル、ノエティカルな世界）、「実現性の循環」は「永遠の人格」に刻み込まれ、そのパラメーター（時間と場所）が設定される。その「実現性の循環」から逃れることのできる形態はなく、一つの形態から他の形態への輪廻転生は法則外となる（人間は常に人間として転生することになる)。

サイキカル／サイキカル界(世界)、サイキカル体(PSYCHICAL／PSYCHICAL WORLD, BODY)

4次元の世界で「感情の世界」とも呼ばれる。とても感覚的なサイキカル世界は七つの次元で構成され、それぞれの次元が七つのサブ次元で構成されている。私たちは最初の「エクソソマトーシス」ではサイキカル体で旅をする。そして死後、まず「サイキカル界」に戻る。

サイコ・ノエティカル(PSYCHO-NOETICAL)

サイキカル界(感情)とノエティカル界(想念)はあまりにも密接で、織り合わさっているので、半分融合していると考える必要がある。想念にはよく感情が含まれ、すべての感情にはいくらか想念が含まれている。

自己・認識、自己・認識すること、自己・意識(SELF-AWARENESS, SELF-AWARE, SELF-CONSCIOUS)

「聖なる計画」の中における自己の意識の目覚めであり、度合いはいろいろと異なる。

自己充足(SELF-SUFFICIENCY)

「絶対存在」の基本的な本質は完全な豊かさ、祝福、そしてすべてのニーズからの自立を意味する。

自己性（SELFHOOD）

統合された、神聖で「永遠なる存在」としての人格。「自己性」は、頂点である「聖なるモナド」の一部の「スピリット・エゴ・存在」のレベルから瑣末な現在の人格まで、すべての自己の表現を包括する。「自己性」の中で、一つの表現も過小評価されることはなく、それぞれはそれ自体で大事にされる。私たちの「スピリット・エゴ・存在」は、自分の「自己性」の中で自分を表現することによって「絶対存在」の「意志の喜び」の一部として加わる。私たちは、自身を自身の中に表現する神を鏡映しにすることで、自分の「自己性」の中で自分を表現する。

自己への目覚め（セルフ・リアリゼーション）（SELF-REALIZATION）

現在の人格の個別化した存在としての「永遠の人格」への目覚め。それは分離の世界における経験の集成が成就したことを示す。「自己への目覚め」の段階において、「永遠の人格」は「自己・認識」を持つ「魂」と再統合されて、「テオーシズ」の中で「スピリット・エゴ・存在」と同化する準備が整う。

守護大天使（GUARDIAN ARCHANGEL）

私たちの最初の転生で「人間のイデア」を通過すると、「自己・認識・魂」は長い分離の世界への旅に出るが、この「大天使」によってその間ずっと守られ、導かれる。

信仰（FAITH）

特定の宗教の教理的な真理に対する個人的もしくは理論的な信仰だけではなく、「絶対無限の存在」との包括的な関係、認識と愛。それはある人間の完全な変容を意味する。それによって私たちは、キリストや人間の中に内在する神と関わる人類の活動に取り込まれる。それを通して私たちは「テオーシズ」に到達する。「信仰」は活動的な美徳である。「行いを伴わない信仰は死んだものです。」（ヤコブの手紙２―26）とヤコブの手紙に書かれている。「悔い改め」の項参照。

神聖（HOLY）

すべての創造は「神聖」であり、「聖なる」表現から生まれている。聖なるものは神（Divine）から投影されている（神から放射されているものとは対照的に）。

真理の探究の体系（SYSTEM FOR THE RESEARCH OF TRUTH）

私たちの秘儀的キリスト教の教えの体系は、すべての偉大なる宗教的伝統によって知られる永遠の真理を賞賛すると同時に、神・人であるキリストの教えと新約聖書にしっかりと土台を持っている。指導のもとでの学び、そしてエクササイズや瞑想を通して、私たちはバランスのとれた進化と、私たちの存在全体の統合を探究する。それは秩序だったアプローチであり、安全、そして自明の理である。

スピリット・自己・存在（SPIRIT-EGO-BEING）

私たちの「自己」（セルフ）がその完全なる神聖の中にあり、永遠で不動であるところの存在。それは「聖なるモナド」としての自己であり、「自己充足」、そして神の多重性と一体化している。「絶対存在」が自身を自身の中で表現する「意志の喜び」は、私たちの「スピリット・エゴ・存在」がその「自己性」の中で自分を表現する意志とまったく同じである。

聖なる（DIVINE）

「絶対無限の存在」から直接に放射される「性質」、「原因」、「イデア」、「法則」、「原理」および「永遠の存在」だけに対して使われる。

聖なる恩寵（DIVINE GRACE）

私たちが私たちの体をもって宇宙に存在できるのは「聖なる恩寵」の贈り物である。

聖なる計画（DIVINE PLAN）

天地創造の青写真。それは完全で完璧であり、すべてのものとすべての出来事の原因となっている。私たちの想念と行動を最も知恵のある「聖なる計画」に「アチューンメント」するのが私たちの一時的存在の目的である。

聖なる慈悲（DIVINE MERCY）

あまり理解されていないが「創造」の中では最も慈悲深い力であり、奇跡と見えることが起きることを許す。新約聖書のヤコブの使徒書簡では、「憐れみは裁きに打ち勝つのです。」（ヤコブの手紙2―13）と書かれている。

聖なる法則（DIVINE LAWS）

この法則は「創造」のすべての世界や宇宙の基本的構造であり、私たちの高次の本質に対応する。理智と愛を典型的に示すものであり、バランスがとれて向上していく霊的（スピリチュアル）な成長に私たちを導いてくれるのは、これらの「法則」（つまり「因果の法則」、「調和の法則」、「秩序の法則」、「愛の成長の法則」）に私たちが気付き、歩調を合わせることによるものである。

聖なる瞑想（DIVINE MEDITATION）

「絶対存在」の「意志の喜び」が自分を自分の中で表現することに複雑に関連している。適切な言葉で表しがたいが、「聖なる瞑想」とは、「絶対存在」が「意志の喜び」に先立って表現をすることを黙想している状態であると言える。

聖霊（HOLY SPIRIT）

「絶対存在」の力を表す非個人的な超意識であり、それは宇宙の創造を可能にする。「絶対」のダイナミックな側面である。

聖なるイデア（IDEA, DIVINE）

「原因、イデア、そして原理」の項参照。

聖なるモナド、聖なるモナドとしての自己（HOLY MONAD, HOLY MONADIC SELF）
「絶対存在」の多重性の中の無数の「細胞」の一つとして考えられている。

絶対愛、全知恵、全能（TOTAL LOVE, WISDOM and POWER）
「絶対存在」と「永遠の存在」たちの基本的な本質（複数）。その本質は聖なる三角形を描き、正しく表現されるために互いにサポートしあう。

絶対存在／無限の存在、神、父、主、最も高次な存在（ABSOLUTE BEINGNESS, INFINITE BEINGNESS, GOD, THE FATHER, THE LORD, THE HIGHEST）
これらの用語はほとんど同じ意味で使われる。「絶対存在」および「神」に代わって使われる他の表現すべてに男性代名詞が使われているが、「神」には性別はない。神はすべてであり、あらゆるものである。

潜在意識（SUB CONSCIOUS, SUB CONSCIOUSNESS）
真理の探究者は潜在意識の三部で構成される本質を理解している。潜在意識の一つの部屋は、私たちの人格を構成しているすべての「エレメンタル」を貯蔵している。二つ目の部屋は「エーテル・バイタリティー」（動物的バイタリティーとも呼ばれる）の貯蔵庫である。三つ目の最も貴重な部屋は「ロゴス」と「聖霊」の部屋である。貴重である理由は、「聖霊」と「ロゴス」がこの潜在意識を通して、「全知恵」、「全能」、「絶対愛」を授かるからである。

大権力者であること／オーバーロードシップ（OVERLORDSHIP）

これは、種々の程度の違いがあるものの、主権や「聖なる権限」という意味のことであり、これは天によって定められている。

大天使、天使（ARCHANGELS, ANGELS）

「聖なる霊的永遠の存在」であり、世界の構築と維持を支援している。彼らは「全知恵」と完全な自己・認識を持っている（しかし、人間特有の自己・認識を伴う個性は持っていない）。

元素の大天使および能天使の階級（オーソリティーズ）、智天使の階級（ケルビム）、主天使の階級（ドミニオンズ）、オーバーローズ、権天使の階級（プリンシパリティーズ）、熾天使の階級（セラフィム）、座天使の階級（トロネス）――これらに属する大天使たちの栄光を讃えよう。私たちはワークの中でこれら七つの階級の大天使たちについて語る。各天使は「聖なるモナド」に属する永遠の存在たちで、それぞれの階級に何十億もの大天使たちが存在し、創造の世界に仕えている。天使は大天使の「エレメンタル」を指す。

大天使的人間（ARCHANGELIC MAN）

「大天使的人間」とは「イデア」の一つである（「天なる人間／人間のイデア」、「原因、イデア、そして原理」の項参照）。聖なるモナドの光線は「天なる人間」のイデアに向かう途中に、「大天使的人間」の「イデア」を通過する。したがって、大天使たちは人類の兄弟である。

魂（SOUL）

魂は、「聖なるモナド」の光線が「天なる人間」の「イデア」を通過するときに形成される。魂は創造されるものではなく、スピリットから来る小さな真珠のようなもので、「自己・認識」を持つ魂として知られるようになる。魂はスピリットとして形のない状態にあり、そのまま形態を持たないでいる。神に戻るとき、それは「スピリット・エゴ・存在」と一緒になり、より完全、より豊かになる。

超意識（SUPER-CONSCIOUSNESS）

超意識は「永遠の存在」の中の完全な認識、目覚めである。

テオーシズ（THEOSIS）

唯一の神、「絶対存在」との一体化、「アト・ワンメント」のこと。

テトラキス（TETRAKTYS）

「テトラキス」と発音される、土、空気、火と水の四つの元素で構成されるグループである。テトラキスは構成されている。

天なる人間／人間のイデア（HEAVENLY MAN ／ HUMAN IDEA）

「人間のイデア」とも呼ばれる。私たちの体（複数）は「天なる人間――人間のイデア――人間の形態」の「原因の法則」に基づいてつくられている。

内面を見つめる（LOOKING WITHIN）

「自分を知る」ために自己を見つめる内省のプロセス。これはすべての真理の探究者、そして「自己への目覚め」（セルフ・リアリゼーション）に関心があるすべての人のためのプラクティス（実践法）である。

ノエティカル・イメージ（NOETICAL IMAGE）

「ノエティカル」、または「サイコ・ノエティカル」な素材によりつくられる多次元的なイメージで、想念またはノエティック・ライト（ノエティックの光）により起動する。すべての「エレメンタル」がそうであるように、一度形成されるとそれは永遠である。

ノエティカル界（世界）、ノエティカル体（NOETICAL WORLD, BODY）

5次元の世界、そして分離の三つの世界の最も高度なもの。ノエティカル界（ノエティカル体の住む場所）では、「絶対存在」の「全知恵」が初めて形態として表現を得る。それは単細胞の生物から宇宙や銀河系まで幅広い。時間と場所は「ノエティカル世界」の属性ではあるが、サイキカルや物質界で理解されているものとは異なる。

ノエティック状態（NOETIC STATE）

分離の世界を超えた「イデア」の状態であり、表現される前の形態の状態。この状態は私たちが転生と転生の間に休む状態であり、大天使たちが息吹を吹き込むための形態を得る所でもある。

ハート・センター（HEART CENTER）

ハート（訳注＝英語では肉体の心臓も意味する）とは単に肉体の心臓だけではなく、永遠の存在である人間のスピリチュアル・センターでもある。人間は理性と愛としての「絶対存在」に似せて、そして真の自己、内在する聖所としてつくられている。それを通して聖なる存在と日常のものが融合されるミステリーが完結される。それゆえに、「ハート」は包括的な意味がある。ハートからの祈りは、単に感情や愛情からの祈りだけではなく、それらを包括したその人全体から発せられる祈りである。私たちはこのハートを純粋にするべきである。なぜならルカが書いているように、「神はあなたたちの心をご存じで」あるからである（ルカによる福音書16―15）。

物質世界、肉体（GROSS MATERIAL WORLD, BODY）

マインドのいちばん低い振動である。物質世界と身体（複数）を構成するためにマインドが固体化されたものである。

分離の世界（SEPARATION, WORLDS OF）

この表現は一時的存在の三つの世界をカバーする（物質、サイキカル、ノエティカル）。私たちの人格はこれらの世界で、「アト・ワンメント」と「永遠の存在」のスピリット（霊的な）状態から分離されているように錯覚して時間を過ごしている。

マインド（MIND）

「絶対存在」が放射された聖なるものであり、すべての「一時的存在」はそれによって形成されている。創造主の聖なる知恵、愛、力と純粋さを与えられている。マイントは永遠の存在ではないが、すべての「創造」に使われる素材である。マインドは源からして聖なるものであり、その表現は「神聖」である。

※本文および「用語解説」で引用している聖書について、特に記述のないものはすべて「新共同訳」とする。

訳者あとがき

ダスカロスについて書かれた最初の邦訳書『メッセンジャー——ストロヴォロスの賢者への道』（太陽出版）が出版されたのは１９９９年の４月でした。時がまたたく間に過ぎ、私たちダスカロスのサークルの何人かで真理の探究の道を求めて16年目に入ります。アメリカ人のダニエル・ジョセフ氏はダスカロスのもとで勉強したお弟子さんで、『メッセンジャー』で垣間見たキプロスの師の世界をこの著作によって再び見せてくれます。そして、師についての逸話や、真理の探究者たちの歴史を語ってくれるだけでなく、レッスンや講義を通して読者が真理の探究により深く入ることを可能にしてくれます。ダスカロスが先人たちを深い真理の海に誘ってくれたように、ダニエルも私たちを誘ってくれます。

ダニエルはこの著作の他に、真理の探究者のホームページ（英語版）を主宰しています（www.researchersoftruth.org/）。そして、スピリチュアル・コミュニティや一般の人に向けて、ラジオやテレビでダスカロスの講義を行うこともあります。英語版ホームページはとてもわかりやすく、初心者でもすんなりと入っていくことができます。本書ではそれをさらに詳細に、今まで明かされたことのない内容も公開しています。

真理の探究者は、先人たちからギフトとして与えられたものに向かってひたすら探究の道を進みます。時には道を外れたり、さまよい歩くこともありますが、海に出れば大きなクジラ、ダスカロスと泳げるのです。このマスターは意外に近いところから見守ってくれていると思います。

２０１５年の10月、ダスカロスの長女のパナヨッタさん主催の「聖なるユーカリスト」のセミナーに参加し、久しぶりにヨーロッパ、そしてアメリカの友人たちと交流のひとときを持つことができました。今回の旅は、横浜のダスカロスのサークル・メンバーの一人と一緒の参加になりました。参加者がよく借りる宿泊施設の一つにおしゃれなアパートがあります。そこはゾーイとそのご主人が運営していて、スタジオ・タイプから４ＬＤＫほどの画廊のような部屋まで借りることができます。今回、そこに滞在していた素敵なドイツ人女性のモニカから、生前のダスカロスの話を聞くことができました。

モニカの息子さんは建築関係のお仕事をしていて、ヨーロッパで活躍されているジュエリー・デザイナーの石川真理さんと結婚されているそうです。3年ほど前にドイツのセミナーで私に話しかけてくれたモニカは、１９９０年にダスカロスに出会っていますが、その縁をもたらしたのは彼女のヨガの先生だったエリザベスでした。エリザベスは１９８９年に『メッセンジャー』を読み、ダスカロスを探しにキプロスへ行きました。そして、エリザベスは前生で2回ほどダスカロスの母親であったことを思い出し、ダスカロスからもその通りだったと伝えられます。エリザベスには不思議なことが続き、本棚から読むべき本が落ちてきたり、エッセネ派の祈りなどを徐々に思い出していきました。ダスカロスの地上での最期の時間も一緒だったそうです。看病のためにキプロスに行ったエリザベスは、横たわっているダスカロスのベッドサイドの椅子に座り、横に何冊もの本を重ねて読みふけっていました。すると、目覚めたダスカロスが苦笑して、「私がいるのに、なぜ本なんかを読むのかね」と、何ともユーモラスな話が伝わっています。

エリザベスに「ぜひ、会いに行きなさい。私たちのやっている勉強と同じことを、彼はもっと深いレベルでやっている」と背中を押されたモニカは、1990年、姉妹と一緒にストロヴォロスに行きます。そこで、数週間前から滞在していた友人に連れられてダスカロスの家に行き、そのキッチンで彼に紹介されます。そこで、ダスカロスの長女のパナヨッタさんにキプロス・コーヒーを勧められました。ダニエルの話にもこのシーンが出てきますね。何人かでテーブルを囲み、おしゃべりをしているあいだ、ダスカロスは静かに聞いていたそうです。その後、ダスカロスとみんなでストアに向かい、そこでレッスンを受けます。モニカはこの最初の講義がさっぱりわからなかったそうです。でもここで、個人的なセッションのアポを取りました。セッションで、ナチュラルパス（自然療法）を3年勉強したばかりのモニカは、一つ質問をしました。

「ナチュラルパスの学位を取りましたが、どうしたらいいかわかりません。まだ人の治療をする用意ができていません。どうしたらいいでしょうか？」と。

「あなたはそれをやること（doing）によって、そして教えること（teaching）によって学んでいくのです。あなたは人に教える必要があります」というダスカロスの答えに圧倒されて、それ以上、質問をする勇気がなかったそうです。その後、木曜日に決まっていたヒーリング・デイに脊髄の骨の治療を受けたそうです。モニカは以前受けた手術のせいで、カルシウムがカリフラワー状に骨についていたのを、ダスカロスがエーテルの指を使って取り除いてくれたのです。この頃からスイスの旅行会社がダスカロスのストアを訪ねるツアーを始め、大勢の人が彼のもとに集まるようになっていきました。

札幌と横浜のサークル・メンバーで構成された12人のグループは、2年前にキプロスを訪れ、教えを引き継いでいるパナヨッタさんのセミナーに参加しました。12年ほど一緒に勉強してきたメンバーたちでしたので瞑想も講義も、お墓参りやストアへの訪問など、一つ一つ感動が大きかったのですが、そのうちの5人が5日間のセミナーと帰りの飛行機で誕生日を迎えるという素敵で不思議なハプニングもありました。蜂蜜、ワイン、そしてオリーブオイルの豊かな国でもあり、ゾーイのアパートの1週間は、メンバーである鍼灸師の坪屋さんがシェフとなってキプロスの食材でお料理を振る舞い、朝はヨガの先生の新妻君によるヨガで一日がはじまる日々でした。

このように2年前に二つのサークルが合同でキプロスに行くことができましたが、私は同じ頃に、スピリチュアルな世界について精通しているマスターとの出会いが日本でありました。若い頃にダスカロスから直接学んだ方です。私たちはこの貴重な出会いを通して、大きな学びをいただいています。

去年は、アーチストのはせくら みゆきさんに、「エッセネ派の泉が再び復活する」という言葉をいただきました。ご本人はチャネリングされた言葉を覚えていないそうですが、私は今でも思い出すと感動に包まれます。嬉しくて、はせくらさんの名刺をずっと持ち歩いていました。昔、オーストラリアのチャネラー、ジュディス・カーペンターさんも、「ダスカロスの教えは噴水のようにあふれ出てきて、地を癒してきた」という表現をしていました。ダニエルを通して、またこの祝福の水が大地を潤してくれることを願っています。

この原書を手にしたのは2年前のクリスマスの前でした。そして2年がたち、もうすぐまたクリスマスです。この本を書いてくれたダニエルに大感謝。そして、訳させていただけたことに対し、ダスカロスの著作のすべてを司るヨハナン、そして最愛のダスカロスに、あふれる愛と感謝の気持ちで一杯です。会のメンターとなってくださったKan.さんに、最高級のローズ色の球をたくさんお送りします。

初めて日本でダスカロスについての本を出版してくださった太陽出版の籠宮良治社長、そして、編集とサポートをずっと続けてくださっている飽本雅子さん、お二人がいなければ、ダスカロスのサークルは日本に生まれなかったかもしれません。感謝の気持ちをこころに、みんなで一生懸命、真理の探究を続けたいと思っています。

2015年11月吉日

鈴木真佐子

訳者紹介

鈴木真佐子（すずき まさこ）

東京都生まれ。父親の仕事の関係で小学４年から高校卒業までアメリカに住む。慶応義塾大学文学部哲学科卒業。オハイオ州政府東京事務所に勤務ののち、家族とともに渡英、ロンドン大学キングス・カレッジで修士号（英文学・芸術）、ロンドン・スクール・オブ・エコノミックスでディプロマ（国際関係論）を取得。また、英国スピリチュアル協会（SAGB）にてスピリチュアル・リーディングおよびヒーリングを学ぶ。その後、アメリカのヒーリング・スクールを修了。現在は横浜にてクリスタルボウルの紹介と販売、そして、スピリチュアル関連書籍の翻訳に携わるかたわら、師として仰ぐダスカロスの勉強会を主宰している。定期的にキプロスに赴き、現地での勉強会に参加している。

著書に『クリスタルボウルに魅せられて』（太陽出版）、訳書に『ハートの聖なる空間へ』（ナチュラルスピリット）、『光の輪』『メッセンジャー』『メッセンジャー 永遠の炎』『太陽の秘儀』『癒しの鍵』『精霊（スピリット）』『宇宙への体外離脱』『魂の旅』『天恵（グレース）の花びら』（いずれも太陽出版）がある。

ホームページ　http://www.angelstreehouse.jp/

英国滞在中に英国スピリチュアル協会のサイキック・ポートレート画家、コラル・ポルジ氏が私の３人のスピリットガイドを描いてくれた。最近、そのスピリットガイドたちがまだ私のそばにいてくれていることが確認でき、感動している。そのひとりはクリスチャンの尼さんでエソテリックな教えの教会に属していたそうだ。あとのふたりについてわかったことは、ふたりとも原日本人だということ。今までネイティブアメリカンだと思い込んでいた男性は五島列島の方、そして私の血筋だとコラル氏が言っていたおばあさまはアイヌ以前に北海道に存在し、アイヌとは争わずしてバイカル湖地方へ移動した民族のひとであった。その子孫は現在もバイカル湖周辺にいるそうだ。植物と精霊たちに詳しい方で、これらは1996年に描かれた絵である。自分の本質に近づくほど、自分のガイドの存在を身近に感じるそうであり、何とも喜ばしい。そのほか、大きなライオンがよくビジョンで現れるが、この存在の解明にはまだまだ時間がかかりそうである。

クジラと泳ぐ

ダスカロスと真理の探究者、その教えと実践

2016年3月30日　第1刷
2020年10月31日　第2刷

〔著者〕
ダニエル・ジョセフ
〔訳者〕
鈴木真佐子
〔発行者〕
籠宮啓輔
〔発行所〕
太陽出版
東京都文京区本郷4-1-14　〒113-0033
TEL 03（3814）0471　FAX 03（3814）2366
http://www.taiyoshuppan.net/
E-mail info@taiyoshuppan.net

装幀＝森脇知世　　DTP＝宮島和幸
〔印刷〕株式会社 シナノ パブリッシング プレス
〔製本〕井上製本
ISBN978-4-88469-863-8

メッセンジャー
～ストロヴォロスの賢者への道～

マルキデス博士がストロヴォロスの賢者と呼ばれるダスカロスの深遠な教義や神秘に満ちた宇宙論に迫る。奇跡的なヒーリングやさまざまな不可思議な現象も賢者の明快な論理の前では既に必然のものとなる。「真理の探究者」必読の書。

キリアコス・C・マルキデス＝著　鈴木真佐子＝訳

A5判／320頁／定価 本体2,600円＋税

メッセンジャー シリーズ
メッセンジャー 永遠の炎

ダスカロスを通して語られる深い教義体系や、「地獄」、「極楽」の住人と賢者との会話など、今まで語られなかった話題が次々に展開される。ダスカロスの新たな側面の探究は果てしなく続いている。

キリアコス・C・マルキデス＝著

鈴木真佐子／ギレスピー・峯子＝共訳

A5判／368頁／定価 本体2,600円＋税

天恵（グレース）の花びら
～聖なる母からのメッセージ～

神に最も近づいた女性、サイ・マーの使命は、聖なる意思を行動として具現化して、地上を歩くこと。私たちが自らのマスターとして開花するために、聖なる領域から光を降ろす。

サイ・マー・ラクシュミ・デヴィ＝著　鈴木真佐子＝訳

A5判／240頁／定価 本体2,238円＋税

癒しの鍵
～天使、アインシュタイン、そしてあなた～

偉大なるヒーラー、マイケル・ママスが、私たちに内在する知恵と精妙な感覚を目覚めさせ、「真の癒し」への扉を開く。人類進化の次のステップは、トランス・グレイディエントに生きることによりカルマから解放されること。

マイケル・ママス＝著　鈴木真佐子＝訳

A５判／ 246 頁／定価 本体 2,592 円＋税

宇宙への体外離脱
～ロバート・モンローとの次元を超えた旅～

11 年にわたりモンロー研究所で行われた次元を超える旅の研究は、私たちの想像をはるかに超える驚きと感動の連続だった。

ロザリンド・A・マクナイト＝著　鈴木真佐子＝訳

A５判／ 320 頁／定価 本体 2,400 円＋税

魂の旅
～光の存在との体外離脱の記録～

『宇宙への体外離脱』に続く第２弾。魂の世界を詳細に記録した本書は、死後の世界の謎を解き明かし、生きることの真の意味を私たちに問う。

ロザリンド・A・マクナイト＝著　鈴木真佐子＝訳

A５判／ 336 頁／定価 2,600 円＋税

精霊（スピリット）
～共同創造のためのワークブック～

精霊（スピリット）の世界、これは愛情に満ちた理解可能な次元であり、素晴らしく統一された宇宙である。空っぽに見える空間がいかにエネルギーに溢れ、生命力に満ちているかを、本書は教えてくれます。

ウィリアム・ブルーム＝著　鈴木真佐子＝訳

A5判 / 240頁　定価 本体2,200円＋税

クリスタルボウルに魅せられて
～心と体を癒すその音色と波動～

誕生から25年。ヒーリングツールのひとつとして、活躍の場を広げてきたクリスタルボウル。不思議なボウルパワーの謎の解明をはじめ、ヒーリングエクササイズや日常でのボウルの楽しみ方を網羅。ボウル一覧（カラー）付き。

鈴木真佐子／中川恵美子＝共著

四六判／256頁／定価 本体1,700円＋税

【新版】黎明（れいめい）（上・下巻）

人間とは何か？　世界中で起きている事象はどんな意味をもつのか？　人類永遠のテーマ「普遍意識の目覚め」に真正面から取り組み、文字で語りうる最高の真実が遂に完成。

葦原瑞穂＝著

A5判／（上）400頁　定価 本体2,800円＋税
（下）336頁　定価 本体2,700円＋税

ワンネスを生きる

アモラの遺作となった本書は、彼女が残したパワフルなチャネリングメッセージと叡智あふれる彼女自身の言葉によって、「ワンネスという故郷」にたどりつく神聖なガイダンスを見事に再現している。

アモラ・クァン・イン＝著　鈴木純子＝訳

四六判／ 272 頁／定価 本体 1,800 円＋税

ワンネスの青写真
～私は聖ジャーメインなるものである～

本書にはマインドがもてあそぶ余計な話が入っていない。扱っているのはエネルギーの直接体験と伝達で、内なる真実に気づく人へのサポートとなる一冊。

聖ジャーメイン＆アシェイマリ・マクナマラ＝著　片岡佳子＝訳

四六判／ 144 頁／定価 本体 1,500 円＋税

光への招待
～神の使者たちとのアストラル通信～

これはフィクションではない。けれどもここに記された事柄のうちには、フィクション以上に奇異に思われることもあるかもしれない。本書は、著者が瞑想の師との出会いを経て経験した光の存在との真理への旅の記録である。

クリシュナナンダ ＝著　真名　凜＝訳

四六判／ 256 頁／定価 本体 1,600 円＋税

人生を癒すゆるしのワーク

『神との対話』の著者、ニール・ドナルド・ウォルシュ氏推薦の書。本書は、現実を捉え直すことによって過去の傷をも癒し、人生の負の連鎖を確実に断ち切るための画期的方法論を展開する。

コリン・C・ティッピング＝著　菅野禮子＝訳

A 5 判／ 336 頁／定価 本体 2,600 円＋税

終わりなき愛
～イエスが語った奇跡の真実～

ある日、イエスがスピリチュアルなヴェールの彼方から著者の前に現れ、叡智に満ちた対話が始まった。ユダの裏切りやマグダラのマリアの役割、その驚くべき真実とは。

グレンダ・グリーン＝著　大内　博＝訳

A 5 判／ 544 頁／定価 本体 4,500 円＋税

生命の言葉 365

あなたの１日は、朝一番の思いによって決まります。毎朝、静かなひとときをもって本を開いてください。その 365 の真理の教えは、１日をポジティブなエネルギーで満たすことだろう。

オムラーム・ミカエル・アイバノフ＝著　田中響子／北村未央＝訳

四六判／ 384 頁／定価 本体 1,800 円＋税

光の翼
～「私はアーキエンジェル・マイケルです」～

アーキエンジェル・マイケル（大天使ミカエル）のチャネラーとして世界的に有名な著者による「愛」と「希望」のメッセージ集。

ロナ・ハーマン＝著　大内　博＝訳

A5判／ 336頁／定価 本体2,400円＋税

黄金の約束（上・下巻）
～「私はアーキエンジェル・マイケルです」～

『光の翼』第２集。マイケルのパワーあふれるメッセージは、私たちの内奥に眠る記憶を呼び覚まし、光の存在と交わした「黄金の約束」をよみがえらせる。

A5判／（上）320頁（下）356頁

〔各〕定価 本体2,400円＋税

聖なる探求（上・下巻）
～「私はアーキエンジェル・マイケルです」～

『光の翼』第３集。マイケルは、私たちを統合の意識へと高め、人生に奇跡を起こすために、具体的なエネルギーワークなどの素晴らしい道具を提供する。

A5判／（上）240頁（下）224頁

〔各〕定価 本体1,900円＋税

レムリアの真実
～シャスタ山の地下都市テロスからのメッセージ～

１万２千年前のレムリア大陸沈没の悲劇とは？　シャスタ山の地下都市テロスの神官アダマによって遂にその全貌が明かされる。

オレリア・ルイーズ・ジョーンズ＝著　片岡佳子＝訳

Ａ５判／ 240 頁／定価 本体 2,000 円＋税

レムリアの叡智
～シャスタ山の地下都市テロスからのメッセージ～

大好評レムリア〈テロス〉シリーズ第２弾。今、この惑星の長い闇夜が終わりを迎え、レムリアの意識が見事に復活を遂げようとしている。５次元の気づきをもたらす珠玉の叡智とは？

Ａ５判／ 272 頁／定価 本体 2,200 円＋税

新しいレムリア
～シャスタ山の地下都市テロスからのメッセージ～

レムリア〈テロス〉シリーズ第３弾。光の領域へのアセンションを遂げるために必要となるすべての鍵がこの１冊に集約。あなたがこの旅を選択するならば、人生は驚異的な展開を見せはじめる。

Ａ５判／ 320 頁／定価 本体 2,400 円＋税